Jens und Jakob

ييدأ الكتاب من هذه الجهة!
لنتعوّد على الجهة الألمانيّة

Published by Skapago Publishing, Furth im Wald, Germany.
1st edition published in September 2022

Picture credits:
All photographies and illustrations © Daniela Skalla except:
Chapter 1, sparrow in the hand © alexzeer – Fotolia.com
Chapter 1, Woman talking to Santa © Vibe Images – stock.adobe.com
Chapter 2, sparrow at the table, © Dennis Jarvis, https://www.flickr.com/photos/archer10/7596193602/, CC BY-SA 2.0
Chapter 2, business people © Robert Kneschke – stock.adobe.com
Chapter 2, young people © AboutLife – stock.adobe.com
Chapter 3, sparrow in the hand, #1083988 | © Falkenauge – Fotolia.com
Chapters 3, 8, 15, map of German speaking countries © kartoxjm – Fotolia.com
Chapter 4, newspapers, © Picturepest, https://www.flickr.com/photos/picksfromoutthere/14411692776/, CC BY 2.0
Chapter 4, man reading, © Starpics – stock.adobe.com
Chapter 4, woman with dog, © Kzenon – Fotolia.com
Chapter 5, Berlin Wall, © Alexi Tauzin – Fotolia.com
Chapter 6, Checkpoint Charlie, © Daniel Antal, https://www.flickr.com/photos/antaldaniel/2372095272, CC BY 2.0
Chapter 9, telephone, © 2fake – Fotolia.com
Chapter 10, furniture, © muchmania – Fotolia.com
Chapter 13, doctor, © Catalin Pop – Fotolia.com
Chapter 14, note about style, © Jeanette Dietl – stock.adobe.com
Chapter 14, car crash, © sh22 – Fotolia.com
Chapter 15, old man, © Volodymyr – stock.adobe.com
Chapter 17, human figures, © BRN-Pixel – Fotolia.com
Chapter 17, sparrow silhouette, © tcantaffa – Fotolia.com
Chapter 17, DJ, © Robert Przybysz – Fotolia.com
Chapter 18, Tiergarten Berlin, © FSEID – Fotolia.com
Chapter 18, Dativ / Genitiv, © BERLINSTOCK – Fotolia.com
Chapter 18, child with colors, © joey333 – Fotolia.com

Cover designed by Mónica Gabriel and Abdu Skalla

Text credits:
Mark Twain: The Awful German Language. Appendix D from Twain's 1880 book *A Tramp Abroad*. The text is in the public domain.
     Quotes are taken from http://www.kombu.de/twain-2.htm

ISBN: 978-3-945174-18-0

Jens und Jakob

تعلّم الألمانيّة، استمتع بالقصة. الجزء ١ – دورة اللّغة الألمانيّة للمبتدئين.

الكاتب
Werner Skalla

القصّة مبنيّة على فكرة
Sonja Anderle

بالاشتراك مع المعلّمين والطلّاب في Skapago
Clemens Pötsch
Johanna Sainitzer
Daniela Syczek
Dominik Timmermann
Miquel Belmonte

التصوير الفوتوغرافيّ والرسوم التوضيحيّة
Daniela Skalla

مراجعي النصوص الألمانيّة
Eva Buchhauser
Anna Friedrich

الطبعة العربيّة بترجمة
Abdu Skalla

دار النشر
Skapago – مدرسة لغات عبر الإنترنت
www.skapago.eu

المحتوى

كيف ستفشل في تعلّم اللّغة الألمانيّة؟

وكيف

لا

تفشل؟

أرجو عدم إساءة الفهم - أنا ممتن باختيارك لتعلّم اللّغة الألمانيّة (خاصّة وأنّك ستقوم بذلك مع كتابي المدرسي - فشكرًا جزيلًا لك!)، ولكن قبل أن نبدأ أود أن نتعمّق قليلًا.

سمعت العديد من الأسئلة من الطلاب خلال سنوات عملي الطويلة كمدرّس لغة، التي تبدو كالتالي:

- ما الطريقة المثلى التي سوف تساعدني لتعلّم اللّغة؟
- ما هي المدرسة التي يجب أن أختارها؟
- هل أستاذي مؤهّل؟
- هل الأفضل الدراسة في الصباح أم في المساء؟
- هل يجب أن أستخدم تطبيقًا لتعلّم كلمات جديدة، أو أكتفي بالبطاقات التعليميّة؟
- ما هو الكتاب المدرسي الذي يجب علي شراؤه؟
- ...

ربّما بعض هذه الأسئلة تدور في ذهنك الآن، واسمح لي أن أقدّم لك إجابة لهم على الفور: لا شيء منهم مهم حقًّا (باستثناء الكتاب المدرسي - وعلى

ما يبدو فإنّك اتخذت القرار الصحيح).

أعرف أشخاصًا تعلّموا اللّغة الألمانيّة من الصفر إلى مستوى الطلاقة باستخدام مجموعة متنوّعة من الأدوات والمدرّسين والمدارس ... ونعم، سوف أعترف لك - حتّى الكتاب المدرسي لا يهم حقًّا.

الشيء الوحيد المشترك بين متعلّمي اللّغة الناجحين هو المكوّنان التاليان:

- الزمن.
- الرغبة في تخطّي العقبات والحدود، أو بمعنى آخر: الشغف.

دعني أتناول الوقت أوّلًا، لا أحد منّا لديه الوقت، أليس كذلك؟ كلّنا مشغولون بوظائفنا ودراساتنا وعائلاتنا ... وللأسف لا يوجد طريق مختصر؛ إذا كنت تريد أن تتعلّم لغة جديدة، فسوف تضطر إلى إيجاد بعضًا من الوقت، تجاهل من يقول „تكلّم بطلاقة في خلال فترة [**ضع مقدارًا قصيرًا للغاية من الوقت هنا**]"، سوف تحتاج إلى القيام بالعمل باجتهاد.

للحصول على أفكار حول كيفيّة العثور على الوقت لتعلّم اللّغة الألمانيّة في يومك الحافل، وكيفيّة استغلال الوقت بطريقة فعّالة، راجع الرابط التالي: skapago.eu/jensjakob/ar/time

والآن لنتحدّث قليلًا عن الشغف، إنّه أمر غير واقعي أن نقول „كن شغوفًا عند تعلّم الألمانيّة، وسيصبح الأمر سهلًا" بالتأكيد سيصبح الأمر أسهل! ولكن الشغف (مثل المال) لا ينمو على الأشجار.

ربّما تكون شغوفًا بتعلّم اللّغة الألمانيّة – ربّما تكون قد وقعت في حب شاب/ فتاة من ألمانيا / النمسا / سويسرا.

أو ربّما أتيت إلى ألمانيا للعثور على وظيفة لكسب المال، أو أتيت كلاجئ، وأنت سعيد لأنّك بأمان الآن.

هل يعني ذلك أنّك ضائع بدون شغف؟ بالطبع لا، فأنا أؤمن أنّ الشغف سيأتي مع الوقت ويتطوّر، فكّر بمشروع تعلّم اللّغة الألمانيّة الخاص بك كموعد غرامي؛ في حال كنت في علاقة، هل كان الحب من النظرة الأولى عندما قابلت شريكك؟ على الأغلب لا، قد تراودك فكرة „يبدو لي أنّ هذا الشخص لطيف للغاية." ولكن ليس أكثر من ذلك، مفتاح العلاقة المستقرّة هو الإخلاص والوقت الذي ستستثمره بعد بداية تكوّن العلاقة.

وذلك بالضبط لا يختلف عن تعلّم لغة ما، لا أؤمن أنّ الشخص يجد شغفه، بالأحرى أنّ الشخص يجد الرغبة أوّلًا، ومن ثمّ بعد ذلك تتطوّر الرغبة إلى شغف، إذا لم تفعل ذلك فستجمّد العلاقة وتصبح بلا طعم، وقد تنتهي بنهاية غير سعيدة أو بالانفصال.

واتباعًا للنهج السابق نصل إلى خلاصة الموضوع وهو: أنّك الآن في موعدك الأوّل مع اللّغة الألمانيّة! رائع – يا للحماس!

ولكن... لا زلت أريد أن أكون صادقًا معك، تعلّم اللّغة سيكون عملًا شاقًّا جدًّا، لدينا Dativ و Akkusativ وأغلب الطلبة لا يجيدونها في المدرسة، كتب مارك توين مقولته الشهيرة „اللّغة الألمانيّة المروّعة" عن معاناته مع القواعد الألمانيّة، وسوف أقتبس منه أحيانًا في هذا الكتاب، الألمانيّة لها تحديّاتها (على الرغم من أنّني لا أعتقد أنّها أصعب من أي لغة أخرى)، ولكن وفي بعض الأحيان ستكون المسيرة مليئة بالدماء والكدح والدموع والعرق.

وهنا سيأتي الشغف مرّة أخرى ليلعب دوره المعتاد، ومثلما هو الحال في الحياة الزوجيّة حيث من المحتم أن يكون لدينا يومًا ما نتنازع فيه حول من سيغسل الأطباق"ومن سيفعل هذا وهذا" سنحتاج للشغف لتخطّي العقوبات، كيف نطوّر الشغف؟ احصل على بعض من الأفكار على الرابط:

www.skapago.eu/jensjakob/ar/passion

آمل أن يساعدك هذا الكتاب بقصّته على تنمية شغفك باللّغة الألمانيّة، مَن قال أن العمل الجاد لا يمكن أن يكون ممتعًا؟ على الأقل بين الحين والآخر، لقد سئمنا من تطبيقات تعلّم اللّغة، ونود أن نعثر على منهج تعليمي لتغذية العقل والقلب أيضًا!

Jens und Jakob سوف يدعمونك في طريقك من أوّل كلمة ألمانيّة إلى الطلاقة، أتمنّى أن تقع في حبّهم وباللّغة الألمانيّة.

استمتع بتعلّم الألمانيّة

بعض الأشياء لمساعدتك

سوف تجد الملفات الصوتيّة المسجّلة لنص الكتاب وملفّات فيديو لتعليم
النطق، إضافة إلى تمارين مساعدة لحفظ الكلمات واختبارات تدريبيّة وغير ذلك
الكثير – أغلبها مجانًا – على الرابط www.skapago.eu/jensjakob/ar/bonus

أشخاص لمساعدتك

من الصعب عليك تعلّم لغة جديدة بمفردك برأيي الخاص، لذلك أعتقد أنّه يجب عليك
الحصول على الدعم من معلّم ليساندك.
طبعًا قد تتّهمني بالتحيّز وأنّي فقط أريد بيع دوراتنا التعليميّة لأن Skapago مدرسة
تعليم لغات على الإنترنت، لذلك سأكون أوّل من يعترف لك بأنّ المدارس الأخرى بها
مدرّسون رائعون أيضًا، لذلك لك الحرية المطلقة أن تتواصل مع منافسينا.
أساتذتنا يتواصلون مع الطلبة من خلال برنامج Skype عبر الفيديو كوسيلة تعليميّة،
لذلك يمكنك الانضمام إلى فصولنا بانفراديّة أينما كنت في العالم، بالإضافة إلى
أنّ مدرّسينا شاركوا أيضًا في إنشاء هذا الكتاب، ويمكنك حجز درس تجريبي
مجّاني على الرابط: www.skapago.eu

أخطاؤ

لن تصدّق عدد المرّات التي قرأنا فيها هذا الكتاب قبل أن نتجرّأ على نشره، ومع ذلك، لا يمكننا ضمان عدم احتواء الكتاب على أخطاء، لذلك يرجى التواصل معنا على الإيميل في حال عثورك على خطأ يحتاج إلى تعديل، jensjakob@skapago.eu وسوف يرسل لك Jens و Jakob رسالة شكر شخصيّة!

أفضل كتاب لتعلّم الألمانيّة على الإطلاق؟

عندما بدأنا العمل على هذا الكتاب، كان طموحنا أن نصنع أفضل كتاب تعليمي للألمانيّة على الإطلاق، ولكن لنضع أقدامنا على أرض الواقع، واسمح لنا أن نستمع على رأيك! هل هناك تمارين لا تعجبك، تفسيرات لا تفهمها، نصوص مملّة، صور تجدها قبيحة؟ إذا كانت لديك تعليقات أو أفكار لتحسين الكتاب، أو إذا كنت ترغب فقط في إلقاء التحيّة على Jakob و Jens – فلا تتردّد في إرسال بريد إلكتروني إلى: jensjakob@skapago.eu

هيّا بنا نبدأ!

سأقدّم لك الآن أوّل نص ألماني بالكتاب، النص أصعب بكثير ممّا قد تتوقّعه، والهدف ليس بأي حال من الأحوال أن تتعلّم المفردات، كل ما أريده هو أن أعطيك الانطباع الأوّل عن اللّغة الألمانيّة وكيف تبدو، استمع إلى الملفّات الصوتيّة على الرابط التالي عدّة مرّات واقرأ مع النص، ثمّ حاول تخمين المعنى على قدر المستطاع دون النظر إلى الترجمة العربيّة.

لا تتردّد بعد ذلك من قراءة الترجمة العربيّة، النص عبارة عن مقدّمة للقصّة التي ستعرض في الكتاب، وسنحاول بقدر الإمكان ترجمة النص إلى العربيّة مع محاولة الحفاظ على البنية النحويّة الألمانيّة.

Berlin, 7. August 1961	برلين، 7 أغسطس 1961

Blaulicht.
Eine Sirene.
Ein junger Mann, ganz in weiß, kommt ins Zimmer.

Waltraud sieht ihn an. Er ist hübsch, denkt sie.

Was für ein lächerlicher Gedanke. In ihrer Situation!
Sie registriert kaum, was um sie herum geschieht.
Aber den jungen Mann hat sie doch gesehen.
Und Klaus. Eigentlich sollte sie nur Augen für Klaus haben.
Jetzt sieht sie Angelika. Sie steht hinter Klaus.

Plötzlich erschrickt Waltraud und fährt hoch. Sie denkt an Kai. Wo ist er?
„Angelika! Das Kind! Was tue ich mit meinem Kind?"

„Keine Angst. *Du* tust gar nichts mit deinem Kind. Kai war schon so oft bei mir. Ich passe doch auf."

Waltraud fällt wieder zurück. Klar, Kai war schon oft bei Angelika. Sie wohnt ja auch nur fünf Minuten weit weg. Trotzdem ist Angelikas Wohnung schon im russischen Sektor. Aber das ist egal, die Grenze ist ja offen.

Der junge Sanitäter ist wieder da. Sein Kopf ist jetzt direkt über Waltrauds Kopf. Sie sieht ihn also von unten. Komisch, denkt sie. Sie merkt gar nicht, dass der Sanitäter nicht alleine ist. Und dass er sie aus dem Zimmer trägt.
Er lächelt. Er will ihr wohl Mut machen. Aber das sieht Waltraud nicht mehr.

ضوء أزرق،
صقّارة إنذار،
رجل شاب، كامل بالأبيض، يأتي إلى الغرفة.

فالتراود تنظر إليه، تعتقد أنّه جميل.

يالها من فكرة سخيفة، في وضعها الحالي!
بالكاد تسجّل، لما يحدث حولها،
لكن الرجل الشاب بالفعل رأته،
وكلاوس، بالواقع يجب أن تكون أعينها فقط لكلاوس،
ترى الآن أنجيليكا، إنّها تقف خلف كلاوس.

فجأة تفاجأ فالتراود وذهب للأعلى، إنّها تفكّر بكاي، أين هو؟
"أنجيليكا! الطفل! ماذا أفعل بطفلي؟"

"لا تقلقي، لم تفعلي شيئًا بطفلك، كاي كان بجاني في كثير من الأحيان، سأنتبه بالتأكيد عليه"

فالتراود يعود مجدّدًا، بالتأكيد، كان كاي في كثير من الأحيان مع أنجيليكا، تعيش هي بالفعل مجرّد خمسة دقائق بعيدًا من هنا، وعلى الرغم من ذلك فإنّ شقّة أنجيليكا موجودة بالفعل في القطاع الروسي، لكن ذلك غير مهم، الحدود بالتأكيد مفتوحة.

إنّ الشاب المسعف مجدّدًا هنا، رأسه الآن مباشرة فوق رأس فالتراود، تنظر هي إليه لذلك من الأسفل، غريب، تأمّلت، لم تلاحظ أي شيء، أنّ المسعف ليس لوحده، وأنّه أخرجها من الغرفة، هو يبتسم، يريد بالتأكيد أن يشجّعها، ولكن فالتراود لم تعد ترى ذلك بعد الآن.

9

كم فهمت من النص؟

☒ **لا شيء على الإطلاق** ☐ **قليلا من النص** ☑ **معظم النص**

لا تقلق.
في الفصل الأوّل سنبدأ من الصفر!
لم يكن لدينا أبدًا طالب لم يكن قادرًا على تعلّم
اللّغة الألمانيّة، حاول أن لا ترهق نفسك كثيرًا،
وخذ قسطًا من الراحة كلّما احتجت لذلك.

الألمانيّة ليست معقّدة كما كنت تتوقّع في البداية،
أليس كذلك؟

ربّما تكون قد تعلّمت لغة مماثلة من قبل، أو
أنّ لديك اطلاع باللّغة الهولنديّة أو السويديّة أو
النرويجيّة أو الدنماركيّة، عظيم! سيكون تعلّم
اللّغة الألمانيّة أمرًا سهلًا بالنسبة لك.

قبل أن تمضي قدمًا

بعض الأشياء التي قد تلاحظها عند المقارنة بين النسخة الألمانيّة واللّغة الإنجليزيّة، في حال أنّك تعلّمت اللّغة الإنجليزيّة من قبل:

أربع أبجديّات مضحكة:

ä ö ü ß

سنقوم بشرح نطق Ä و Ö و Ü في سلسلة من
مقاطع الفيديو والتي يمكنك مشاهدتها هنا:
www.skapago.eu/jensjakob/ar/bonus
الحرف ß له نفس نطق حرف S ولكن لا يمكن أن
يُكتب في بداية الكلمة، لذلك لا يوجد حرف كبير
لـ ß، في سويسرا يُكتب الحرف ss دائمًا بدلًا من
ß، ولكن في ألمانيا والنمسا تتم كتابة الكثير من
الكلمات بحرف ß، لتعلّم كيفيّة كتابة الحرف يرجى
الاطلاع على الرابط:
www.skapago.eu/jensjakob/how-to-write-ss

العديد من الكلمات المتشابهة

يوجد بين اللّغتين الإنجليزيّة والألمانيّة العديد
من الكلمات المتشابهة إلى حد ما، خاصّة أنّ
الساكسونيّون الألمان انتقلوا إلى بريطانيا في أوائل
العصور الوسطى، ممّا يعني أنّ اللّغة الإنجليزيّة
تنتمي أساسًا إلى نفس „العائلة" مع اللّغة الألمانيّة.

النطق الألماني

... قد يبدو غريبًا بعض الشيء بالنسبة لك، ولكن
الأمر أسهل بكثير ممّا تتوقّع، وسنوفّر أيضًا مقاطع
فيديو للنطق، لمزيد من المعلومات راجع الرابط:
www.skapago.eu/jensjakob/ar/bonus

على استعداد للفصل الأوّل؟

هيّا بنا نبدأ!

المصـــادر التي سوف تحتاجها:

- الملفات الصوتيّة
- مقاطع فيديو النطق
- ... وأكثر بكثير

مجّانًا ودائمًا محدّثة

في
www.skapago.eu/jensjakob/ar/bonus

اضغط هنا!

Berlin, 9. November 1989

Das ganze Land ist glücklich. Ach was - die ganze Welt!
Die Menschen rufen, singen, tanzen ...
Ich nicht.

ماذا أفعل بهذا النص؟

• استمع للنص عدّة مرّات واقرأ مع
التسجيل، تجد ملفّات الصوت على الرابط:
www.skapago.com/jensjakob/ar/bonus
• حاول فهم الكلمات، ثمّ اقرأ ترجمتها في القائمة
بجانب النص.
• حاول فهم الجملة كاملة من المفردات، إذا احتجت
• مساعدة أكثر ترجم الجملة كاملة.
اقرأ النص بصوت مرتفع عدّة مرّات لتتمكّن من نطق
• كل كلمة بالطريقة الصحيحة مقارنةً بملف الصوت.

Berlin	برلين (عاصمة ألمانيا)
November	تشرين الثاني، نوفمبر
das Land	الدولة
ganze	جميع، كل
ist; sein	أن يكون (انظر شرح قواعد النحو)
glücklich	سعيد
ach	أوه، أسلوب تعبير
was	ما، ماذا
ach was	أسلوب للتعبير عن التصحيح
die* Welt	العالم
die Menschen	البشر
rufen, du rufst	ينادي
singen, du singst	يغنّي
tanzen, du tanzt	يرقص
ich	أنا
nicht	ليس

*لماذا كتبنا das Land ولكن كتبنا die Welt؟ خصوصًا أنّ كِلا das و die و (وحيّ der) تعنيان أداة التعريف ال، يوجد في اللّغة الألمانيّة عدّة ترجمات لأداة التعريف ال، ولكن لا تقلق بشأن ذلك الآن، سأشرح ذلك في الفصل 3.

13

Es ist kalt. Ich liege auf der Straße. Ich habe Schmerzen.
Ich denke: Ich muss sterben. Aber ich bin noch so jung! Ich will leben!
Plötzlich sehe ich etwas über mir.
Eine große Hand. Eine sehr, sehr große Hand. Ein Mensch.
„Hallo! Wer bist du?", fragt er. „Was ist los?"
Ich kann nicht antworten. Natürlich nicht.
Der Mensch nimmt mich in die Hand.
Sie ist ganz warm. Ich bin plötzlich ganz ruhig. Kurz danach schlafe ich.

leben, du lebst	يعيش
plötzlich	فجأة
sehen, du siehst	يرى
etwas	شيء
über	فوق
mir*	إلي، أنا حالة الجر
eine Hand	يد
die Hand	اليد
groß	كبير
eine große Hand	يد كبيرة
sehr	جدًّا
hallo	مرحبًا
wer	مَن
du	أنت
fragen, du fragst	يسأل
er	هو
Was ist los?	ما الذي يحدث؟
ich kann	أنا أستطيع (انظر شرح قواعد النحو)
antworten, du antwortest	يجاوب
natürlich	بالطبع
nehmen, du nimmst	يأخذ
mich*	ـني، أنا حالة النصب
in	في
sie	هي
ganz	جميع، كل
warm	دافئ
ruhig	هادئ
kurz	قصير، موجز
danach	بعد ذلك
schlafen, du schläfst	ينام

es	هو؛ ضمير غائب محايد
kalt	برد
liegen, du liegst	يستلقي
die Straße	الشارع
auf	على، هنا بمعنى: في
auf der Straße	في الشارع
haben, du hast	لدي، عندي
Schmerzen	ألم
denken, du denkst	يفكّر
ich muss	أنا يجب (انظر شرح قواعد النحو)
sterben, du stirbst	يموت
aber	لكن
noch	لا زال
so	جدًّا، كذا
jung	صغير السن
ich will	أنا أريد (انظر شرح قواعد النحو)

---

* طريقتين لِذكر ياء المتكلّم؟ نعم للأسف.
سوف تَتعلّم الفرق في الفصل 6.

كيف تتعلّم كلمات جديدة

- حاول أن لا تتعلّم كلمات كثيرة: ما بين 5 - 7 كلمات باليوم.
- يجب أن تكرّر الكلمات التي تعلّمتها يوميًا.
- إذا أردت ذلك، قم بكتابة الكلمات على شكل بطاقات تعليميّة: بالألمانيّة في جهة، والجهة الأخرى بالعربيّة.
- أنظر للكلمة باللّغة العربيّة وحاول أن تتذكّر الكلمة الألمانيّة – وليس العكس.
- ضع الكلمات الصعبة جانبًا لكي تتمكّن من تكرارها بشكل أكبر.
- تعلّم الكلمات في سياق معيّن، على سبيل المثال: كيف يتم استخدام الكلمة في جملة أو قصّة.

أوّل جملة لك بالألمانيّة
الأفعال و الضمائر

بعض الناس يقولون أنّ قواعد اللّغة الألمانيّة صعبة، ولكن الخبر السار هو أنّه في معظم الوقت حتّى لو أخطأت وأنت تتحدّث الألمانيّة سيفهمون الناس ما تريد قوله، بل قد لا يلاحظون أنّك ارتكبت خطأ.

على الرغم من ذلك، هناك قاعدة واحدة يجب أن تتقنها منذ بداية فترة تعلّمك، ألا وهي الأفعال والضمائر:

- الفعل هو كلمة تدل على ما يفعله شخص ما: **أكل، نام، عمل، طار، شرب، لعب ...** هذه كلّها أفعال.
- الضمائر هي كل كلمة تدل وتحل محل شخص أو شيء ما: **أنا، أنت، هو، هي ...**

يتغيّر الفعل بالعربيّة حسب الضمير، على سبيل المثال: **أنا أغنّي، أنت تغنّي، نحن نغنّي**. إذا قلنا بالعربيّة، **أنت أغنّي** – من هو الذي يغنّي في هذه الحالة؟ هل أنا من يغنّي أم أنت الذي يغنّي؟ لذلك من المهم تعلّم صرف الأفعال الصحيحة مع الضمير المناسب باللّغة الألمانيّة.

ملاحظة مهمة حول اللّغة الألمانيّة هي أنّنا نغيّر جميع الأفعال بناءًا على الضمير.

- لحسن الحظ، يتم تغيير معظم الكلمات الألمانيّة في نمط يمكن التنبّؤ به.
- بعض الأفعال الأخرى التي تسمّى الأفعال المساعدة (Modalverben)، سيتبعها تعديلين طفيفين.
- ولا يزال لدينا نوع آخر يسمّى الأفعال القويّة (Starke Verben)، تتبع نفس النمط ولكن بتعديل واحد فقط.
- الفعل المجرّد في اللّغة العربيّة هو الفعل الماضي للغائب: أكّلَ، غنّى، رأى... ولكن الفعل المجرّد باللّغة الألمانيّة لا يصاحب أي ضمير ولا يدل على الماضي أو زمن معيّن، وسنقوم بترجمة أفعال صيغة المصدر الألمانيّة إلى صيغة المضارع للغائب: يأكل، يغنّي، يرى...

لنبدأ بالضمائر (Pronomen):

أنا	ich
أنتَ/أنتِ	du
هو (ذكر)	er
هي	sie
هو (محايد)	es
نحن	wir
أنتم/أنتن	ihr
هم/هن	sie

الآن دعونا نلقي نظرة على نهايات الفعل للفعل المنتظم (regelmäßige Verben):

ich singe	wir singen
du singst	ihr singt
er singt	sie singen
sie singt	
es singt	

كيف تتعلّم ذلك؟
احفظهم!

للأسف، لا يوجد بديل لهذه الإجابة، يجب أن تتعلّم المجموعات أعلاه كالقصيدة، وحاول دائمًا أن تحفظ (الضمير+الفعل) معًا، لا تحفظ تصريف الفعل أبدًا بدون مصاحبة الضمير.

بعض التفاصيل المهمّة
لاحظ أنّ بالألمانيّة يجب أن نذكر الضمير مصاحبًا للفعل، ولا يمكننا الاستغناء عن الضمير كاللّغة العربيّة، مثلًا الجملة: **du singst** لا نستطيع أن نستغني عن الضمير ونقول فقط **singst**.

- بالإضافة إلى ضمائر الغائب العربيّة للأنثى والذكر (هو و هي) لدينا بالألمانيّة الضمير المحايد "es„، الذي نستخدمه بشكل أساسي للأشياء.

لاحظ أنّه على عكس اللّغة العربية، فالألمانيّة Du لا تشير إلى أنثى أو ذكر، وصيغ الجمع sie ،Ihr كذلك.

- ونلاحظ أيضًا أنّ نهاية أفعال er / sie / es و ihr هي نفسها.

sie singt

ihr singt

- لدينا ضميران متشابهان (هم/هن و هي) كلاهما لهم نفس الضمير بالألمانيّة! ولكن للمرّة الأخرى أكرّر أنّ نهاية الفعل يحدّد من الفاعل:

هي تغنّي Sie singt

هم/هن يغنّون Sie singen

معلومات كثيرة للتعلّم؟
ربّما، ولكن إذا فهمت السابق فقد قطعت مشوارًا طويلًا.

الأفعال المساعدة
Modalverben

تعتبر الأفعال المساعدة مفيدة للغاية لأنّك يمكنك دمجهم مع أفعال أخرى، واستخدام هذه الأفعال الأخرى بصيغتها الأساسيّة والتي تسمّى صيغة المصدر (Infinitiv) وهو الفعل المجرّد بدون تصريف، انظر إلى المثال التالي:

ich will leben. أنا أريد أن أعيش.

الفعل الأوّل **will** هو ما يسمّى الفعل المساعد، في هذه الحالة استخدمناه مع **ich** (أو ما يسمّى ضمير المتكلّم بصيغة المفرد، في حال أنّك تفضّل تعريف مصطلح النحو) والفعل الثاني (**leben**) على هيئة صيغة المصدر (Infinitiv) لاحظ أنّ فعل صيغة المصدر ليس له مقارنة باللّغة العربيّة، ونقوم بصرف الفعل الأوّل فقط عندما يوجد فعلين في نفس الجملة باللّغة الألمانيّة.

الجانب الإيجابي في هذه الحالة هو أنّه عندما نتحدّث عن الأشخاص الآخرين فلا حاجة لتغيير كلمة **leben**، سنقوم فقط بتصريف الفعل الأوّل **will** كما في المثال التالي:

wir wollen leben	ich will leben
ihr wollt leben	du willst leben
sie wollen leben	er will leben
	sie will leben
	es will leben

(يريد، يرغب) wollen

ich will_	wir wollen
du willst	ihr wollt
er will_	sie wollen
es will_	
sie will_	

(يجب، يلزم) müssen

ich muss_	wir müssen
du musst	ihr müsst
er muss_	sie müssen
sie muss_	
es muss_	

(يستطيع، يقدر، يتمكّن) können

ich kann_	wir können
du kannst	ihr könnt
er kann_	sie können
sie kann_	
es kann_	

والجانب السيّء هو أنّه عليك أن تتعلّم صرف الأفعال المساعدة عن ظهر قلب، ولكن نظرًا لاستخدامها بشكل متكرّر يُعد استثمارًا جيّدًا لوقتك، ستجد بعضها على الجانب من هذه الصفحة، وللمرّة الأخرى أكثر، تعلّم هذه الكلمات مثل القصيدة، ولتسهيل عمليّة الحفظ كوّن جمل من الكلمات، مثلاً:

ich kann singen
du kannst singen ...

معنى الأفعال المساعدة التالية

- du willst singen أنت تريد أن تغنّي (يريد، يرغب)
- du musst singen أنت يجب أن تغنّي (يجب، يلزم)
- du kannst singen أنت تستطيع أن تغنّي (يستطيع، يقدر، يتمكّن)

استرخي وتنفّس:

هناك نمط معيّن للصّرف، انظر:
- جميع الصيغ ماعدا (ich) و (er) لها نفس النهايات مثل الفعل المنتظم.
- er/sie/es و ich ليس لهم نهايات على الإطلاق، ممتاز!
- حروف العلّة تتغيّر فقط للضمائر الفرديّة ich, du, er/sie/es

unregelmäßige Verben الأفعال غير المنتظمة

تسمّى أيضًا الأفعال القويّة وتتشابه مع الأفعال المنتظمة تمامًا باستثناء اختلاف صغير، انظر للمثال التالي:

ich sehe	**wir** sehen
du siehst	**ihr** seht
er sieht	**sie** sehen
sie sieht	
es sieht	

الأفعال القويّة لها أحرف مختلفة لتكوينها في صيغ ضمير الغائب والمخاطب الفردي (أي du و er/sie/es) وأوصي بتعلّم تصريف الأفعال للضمير (du) عن ظهر قلب، لأنّنا نستطيع دائمًا تحديد إذا كان الفعل منتظم أو غير منتظم من خلاله – وإذا كان الفعل غير منتظم سنستطيع تصريف الأفعال الأخرى، لذلك طريقة تعلّم الأفعال الصحيحة تكون بهذا الشكل:

يرى	→	sehen, du siehst
ينام	→	schlafen, du schläfst
يأخذ	→	nehmen, du nimmst

أكون أو لا أكون sein

في الألمانيّة تحتاج كل جملة إلى فعل، وهذا ينطبق حتّى على الجمل التي ليس لها فعل باللّغة العربيّة، مثل (أنا جميل)

الفعل الذي نستخدمه في هذه الحالة هو **sein** على سبيل المثال (**ich bin schön**) فيما يلي النماذج لهذا الفعل:

ich bin	**wir** sind
du bist	**ihr** seid
er ist	**sie** sind
sie ist	
es ist	

نستخدم في اللّغة العربيّة الفعل كان عندما نتحدّث عن الماضي (أنا جميل - أنا كنت جميل) ولكن في الألمانيّة عليك أن تضع الفعل في كل الأزمنة (**ich war schön - ich bin schön**)

لديّ haben

ich habe	**wir** haben
du hast	**ihr** habt
er hat	**sie** haben
sie hat	
es hat	

لنرتّب ما تعلّمناه سابقًا
نظرة عامّة على جميع أشكال الأفعال

أنا فخور بك حقًّا: لقد كانت الصفحات الأخيرة صعبة، لذلك أريد أن ألخّص كل شيء تعلّمته إلى الآن، خذ وقتك لحفظ المعلومات المعطاة، وارجع إلى هذه الصفحة كلّما أردت، تُقدّم المدارس في الغالب هذه الدروس في وقت متأخّر، ولكنّي أعتقد أنّ هذا هو أهمّ درس يجب تعلّمه عن اللّغة الألمانيّة، لذلك من المهمّ أن تتعلّمه في وقت مبكّر، بمجرّد حفظ تصريفات الفعل سيكون لديك أساس متين للغاية وسوف يدعمك في مراحل تعلّمك المقبلة.

كل شيء محدّد باللّون الأزرق غير منتظم في الجدول التالي.

ابحث عن الأنماط المتشابهة - على سبيل المثال:

- بغض النظر عن الفعل **sein** جميع الأفعال المصاحبة لضمائر الجمع منتظمة.
- الفعل المصاحب للضمير **wir** متشابه دائمًا مع الفعل المصاحب للضمير **sie** (الجمع).
- جميع الأفعال مع **du** تنتهي بـ **st**.
- الأفعال المصاحبة للضمائر **er/sie/es** متشابهة.

أفعال منتظمة	أفعال غير منتظمة	أفعال مساعدة	sein	haben
ich sing**e**	ich spreche	ich will_	ich bin	ich habe
du sing**st**	du sprichst	du willst	du bist	du hast
er sing**t**	er spricht	er will_	er ist	er hat
sie sing**t**	sie spricht	sie will_	sie ist	sie hat
es sing**t**	es spricht	es will_	es ist	es hat
wir sing**en**	wir sprechen	wir wollen	wir sind	wir haben
ihr sing**t**	ihr sprecht	ihr wollt	ihr seid	ihr habt
sie sing**en**	sie sprechen	sie wollen	sie sind	sie haben
حروف العلّة تتغيّر مع ...	• du • er/sie/es	• ich • du • er/sie/es		
النهايات	منتظمة	ليس لهم نهايات: • ich • er/sie/es	غير منتظمة	نقوم بإزالة **b** من: • du • er/sie/es

محادثتُك الأولى

من الأخطاء الشائعة التي يرتكبها الطلاب هو تأخير التحدّث باللّغة الألمانيّة حتّى يصلوا إلى مستوى معيّن يشعرون به بالراحة، الحقيقة هي أنّك لن تشعر أبدًا بالثقة الكاملة للتحدّث بالألمانيّة ما لم تمارسها كثيرًا، لذلك أوصيك بشدّة أن تبدأ في الممارسة الآن! إذا لم يكن لديك أشخاص من ألمانيا أو النمسا أو سويسرا للتدرّب معهم فادخل على الرابط www.skapago.eu/jensjakob/ar/speakgerman للحصول على المساعدة، إذا كنت تشعر بالخجل من التحدّث مع الأشخاص، فتحدّث مع نفسك! تمامًا كما لو كنت تتدرّب على عزف الكمان بالممارسة في المطبخ الخاص بك على الرغم من عدم وجود أحد ليستمع إلى عزفك، حاول وسوف تلاحظ تقدّم في لغتك الألمانيّة.

Hallo, ich heiße …	مرحبا، اسمي …	
Ich komme aus …	أنا من …	
Woher kommst du?	من أين أنت؟	
Ich wohne in …	أسكن في …	
Wo wohnst du?	أين تسكن؟	
Ich spreche nur ganz wenig Deutsch.	أتحدّث الألمانية قليلًا جدًّا.	
Ich verstehe dich nicht.	لا أفهمك.	
Kannst du das noch einmal sagen?	* هل يمكنك قول ذلك مرّة أخرى؟	
Was bedeutet … auf Arabisch?	ماذا تعني … باللّغة العربيّة؟	
Können wir Arabisch sprechen?	** هل نستطيع أن نتكلّم بالعربيّة؟	
Tschüss!	وداعًا!	

heißen, du heißt	يسمّى
kommen, du kommst	يأتي
aus	مِن
woher	من أين؟
wo	أين؟
wohnen, du wohnst	يعيش
sprechen, du sprichst	يتحدّث
nur	فقط
wenig	قليل
deutsch	ألماني
verstehen, du verstehst	يفهم
dich	ـك، أنت حالة النصب
noch einmal	مرّة أخرى
das	تعني هنا: هذا
bedeuten, du bedeutest	يعني
Arabisch	العربيّة

---

* (هل) ليس لها ترجمة في اللّغة الألمانيّة، لذلك من أجل تكوين سؤال يجب أن نبدأ بالفعل ثمّ الفاعل، سنشرح المزيد عن صيغة السؤال في الفصل 2.

Du kannst das sagen.	تستطيع قول ذلك.
Kannst du das sagen?	هل تستطيع قول ذلك؟

** بالطبع يجب استخدام هذه العبارة كملاذ أخير لك، أريد أن أشجّعك على التحدّث بأكبر قدر ممكن باللّغة الألمانيّة لتحسّن من لغتك، يجب أن تصرّ على التحدّث باللّغة الألمانيّة حتّى مع الألمان الذين يتحدّثون العربيّة بطلاقة.

„Woher kommst du?"

21

1. كوّن الجمل بجمع الكلمات التالية، تستطيع تكوين أكثر من جملة لنفس الكلمة، يوجد أكثر من إجابة وتكوين صحيح.

Die Menschen	ist	leben.
Jens	liegt	ruhig.
Die Hand	will	eine große Hand.
Du	sind	nicht antworten.
Er	ist	nicht.
Jens	hast	auf der Straße.
Jens	tanzt	Schmerzen.
Es	kann	glücklich.

لا توجد مساحة كبيرة هنا.
هذا لأنّي أشجّعك على كتابة التمارين
على قطعة منفصلة من الورق وليس
في الكتاب. بهذه الطريقة يمكنك إعادة
المحاولة مرّة أخرى إذا أخطأت في الفهم
أو عندما تريد التكرار (نعم، يجب عليك
فعل ذلك) يمكنك إيجاد الحلول على
صفحة 231.

2. املأ الفراغ.

Die ganze Welt _____ glücklich.

Jens liegt auf der _____.

Er _____ Schmerzen.

Er will _____.

Der _____ nimmt mich in die Hand.

Die Hand ___ warm und groß.

3. صرّف الأفعال مع الضمائر مع كتابة جمل مفيدة.

Ein Beispiel (an example, short form: Bsp.): wollen → Ich will tanzen. Du willst tanzen.
Er will tanzen. Sie will tanzen. Wir wollen tanzen. Ihr wollt tanzen. Sie wollen tanzen.

sein   haben   singen   wollen   müssen   können

4. غيّر الضمير المستخدم بكل جملة، واكتب الجملة الصحيحة بعد التغيير.

Beispiel: Sie singt auf der Straße. → Ich singe auf der Straße. Du singst ...

Ich muss schlafen.	Ich bin glücklich.
Du kannst antworten.	Du hast eine sehr große Hand.
Er tanzt auf der Straße.	Sie kann nicht antworten.
Wir sind jung.	Ihr wollt leben.
Sie haben Schmerzen.	

www.skapago.eu/jensjakob/ar/bonus للمزيد من التدريبات ادخل على الرابط

„Beate, was ist das?"
„Das ist ein Spatz."
„Ein Spatz?"
„Ja, ein Spatz."
„Wo sind seine Eltern?"
„Ich weiß es nicht. Er ist allein."
„Und was willst du machen?"
„Er braucht Wasser. Vielleicht braucht er auch etwas zu essen*."
„Soll er hier leben?"
„Wo sonst?"
„Na toll."
„Was ist die Alternative? Soll er sterben?"
„Nein, natürlich nicht."
„Also muss er hier leben."

---

* عندما يكون لدينا فعلان في جملة ألمانيّة (غير الأفعال المساعدة) نحتاج لإضافة (zu) قبل الفعل الثاني:
Er braucht etwas **zu** essen.

Beate	اسم فتاة
das	ذلك
ein Spatz	عصفور دوري
der Spatz	العصفور الدوري
ja	نعم
wo	أين
seine Eltern	والديه
wissen, ich weiß, du weißt, er weiß	يعرف
allein	وحيد
und	و
machen, du machst	يفعل
brauchen, du brauchst	يحتاج
Wasser	ماء
vielleicht	ربّما
auch	أيضًا
zu	إلى
essen, du isst	يأكل
sollen, du sollst	يجب، ينبغي
hier	هنا
sonst	خلاف ذلك
Na toll!	أوه عظيم!
die Alternative	البديل
nein	لا
also	لذلك

"يمكنك أن تقول **أنت** لي" نكتة ألمانيّة شهيرة لن تفهمها إلّا إذا كنت تتحدّث الألمانيّة.

لقد تعلّمت بالفعل أنّ لدينا طريقتان لنقول أنت باللّغة الألمانيّة: (du (لشخص واحد) و ihr (لعدّة أشخاص)

هذه ليست القصّة كاملة، يمكنك استخدام du و ihr فقط في المواقف غير الرسميّة، أي عندما تتحدّث مع:

- أفراد الأسرة.
- الأطفال.
- الأصحاب.

في جميع المواقف الأخرى، خاصّة عندما تتحدّث إلى الغرباء، يجب أن تستخدم ضمير آخر، وهو الضمير Sie، إنّه نفس الضمير Sie كما هو في جملة sie singen (ضمير الغائب بصيغة الجمع بتعريف النحو) ولكن نكتب حرف S كبير ليعبّر عن ضمير المخاطب الرسمي (بالطبع لن يتغيّر النطق).

سوف نستخدم أيضا نهايات الفعل نفسها كما هو الحال مع sie singen (**هم يغنّون**)* هل تستطيع رؤية الفرق هنا؟

Beate, du brauchst etwas zu essen

Herr Meier, Sie brauchen etwas zu essen

إذا قرأت هذه الجملة بعناية، فقد تدرك شيئًا آخر وهو: أنّنا نستخدم الضمير **du** مع اسم الشخص الأوّل، بينما نستخدم Sie مع كلمة **السيّد/السيّدة** (Herr/Frau) + اسم العائلة أو الاسم الأخير.

هناك رابط منطقي ليساعدك: عندما يقدّم شخص ما نفسه باسمه الأخير سنستخدم الضمير Sie، وعند تقديمهم لأنفسهم باسمه الأوّل يمكنك استخدام الضمير **du**.

إنّه أمر غريب جدًّا ومحيّر، وحتّى الألمان يجدون صعوبة في اختيار الضمير الصحيح من وقت لآخر، لمزيد من المعلومات حول ذلك يرجى زيارة الرابط www.skapago.eu/jensjakob/ar/du-sie

إذا كنت في شك فاستخدم الضمير Sie ، سنستخدم الضمير أيضًا عندما نتحدّث رسميًّا مع مجموعة من الأشخاص وليس فقط شخصًا بمفرده - فبدلاً من ihr للتحدّث مع مجموعة استخدم Sie، مثلًا:

Beate und Christian, ihr braucht etwas zu essen.

Herr Maier und Frau Müller, Sie brauchen etwas zu essen.

وهنا بعض العبارات المفيدة:

(jemanden) duzen, du duzt	لنقول **du** (لشخص ما)
(jemanden) siezen, du siezt	لنقول **Sie** (لشخص ما)
Können wir „du" sagen?	هل نستطيع أن نقول "du"؟
	(نطلب من شخص أن نتكلّم مع بعض مستخدمين صيغة du)
Natürlich. Ich bin Martin	بالتأكيد، أنا اسمي مارتن.
	(اذكر اسمك الأوّل للتأكّد أنّ الشخص الآخر عرف اسمك للمخاطبة)

---

* سوف تكون على دراية بهذا المفهوم إذا كنت تتحدّث لغة مثل الفرنسيّة أو الروسيّة (في الواقع، معظم اللّغات الأوروبيّة باستثناء اللّغة الإنجليزيّة)، الفرق الكبير بين تلك اللّغات والألمانيّة هي أنّنا لا نستخدم صيغة الجمع لضمير المخاطب "ihr"، ولكن نستخدم صيغة الجمع لضمير الغائب "sie" في حالة التحدّث رسميًّا مع شخص أو مجموعة من الأشخاص.

Maria, du brauchst **etwas zu essen.**

Maria und Christian, ihr braucht **etwas zu essen.**

Herr Meier, Sie brauchen **etwas zu essen.**

Herr Meier und Herr Müller, Sie brauchen **etwas zu essen.**

Modalverben

Sollen فعل مساعد آخر مفيد جدًّا، واختلافًا للأفعال المساعدة الأخرى لن نغيّر حرف العلّة بين صيغة المفرد والجمع.

sollen (يجب)

ich soll_	**wir** soll**en**
du soll**st**	**ihr** soll**t**
er soll_	**sie** soll**en**
sie soll_	
es soll_	

المعنى:

du sollst singen   "أنت" يجب أن تغنّي   (نصيحة أو تعليمات)

dürfen (يُسمح)

ich darf_	**wir** dürf**en**
du darf**st**	**ihr** dürf**t**
er darf_	**sie** dürf**en**
sie darf_	
es darf_	

المعنى:

du darfst singen   "أنت" مسموح لك أن تغنّي   (مسموح)

Wissen

wissen هو فعل آخر غير منتظم، يتشابه مع الأفعال المساعدة لكنّنا لا نستخدمه بنفس الطريقة، وفي العادة لا يستخدم مع فعل آخر.

wissen (يعلم)

ich weiß_	**wir** wiss**en**
du weiß**t**	**ihr** wiss**t**
er weiß_	**sie** wiss**en**
sie weiß_	
es weiß_	

نظرًا لأنّك تعلّمت الآن الفرق بين الضمير الرسمي وغير الرسمي يمكنك محاولة "ترجمة" النص المعطى إلى محادثة رسميّة: قم بتغيير جميع du إلى Sie، وتأكّد أيضًا من تصريف الأفعال بالشكل الصحيح، الحل موجود في أسفل هذه الصفحة.

لن تتغيّر أي جملة لا تخاطب فيها الشخص الآخر بين الخطاب الرسمي وغير الرسمي:

Hallo, ich heiße …	مرحبًا، اسمي …
Ich komme aus …	أنا من …
Woher kommst du?	من أي بلد أنت؟
1: _____	
Ich wohne in …	أعيش في …
Wo wohnst du?	أين تسكن؟
2: _____	
Ich spreche nur ganz wenig Deutsch.	أتحدّث فقط قليلًا جدًّا الألمانيّة.
Ich verstehe dich nicht.	لا أفهمك.
3: _____	
Kannst du das noch einmal sagen?	هل يمكنك قول ذلك مرّة أخرى؟
4: _____ ?	
Was bedeutet … auf Arabisch/Englisch?	ماذا تعني … باللّغة العربيّة/الانجليزيّة؟
Können wir Arabisch/Englisch sprechen?	هل يمكننا أن نتكلّم باللّغة العربيّة/الانجليزيّة؟
Tschüss!	وداعًا!

(الحل: فقط الجمل التي تحتوي على du وتصريفها يجب أن تتغيّر في الخطاب الرسمي)
4: Können Sie das noch einmal sagen?
3: Ich verstehe Sie nicht.
2: Wo wohnen Sie?
1: Woher kommen Sie?

0	null
1	eins*
2	zwei (**drei** يمكننا أن نستخدم **zwo** لتجنّب الاختلاط مع الرقم)
3	drei
4	vier
5	fünf
6	sechs
7	sieben
8	acht
9	neun
10	zehn

كيفيّة تكرار الأرقام

حاول أن تقرأ الأرقام مع التكرار (وبأسرع ما تستطيع) وانظر إلى القائمة عندما تواجهك مشكلة ما، انظر إلى القائمة مجدّدًا وابدأ مرّة أخرى من الصفر.

أرقام الهاتف

ألمانيا والنمسا لا يزال لديهما رموز للمناطق المختلفة على عكس العديد من الدول الأوروبيّة الأخرى (بما في ذلك سويسرا)، وهذا يعني أنّ كل رقم هاتف يتكوّن من عدّة أرقام، رقم للمنطقة ثمّ الرقم الفعلي، لا تحتاج أن تضع رمز المنطقة عندما تكون داخل المنطقة التي تريد إجراء مكالمة فيها (على سبيل المثال أنت الآن في برلين وتريد الاتصال برقم في برلين)، وعادة نفصل رمز المنطقة من بقيّة الأرقام بشرطة مائلة (مثل 030/1234567، ويرمز رقم 030 لمنطقة لبرلين) ولكن عندما نقرأ الرقم سنتجاهل نُطق الشرطة المائلة، طبعًا على افتراض أنّ جميع السكان المحليّين يعلمون ما هو رمز المنطقة، تحتوي أرقام الهواتف المحمولة على شيء مشابه لرمز المنطقة ولكن يجب استخدامه طوال الوقت.
تبدأ أرقام الهواتف المحمولة بـ 01 (مثل 0173/3625029)

هكذا نسأل عن رقم هاتف شخص ما باللّغة الألمانيّة:

Wie ist deine / Ihre Telefonnummer?

ما هو رقمك؟

die Nummer, Num-mern	الرقم

وهكذا نجيب على السؤال السابق:

Meine Telefonnummer ist...

رقمي هو ...

das Telefon, Telefone	الهاتف
die Telefonnummer, Telefonnummern	رقم الهاتف

والآن حاول أن تقرأ الأرقام التالية:

0752 / 12879954	089 / 73004978	02563 / 133795021
0173 / 3802497	02798 / 301877	0468 / 14725836
0162 / 790273123	01805 / 7602434	078325 / 9732145
09753 / 245668	0224 / 34997352	07311 / 35711987

---

* **eins** = تستخدم عند العد؛ **ein** = للمذكّر ؛ **eine** = للمؤنّث؛ **ein** = للمحايد سنقوم بالشرح أكثر لاحقًا.

لنستمر بالمحادثة:
طرح الأسئلة

لدينا نوعان من الأسئلة، لنبدأ بالأسئلة التي يمكننا الإجابة عليهم بـ**نعم** أو **لا،** في هذا النوع من الأسئلة يأتي الفعل أوّلًا، إذا كان لدينا فعل ثاني بالجملة سنضعه بآخر الجملة.

Soll er hier leben?

(الفعل الثاني)   (الفعل الأول)

ja – doch

عندما نجيب على سؤال بـ**نعم** ولكن يحتوي السؤال على كلمة nicht (**لا/ليس**) فلا يمكنك الرد بـ ja – عليك استخدام كلمة doch (**بلى**)، إذا كنت ترغب في الرد بكلمة لا فنستخدم دائماً nein – بغض النظر إذا كان السؤال يحتوي على nicht.

Soll er hier leben? – Ja.
نعم
Soll er nicht hier leben? – Doch.

Soll er hier leben? – Nein.
لا
Soll er nicht hier leben? – Nein.

نضع أدوات الاستفهام في بداية الجملة عندما تحتوي الأسئلة على أحد أدوات الاستفهام (منطقيًّا، أليس كذلك؟) تقريبًا كل أدوات الاستفهام الألمانيّة تبدأ بحرف W.

Was ist das?

Wo sind seine Eltern?

Wo?	أين؟
Wer?	مَن؟
Wie?	كيف؟
Was?	ماذا/ما؟
Warum?	لماذا؟
Wann?	متى؟
Woher?	مِن أين؟
Wohin?	إلى أين؟

احترس من هذين الإثنين ولا تخلط بينهما – فهما صديقان مزيّفان!

29

1. تتحدّث الآن مع شخص ما، لكنّك لم تفهم الكلمات التي في محل "XXX" حاول أن تُكوّن أسئلة للاستفسار عنها.

Beispiel: Er isst XXX. – Was isst er?

Das ist ein XXX.

Er braucht XXX.

Er soll XXX leben.

Ich heiße XXX.

Ich komme aus XXX.

Ich wohne in XXX.

„Wasser" bedeutet auf Englisch XXX.

Ich fahre nach XXX.

XXX heißt Jens.

2. املأ الفراغات.

Der Spatz _____ Wasser und _____ zu essen.

Wo sind seine _____? Beate weiß es _____.

Wo soll _____ leben? Er muss _____ leben.

3. أجب على الأسئلة باستخدام ja أو doch مع مراعاة الإجابة بجملة كاملة.

Beispiel: Wohnst du nicht in Berlin? – Doch, ich wohne in Berlin.

Wohnt Beate nicht in Berlin?

Kannst du nicht Englisch sprechen?

Ist das nicht ein Spatz?

Kommt Jens aus Berlin?

Verstehst du nicht Deutsch?

Kommen Sie aus Berlin?

4. حوّل الجمل بين الصيغة الرسميّة والصيغة الغير رسميّة.

a) Du kommst aus Berlin.   b) Kannst du Englisch sprechen?

c) Warum singen Sie?   d) Warum bist du nicht glücklich?

e) Wie heißen Sie?   f) Wann willst du essen?

g) Wo wohnen Sie?   h) Wer bist du?

i) Woher kommen Sie?   j) Was antwortest du?

3

Mitten in der Nacht wache ich auf.
Es ist warm.
Meine Schmerzen sind besser.
Aber ich bin allein.
Wo ist der Mensch mit der* großen Hand?
Wo sind meine Eltern?
Und überhaupt – wo bin ich?

„Beate! Du musst aufstehen! Wir frühstücken!"
„Jetzt schon?"
„Ja, die Schule beginnt bald."

mitten	منتصف
die Nacht, Nächte	اللّيل
mitten in der Nacht	في منتصف اللّيل
aufwachen, du wachst auf	يصحى
meine	لي؛ مثال: طاولتي (ضمير ملكيّة)
besser	أفضل
mit	مع
überhaupt	إطلاقًا
aufstehen, du stehst auf	يستيقظ
frühstücken, du frühstückst	يفطر
jetzt	الآن
Jetzt schon?	الآن بالفعل؟
die Schule, Schulen	المدرسة
beginnen, du beginnst	يبدأ
bald	قريبًا

* لماذا نقول هنا mit der Hand وليس mit die Hand؟
سوف نشرح ذلك في الفصل 11 للوقت الحالي تعلّم الجملة كما هي.

31

„Ok, ich komme."

Beate geht in die Küche. Jochen, der Vater von Beate, sitzt am Tisch.

„Guten Morgen, Papa."

Der Vater antwortet nicht. Er liest die Zeitung. Sie muss sehr interessant sein, denn er hört Beate nicht. Aber Beate merkt es gar nicht. Sie will zuerst Jens sehen. So heißt der Spatz – seit gestern. Jens schläft noch. Aber er ist nicht verletzt.

„Guten Morgen, Jens, wie geht es dir?"

Jens reagiert nicht. Er schläft immer noch. Die Mutter von Beate, Ines, kommt in die Küche.

„Hallo Beate. Willst du nicht frühstücken?"

„Guten Morgen, Mama. Doch, ich will frühstücken. Aber ich muss zuerst Jens sehen."

Jetzt ist Beate fertig mit Jens. Sie beginnt zu essen: ein Brötchen mit Marmelade und eine Zimtschnecke. Ines isst nur Müsli mit Milch und eine Banane. Sie will gesund leben.

Aber Jochen isst vier Scheiben Brot mit Schinken, Käse und viel Butter. Er lebt lieber nicht so gesund.

Doch!	بلى!
fertig	جاهز، انتهى
das Brötchen, Brötchen	الخبز الصغير
(die) Marmelade, Marmeladen	المربّى
die Zimtschnecke, Zimtschnecken	كعك القرفة
(das) Müsli	رقائق الفطور
(die) Milch	الحليب
die Banane, Bananen	الموز
gesund	صحّي
vier	أربعة
die Scheibe, Scheiben	الشريحة
das Brot, Brote	الخبز
(der) Schinken	لحم خنزير
(der) Käse	الجبن
viel	كثيرًا
(die) Butter	الزبدة
lieber	أُفضّل

gehen, du gehst	يذهب، يمشي
die Küche, Küchen	المطبخ
Jochen	اسم ذكر
der Vater, Väter	الأب
von	مِن
sitzen, du sitzt	يجلس
am	عند الـ
der Tisch, Tische	الطاولة
der Morgen, Morgen	الصباح
Guten Morgen!	صباح الخير!
Papa	بابا
lesen, du liest	يقرأ
die Zeitung, Zeitungen	الجريدة
interessant	مثير للاهتمام
denn	لأن
hören, du hörst	يسمع

merken, du merkst	يلاحظ
gar nicht	على الإطلاق
zuerst	أوّلًا
Jens	اسم ذكر
seit	منذ
gestern	أمس
verletzt	مجروح
dir	إليك (أنت حالة الجر)
Wie geht es dir?	كيف حالك؟
reagieren, du reagierst	يستجيب
immer	دائمًا
immer noch	لا يزال
die Mutter, Mütter	الأم
Ines	اسم أنثى
Mama	ماما

مثل عربات القطار
الجمل الألمانيّة

الجمل الألمانيّة لها هيكل نموذجي بسيط للغاية – لحسن الحظ!
ما لم تكن تريد أن تقول شيئًا معقّدًا فكل ما تحتاج إليه حقًّا هو تذكّر التالي:
موضع الفعل في الجملة هو الخانة الثانية من المعلومات التي ستحصل عليها.

يكون ذلك واضحًا عندما يكون لدينا جملة بسيطة جدًّا:

Ich   singe

Subjekt Verb

الفعل   الفاعل

وبنفس الشكل السابق عندما يتكوّن الفاعل من عدّة كلمات:

Beate und Jochen singen

يوجد لدينا وللمرّة الأخرى الفاعل (**Beate und Jochen**) بالخانة الأولى، وثمّ الفعل (**singen**) في الخانة الثانية.

سيتم تطبيق هذه القاعدة حتّى ولو تواجد شيء مختلف عن الفاعل في الخانة الأولى:

Mitten in der Nacht wache ich auf

في منتصف الليل صحيت أنا

أرأيت الفرق؟ الجزء الأول من المعلومات في هذه الجملة هو المعلومة حول الوقت (**Mitten in der Nacht**)
ثمّ يأتي الفعل في الخانة الثانية (**wache**)، وسنضع الفاعل (**ich**) بعد الفعل (حيث لا يوجد مكان آخر لوضعه)

أي معلومة نريد   الفعل   الباقي من الجملة

تخيّل أنّ الجملة الألمانيّة عبارة عن قطار، في كل عربة تحجز معلومة معيّنة مقعدًا واحد فقط، العربة الأولى مفتوحة للجميع، ولكن العربة الثانية محجوزة دائمًا **للفعل**، لذلك إذا تمّ حجز العربة الأولى فيجب أن يأخذ الفاعل العربة الثالثة؛ وإلّا فإن هذه المقطورة ببساطة ستظل فارغة، بالطبع يمكننا إضافة المزيد من العربات إلى القطار، لكنّنا سنناقش ذلك لاحقًا.

---

* نظرة خاطفة لمحبّي القواعد: إذا كان لدينا فعلان بالجملة نضع الفعل الثاني في آخر الجملة، يمكننا بذلك أن نسرد جملة مضحكة وطويلة جدًّا باللّغة الألمانيّة، سنذكر المزيد عن ذلك في وقت لاحق.

بعض الكلمات ليست جزءًا من الجملة، على سبيل المثال **und** أو **sondern** (انظر الفصل 11) **aber** أو **denn** أو **oder** ، تُعتبر هذه الكلمات كلمات ربط، لذلك تخيّل أنّهم على متن قائد عربة القطار (أو لنسمّيها خانة رقم صفر):

	Und	و
	Sondern	بالأحرى
	Aber	لكن
	Denn	لأنّ
	Oder	أو

Aber   Beate   merkt   es gar nicht.

الموقع 0	الموقع 1	الموقع 2	الموقع 3
	أي معلومة نريد	الفعل	الباقي من الجملة

ما هو جنس كلمة الصحف والجبن؟
الأسماء* وأداة التعريف

der **Käse**
die **Zeitung**
das **Müsli**

كما ترى هنا، الجبن بالألماني مذكّر، والجريدة أنثى، ووجبة رقائق القمح حياديّة، هل يبدو ذلك غريبًا نوعًا ما؟

---

* الاسم هو الكلمة التي تعني شيئًا معيّنًا أو شخصًا معيّنًا، على سبيل المثال: **الجبن، الجريدة، المعلّم، أو الاسم مارك**... والضمير يحل محل الأسماء - على سبيل المثال **هو** (ضمير) بدلاً من **مارك** (اسم).

34

لم يصف هذه الظاهرة أحد أفضل من مارك توين (هذا النص اقتباس مترجم من مقالته:

(اللّغة الألمانيّة الفظيعة)

كل اسم له جنس، وليس هناك معنى أو نظام في التوزيع؛ لذلك يجب تعلّم جنس كل كلمة على حدة وعن ظهر قلب، لا توجد وسيلة أخرى للقيام بذلك، على المرء أن يكون لديه ذاكرة مثل مذكّرة كتاب، في اللّغة الألمانيّة كلمة الفتاة* ليس لها جنس، بينما نبتة اللفت لها جنس، فكّر في كميّة التبجيل الذي نُظهره لنبتة اللفت ويا له من عدم احترام قاس للفتاة، شاهد كيف يبدو ذلك في المطبوعة – أترجم هذا النص من محادثة في أحد أفضل كتب مدرسة يوم الأحد الألمانيّة:

"جريتشين:	فيلهلم، أين اللفت؟
"فيلهلم :	لقد ذهبت إلى المطبخ.
"جريتشين:	أين هي الفتاة الإنجليزية الباهرة والجميلة؟
"فيلهلم :	لقد ذهب* إلى الأوبرا".

* لأنّ كلمة الفتاة بالألمانيّة das Mädchen ليست مؤنّثة أو مذكّر؛ إنّما كلمة حياديّة بلا جنس.

يتم معرفة جنس الكلمة الألمانيّة من خلال أدوات التعريف: لدينا بالفعل ثلاث ترجمات مختلفة لنقول الـ بالألمانيّة، وهذه الكلمات التي ستتعلّم بها تحديد نوع الكلمة!

للأسماء الذكوريّة – der
للأسماء المؤنّثة – die
للأسماء المحايدة – das

لذلك يجب ألّا تتعلّم ترجمة الكلمات بهذه الطريقة أبدًا "جريدة ← Zeitung" وإنّما بهذه الطريقة "die Zeitung ← الجريدة".

لاحظ أيضًا أنّ الضمائر الشخصيّة تعتمد على جنس الاسم.

Jochen liest die Zeitung. Sie ist interessant.

يوخن يقرأ الجريدة. هي (نقصد الجريدة) مثيرة للاهتمام

نظرًا لأنّ الجريدة كلمة مؤنّثة؛ لذلك نستخدم الضمير sie بدلاً من es أو er.

إذا لم يثبّطك مارك توين بما فيه الكفاية حتّى الآن، اسمح لي أن أضيف شيئًا آخر: صيغة الجمع للأسماء الألمانيّة (أي عندما يكون لديك جريدتان بدلاً من جريدة واحدة) غير منتظمة لدرجة أنّي أقترح عليك أن تتعلّم صيغة الجمع لكل كلمة تتعلّمها عن ظهر قلب (كطريقة حفظك لجنس كل كلمة) للأسف لا يوجد طريق مختصر آخر، لكنّي أعلم أنّه يمكنك القيام بذلك! ولكن يجب أن تعلم أنّه: صيغة الجمع لأداة التعريف (ال) هي نفسها للجميع die: لذلك نقول die Vätter (الآباء) ، die Zeitungen (الجرائد) ، die Müslis (حبوب الإفطار).

واختصارًا للسابق، يجب أن يبدو تعلّم المفردات الألمانيّة لديك مشابهًا للصيغة التالية: "die Zeitung, zwei Zeitungen ← الجريدة"

وهناك معلومة أخيرة: جميع الأسماء الألمانيّة دائمًا تبدأ بأحرف كبيرة.

مرحبًا ووداعًا

Moin (moin)

Guten Tag

Grüß Gott

Servus

Grüezi

→ هذا الخط يسمّى
Weißwurstäquator
وهو تقسيم مهم لتحديد
الحاجز بين لهجات الشمال
ولهجات جنوب ألمانيا.

كل العبارات على الخريطة تعني بشكل عام كلمة **مرحبًا**، ولكن يمكنك رؤية أنّ هنالك قدرًا كبيرًا من الاختلافات الإقليميّة، إذا أردت أن تكون محايد جغرافيًا تستطيع أن تستخدم كلمة **hallo** (التي تستطيع استخدامها على حد سواء مع الأشخاص الذين تقول **du** أو **Sie** لهم؛ لذلك تُعتبر كلمة مفيدة للغاية). الكلمتان التاليتان محايدتان جغرافيًا أيضًا، وتستطيع استخدام كليهما مع **du / Sie**:

صباح الخير   **guten Morgen**
مساء الخير   **guten Abend**

يمكنك استخدام **moin moin** طوال اليوم صباحًا ومساءً، ولكن فقط في شمال ألمانيا! على الرغم من أنّ الكلمتين قد تبدوان متشابهتين لكلمة **Morgen** (صباحًا).

لنقول **وداعًا** بالألمانيّة نستخدم الكلمة التالية:

- **tschüss**

وتعتبر كلمة محايدة جغرافيًا ومستخدمة مع **du / Sie**.

- **auf Wiedersehen**

محايدة جغرافيًا ولكن مستخدمة فقط مع **Sie**.

- **Servus**

فقط في منطقة بافاريا والنمسا وتُستخدم مع **du**، لاحظ أنّ **servus** يمكن أيضًا أن تُستخدم عوضًا عن كلمة **مرحبًا**، ولكن للمرّة الثانية فقط في بافاريا والنمسا وفقط مع **du**.

هل الاختيارات مربكة جدًا؟
إذًا التزم بالكلمتين **hallo** و **tschüss**

أتريد التعمّق أكثر بالموضوع؟ إقرأ المقالة عن **الترحيب والوداع** في الدول المتحدّثة باللّغة الألمانيّة على الرابط:
www.skapago.eu/jensjakob/ar/hello-goodbye

(das) Brot, Brote	الخبز	(der) Kaffee	القهوة
das Brötchen, Brötchen	الخبز الصغير	(der) Tee	الشاي
(der) Käse	الجبن	(das) Müsli	رقائق الفطور
der Apfel, Äpfel	التفاحة	(die) Milch	الحليب
die Wurst, Würste	النقانق	(der) Saft	العصير
(der) Honig	العسل	(die) Marmelade	المرّبى
das Ei, Eier	البيضة	(der/das) Joghurt	الزبادي

بمجرّد دراسة هذه الكلمات، قم بتغطيتها وتسمية العناصر الموجودة على الصورة حتى تتأكد من حفظ كل كلمة!

.1 كوّن جمل من هذه الكلمات، مع مراعاة ترتيب الكلمات الصحيح.

a) Mensch   große   hat   Der   Hand   eine

b) Zeitung   liest   Vater   die   Der

c) isst   Sie   eine   Müsli   Banane   und

d) ist   Jens   verletzt   nicht

.2 اسأل عن الكلمات التي في موضع علامة „XXX".

Beispiel: Er isst XXX. → Was isst er?

Der Vater sitzt XXX.

Sie hat XXX.

Die Schule beginnt XXX.

XXX geht in die Küche.

Jochen isst XXX.

Sie tanzen auf XXX.

XXX isst ein Brötchen mit Marmelade.

XXX wache ich auf.

.3 أجب على الأسئلة بـ ja أو doch.

Willst du nicht frühstücken?

Willst du eine Scheibe Brot haben?

Beginnt die Schule bald?

Musst du nicht schlafen?

.4 اكتب ما تأكله عادة لوجبة الإفطار وماذا تود أكله لو يمكنك تناول أي شيء تريده.

.5 أعط مثالاً على وجبة فطور صحيّة ووجبة إفطار غير صحيّة.

.6 استبدل الأسماء بالضمائر الشخصيّة.

Beispiel: Die Zeitung ist interessant. → Sie ist interessant.

Die Mutter kommt in die Küche.

Jochen isst Brot mit Käse und Wurst.

Der Spatz will schlafen.

Du und ich leben hier.

Das ganze Land ist glücklich.

Die Menschen singen auf der Straße.

Beate nimmt Jens in die Hand.

Beate und du tanzt auf der Straße.

Der Spatz ist allein.

Beate braucht Wasser.

٧. غيّر الكلمات من المفرد إلى الجمع والعكس.

Beispiel: Ich bin glücklich. → Wir sind glücklich.

Ich wache auf.

Du bist allein.

Wo ist er?

Ihr müsst aufstehen.

Sie geht in die Küche.

Ich lese die Zeitung.

Sie will Jens sehen.

Ihr schlaft.

Sie wollen frühstücken.

Sie essen nur Müsli.

Wollt ihr gesund leben?

Ich esse lieber nicht so viel Schinken.

٨. حاول أن تتذكّر القصّة والإجابة على الأسئلة بجمل كاملة.

Was sieht Beate auf der Straße?

Wie heißt der Spatz?

Was isst Beate zum Frühstück?

Warum isst Beate Müsli mit Milch und eine Banane?

Stephansdom, Wien
ستيفانسدوم (كاتدرائية القديس ستيفن) في فيينا

Waaaaaaaah!	تعبير عن الخوف
gerade noch	على وشك
gerade	تمامًا، مستقيم
fliegen (du fliegst)	يطير
schwierig	صعب
versuchen (du versuchst)	يحاول
heute Morgen	صباح اليوم
heute	اليوم؛ أي اليوم
	وليس أمس
gut	جيّد
da	هنا
jemand	شخص ما
tatsächlich	بالفعل
dort	هناك
oben	فوق
ansehen (du siehst an)	ينظر إلى
Jakob	اسم ذكر
landen (du landest)	يهبط
der Stuhl, Stühle	الكرسي
drüben	هناك
da drüben	هاهناك
zum Beispiel	على سبيل المثال
mehr	أكثر
der Platz, Plätze	المكان
danke	شكرًا
ach so	فهمت؛ أسلوب تعبير
für	لأجل
der Tipp, Tipps	النصيحة
weißt du	تعرف ...
lange	طويل

Waaaaaaaah!
Gerade noch.
Warum ist Fliegen so schwierig?
Ich versuche es seit heute Morgen. Aber es geht nicht gut.
Plötzlich merke ich: Ich bin nicht allein.
Da sitzt jemand. Ein Spatz!
Tatsächlich: Dort oben sitzt ein Spatz.
Ich sehe den Spatz an. Da sagt er:
„Hallo, ich heiße Jakob. Wie heißt du?"
„Hi, ich bin Jens."
„Warum landest du immer auf dem* Stuhl?"
„Wo soll ich denn sonst landen?"
„Auf dem Tisch da drüben zum Beispiel. Dort kannst du besser landen. Du hast mehr Platz."
„Ach so. Danke für den** Tipp. Weißt du, ich fliege noch nicht so lange."

---

* لماذا نقول **dem** وليس **der**؟ الإجابة لها علاقة مع كلمة **auf**، سوف تتعلّم التفاصيل في الفصل 11 الآن وببساطة تذكّر أنّ **على الكرسي** تعني **auf dem Stuhl**.

** كذلك هنا، **Den** ليست خطأ مطبعي، ستتعرّف على المزيد من المعلومات في الفصل 8.

„Kein Problem. Versuch es noch einmal!"
Ich beginne also wieder.
Konzentration, loslaufen ... jetzt die Flügel öffnen ... schnell ... der Tisch ...
und ... ich lande. Toll! So einfach kann Fliegen sein.
Ist Jakob zufrieden? Ja, ich glaube. Denn er sagt:
„Viel besser. Du musst noch ein bisschen üben, dann ist alles perfekt. Und
dann kannst du auch auf dem Stuhl landen."
Eigentlich will ich eine Pause machen. Aber Jakob guckt sehr streng. Also
sage ich nichts und beginne wieder.
Ich glaube, Jakob kann manchmal sehr anstrengend sein.

kein	لا
das Problem, Probleme	المشكلة
wieder	مجدّدًا
(die) Konzentration	التركيز
loslaufen, du läufst los	يبدأ الركض
der Flügel, Flügel	الجناح
öffnen, du öffnest	يفتح
schnell	بسرعة
einfach	ببساطة
zufrieden	راضٍ
glauben, du glaubst	يصدّق
bisschen	قليلًا
üben, du übst	يمارس
dann	ثمّ
alles	كل شيء
eigentlich	في الحقيقة
die Pause, Pausen	وقت الاستراحة
gucken, du guckst	ينظر
streng	صارم
nichts	لا شيء
manchmal	أحيانًا
anstrengend	مرهق

أدوات النكرة

Unbestimmte Artikel

لدينا طريقتان للإشارة إلى الصحيفة في اللّغة العربيّة:

هذه جريدة (بدون استخدام أداة التعريف ال: بمعنى جريدة ما بدون تحديد)	**Das ist eine Zeitung**
هذه الجريدة (باستخدام أداة التعريف ال: عندما نتحدّث عن جريدة معيّنة)	**Das ist die Zeitung**

تُرجم الجملة الأخيرة في الألمانيّة إلى **Das ist die Zeitung**، ولكن لا يمكننا بالعادة أن نذكر فقط كلمة جريدة كما في الجملة الأولى بدون استخدام أداة التنكير، فإذا لم نجمعها مع أداة تعريف ال (**die**) سنحتاج أن نذكر على وجه التحديد (**eine Zeitung**) أي جريدة واحدة:

لذلك يجب أن نقول **Das ist eine Zeitung** في حين أنّ ~~Das ist Zeitung~~ غير صحيحة.

نظرًا لأن لدينا ثلاثة أجناس باللغة الألمانيّة، فلدينا أيضًا ترجمات مختلفة لكلمة واحد **ein** والجدير بالذكر أنّ صيغة المذكّر والمحايد متماثلان؛ لذلك يجب أن تتعلّم أي اسم جديد مع أداة التعريف (**der، die، das**) للتعرّف على جنس الكلمة.

ein **Käse**
eine **Zeitung**
ein **Müsli**

ملاحظة لمحبّي قواعد النحو: في هذا السياق، يُطلق على كلمة (**eine، ein**) مقال غير محدّد **unbestimmter Artikel** (والصيغة الأخرى **der، die، das** المقال المحدّد **bestimmter Artikel**).

إذا أتيت من بلد لا يوجد فيه فرق بين صحيفة والصحيفة (مثل روسيا وبولندا وما إلى ذلك) قد يكون الاختلاف معقّدًا بعض الشيء، يظهر الاختلاف هنا في الصورة: إذا كنا نعني أي جريدة نقول **eine Zeitung** (جريدة)، إذا كنّا نتحدّث عن صحيفة معيّنة (على سبيل المثال الصحيفة الوحيدة المطروحة على الطاولة أو الصحيفة التي ذكرناها للتو من قبل) نقول **die Zeitung** (الجريدة).

..... eine **Zeitung**

die **Zeitung**

لنصبح سلبيّين

nicht, nein und kein

أن تقول أنّك **لا تفعل / لم تفعل / لا تريد أن تفعل** شيئًا باللّغة الألمانيّة أمر سهل جدًّا، لتكوين جملة نفي استخدم كلمة **nicht** ويمكنك وضع الكلمة بعد العربة الثانية.

Ich   bin   nicht   allein.

لا يوجد فروقات كما باللّغة العربيّة عندما نقول **لم / لن / لا / ليس** لتكوين جملة نفي، فقط نستخدم كلمة **nicht** عند وجود صفة أو فعل.

ينس يتفاعل	Jens reagiert
ينس لم يتفاعل	Jens reagiert nicht
ينس سعيد	Jens ist glücklich
ينس ليس سعيد	Jens ist nicht glücklich

ومع ذلك، هنالك ترجمتان لكلمة **لا** بالألمانيّة، إذا كنت فقط تريد الإجابة على سؤال بنعم أو لا نستخدم **Nein**.

Ist Jakob zufrieden? Nein.

وفي الحالات الأخرى نستخدم **kein**:

Kein Problem.

إذا ركّزت بالجملة السابقة، سيمكنك ملاحظة الفرق بين **nein** و **kein** حيث **nein** تستخدم بمفردها، بينما **kein** تستخدم مع كلمة أخرى – اسم لذلك **kein** تتغيّر من وقت لآخر – حسب جنس الاسم المصاحب لها. لحسن الحظ أنّ تغيّر نهاية الكلمة مشابه تمامًا لكلمة **ein**، لكنّنا سنشرح هذه القاعدة في وقت لاحق.

وعلاوة على ما سبق، تجنّب الجمع بين **nicht + ein**، باستبدالهم مع كلمة **kein** لذلك بدلاً من قول **nicht ein Problem** سنقول **kein Problem**.

اطلب من الآخرين ما يجب عليهم فعله

Versuch es noch einmal.

يأمر Jens من Jakob أن يحاول مرّة أخرى باستخدام نموذج يسمّى *Imperativ* أي صيغة الأمر، معظم الأفعال في حالة صيغة الأمر هي فعل المصدر **infinitiv** مع إزالة **en-** من نهاية الفعل.

versuch~~en~~

ولكن إذا أراد Jakob أن يستخدم الضمير **Sie** في محادثة رسميّة مع Jens وأن يأمره، فسيتعيّن عليه أن يقول:

Versuchen Sie es noch einmal.

أعتقد أنّه يجب ألّا تتعلّم هذا النموذج في الوقت الحالي لأن لدينا طريقة أخرى أكثر لباقة لصياغة الجملة لكي تأمر شخص ما أن يقوم بفعل ما تريده.

مثال جيّد لذلك هو صيغة السؤال عوضًا عن صيغة الأمر:

Kannst du es noch einmal versuchen?
Können Sie es noch einmal versuchen?

لذلك أقدّم لك صيغة الأمر *Imperativ* للضرورة هنا، حتّى تتمكّن من فهمها عندما يقوم الناس باستخدامها، ولكن ليس عليك أن تتعلّمها الآن ويمكنك أن تستعين بصيغة السؤال كأسلوب ألطف.

يجب عليك أن تمارس العبارات على الصفحة
التالية بأكبر قدر من الإمكان، للحصول على
أفكار ونصائح تُرشدك لطريقة تعلّم الكلمات
بشكل أفضل، قم بزيارة الرابط التالي:
www.skapago.eu/jensjakob/ar/transport

Bahnhof (محطّة قطار) Friedrichstraße, Berlin

وسائل المواصلات

Ich fahre nach Berlin.
Ich gehe zu Beate.
Ich fahre mit dem Bus zu Jochen.
Du fährst mit der U-Bahn bis *Bahnhof Friedrichstraße*.
Dann fährst du mit der S-Bahn bis *Warschauer Straße*.

der Bus, Busse	الحافلة
das Auto, Autos	السيّارة
der Zug, Züge	القطار
die U-Bahn, U-Bahnen	المترو
der Bahnhof, Bahnhöfe	محطّة القطار
die S-Bahn, S-Bahnen	قطار للضواحي
die Straßenbahn, Straßenbahnen	الترام
Ich gehe zu Fuß.	يذهب مشيًا
fahren, du fährst	يذهب، يقود (باستخدام وسيلة مواصلات)
Ich fahre mit dem Auto.	أذهب بالسيّارة
mit dem Bus	بالحافلة
mit der U-Bahn	بالمترو
mit der S-Bahn	بقطار الضواحي
mit der Straßenbahn	بالترام

nach تُستخدم للكلمات التي تعبّر عن أماكن، zu مخصّصة للأشخاص والمؤسّسات، يمكنك معرفة المزيد عن ذلك في الفصل 12 ولكن بالمستوى الحالي لا تُجهد حالك بالصيغ التالية (mit, mit dem, mit der) فقط تعلّم العبارات السابقة عن ظهر قلب، سوف تتعلّم المزيد عن قاعدة الجر *Dativ* في الفصل 11.

عندما تريد أن تقول أنّك سوف تذهب إلى مكان ما فإن الفعل الذي يجب أن تستخدمه يعتمد على وسيلة النقل التي تختارها، إذا كنت في شك فاستخدم fahren، ولكن في حالة أنّك ذهبت مشيًا ولم تستخدم مركبة أو أي وسيلة مواصلات أخرى فاستخدم gehen، باللّغة العربية الفعل "يذهب" يُترجم باللّغة الألمانيّة للفعل fahren: ولكن fahren لا تعني مشيًا على الأقدام وإنّما باستخدام وسيلة مواصلات، إذا كنت ذاهبًا وأنت على متن طائرة استخدم fliegen.

Ich fahre morgen nach Kiel. (يذهب؛ بالسيّارة، بالقطار، بالقارب.. إلخ)
Ich gehe zu Beate. (يسير؛ مشيًا على الأقدام أو نستطيع أن نترجمها إلى: أنا مشيت)
Ich fliege von San Francisco nach München. (بالطيّارة)

لا تقلق، إنّها ليست مشكلة كبيرة إذا استخدمت الفعل الخاطئ، سيفهم الشخص الآخر ماذا تقصد، لكن قد تبدو الجملة غريبة بعض الشيء إذا قلت لشخص ما ich gehe nach Amerika لذلك أردت فقط أن أخبرك بالطريقة الصحيحة.

47

1. اختر الفعل الصحيح gehen أو fahren.

Beate _____ mit der U-Bahn in die Schule.

Ines _____ in die Küche.

Sie _____ mit dem Auto nach Hamburg.

Sie _____ mit dem Bus zum Alexanderplatz und _____ zu Fuß zur Mauer.

2. غيّر الكلمات بين (أدوات النكرة والمعرفة) مع إضافة الضمائر الصحيحة.

Beispiel: der Spatz → ein Spatz – er

a) ein Mensch	d) die U-Bahn	g) die Nacht	j) eine Hand
b) der Stuhl	e) die Mauer	h) ein Auto	k) eine Schule
c) der Tisch	f) ein Schinken	i) ein Brot	l) die Küche

3. كوّن جمل نفي.

Beispiel: Es geht mir gut. → Es geht mir nicht gut.

a) Dort oben sitzt ein Spatz.

b) Sie kann auf den Stuhl fliegen.

c) Sie isst eine Banane.

d) Sie haben Schmerzen.

e) Das ist ein Problem.

f) Die Zeitung ist interessant.

g) Jens sitzt dort.

h) Beate hat Angst.

4. استبدل صيغة الأمر imperative إلى kannst du, können Sie.

a) Geh in die Küche!

b) Versuch es noch einmal!

c) Trink das Wasser!

d) Nimm die Zeitung!

e) Üb ein bisschen!

f) Öffne das Fenster!

5. املأ الفراغات بالصيغة الصحيحة (أداة المعرفة، أداة النكرة، بلا أي أداة).

___ Mutter wacht auf und geht in ___ Küche. Sie isst ___ Zimtschnecke, ___ Müsli mit ___ Milch und ___ Brötchen mit ___ Butter. Beate will zuerst Jens sehen. ___ Spatz hat ___ Schmerzen. Beate hat ___ Angst. Dann frühstückt Beate: ___ Wasser und ___ Scheibe Brot mit ___ Marmelade.

6. أجب على الأسئلة التالية.

Wer ist Jakob?

Wohin soll Jens fliegen?

Wohin will Jens fliegen?

7. املأ الفراغات.

Fliegen ist ___. Jens versucht es ___ heute Morgen. Plötzlich ___ er: Er ist ___ allein. Da sitzt ___ Spatz. Er ___ Jakob. Jens ___ viel üben. Aber Jens will eigentlich ___ Pause machen. Jens glaubt: Jakob ___ sehr streng.

nach Hause | إلى المنزل
reden, du redest | يتكلّم
alle | جميع
die Mauer, Mauern | الجدار
die Woche, Wochen | الأسبوع
offen | مفتوح
Leute (دائمًا جمع) | الناس
West- | غرب
neugierig | فضولي
der Nachmittag, Nachmittage | بعد الظهر
oder | أو
die Minute, Minuten | الدقيقة
weit | يبعد
weg | بعيدًا
der Fuß, Füße | القدم
zu Fuß | سيرًا على الأقدام

Beate kommt nach Hause. In der* Schule und auf der* Straße reden alle nur über die Mauer. Sie ist seit drei Wochen offen. Die Leute wollen nach West-Berlin gehen. Auch die Eltern von Beate sind neugierig. Sie wollen heute Nachmittag nach West-Berlin gehen. Sie müssen nicht mit dem* Auto oder mit der* U-Bahn fahren: West-Berlin ist nur fünf Minuten weit weg – zu Fuß. Aber für Beate ist die Mauer nicht so

---

* سبق وتكلّمنا عن هذه الجمل. der و dem : ليست أخطاء مطبعيّة، سوف تتعلّم التفاصيل
والأسباب في الفصل 11 لكن للوقت الحالي فقط تعلّم التعبيرات التالية عن ظهر قلب:

in der Schule	في المدرسة
auf der Straße	على الشارع
mit dem Auto	بالسيّارة
mit der U-Bahn	بالمترو

49

wichtig. Nicht jetzt. Jetzt ist Jens wichtig.
Geht es Jens gut? Frisst er? Trinkt er? Hat er Schmerzen?
Beate öffnet die Tür und geht sofort in die Küche. Aber Jens sitzt nicht mehr dort. Beate bekommt Angst. Ist Jens weg?
Nein. Zum Glück nicht. Beate sieht: Jens ist am Fenster – und er übt fliegen! Beate ist begeistert.

Ich bin wieder allein.
Meine Menschen sind in West-Berlin.
Ich verstehe das nicht ganz:
Was ist der Unterschied zwischen West-Berlin und Ost-Berlin?
Meine Familie kann erst seit drei Wochen nach West-Berlin fahren.
Übrigens – ich sage schon, „meine Familie", aber natürlich ist das nicht meine Familie. Also, ich will sagen: Beate, ihre Mutter Ines und ihr Vater Jochen.
Auf jeden Fall wollen sie jetzt nach West-Berlin fahren.
Beate ist total neugierig. Sie will irgendetwas in West-Berlin holen: Comics, CDs und Kleider. Ich verstehe die Wörter noch nicht.
Ines ist auch neugierig – wie ein Kind. West-Berlin muss ganz anders sein als Ost-Berlin. Jochen ist nicht so begeistert. Ich weiß nicht warum. Eigentlich will er auch nach West-Berlin fahren (sagt er), aber mein Gefühl sagt etwas anderes.
Naja. Egal.
Menschen sind manchmal komisch. Ich verstehe sie nicht immer.
Jetzt muss ich fliegen üben. Denn ich will unbedingt auch nach West-Berlin fliegen!

wichtig	مهم	bekommen, du bekommst	يحصل
fressen, du frisst	يأكل؛ للحيوانات	die Angst, Ängste	الخوف
trinken, du trinkst	يشرب	Angst bekommen	خائف؛ يتلقّى الخوف
die Tür, Türen	الباب	(das) Glück	الحظ
sofort	فورًا		

zum Glück	لحسن الحظ
das Fenster, Fenster	النافذة
begeistert	بسعادة غامرة
das	ذلك
der Unterschied, Unterschiede	الفرق
zwischen	بين
Ost-	شرق
die Familie, Familien	الأسرة
erst	أوّلًا، هنا بمعنى فقط
übrigens	على فكرة
ihr(e)	لها، ضمير ملكيّة
jede	كل، مثال: كل شخص
der Fall, Fälle	الحال
auf jeden Fall	على أي حال
total	تمامًا
irgendetwas	أي شئ، شيئ ما
holen, du holst	يجلب
das / der Comic, Comics	مجلّة الكوميك
die CD, CDs	القرص المضغوط
Kleider (دائمًا جمع)	ملابس
das Wort, Wörter	الكلمة
das Kind, Kinder	الطفل
anders	مختلف
als	مقارنة بـ
das Gefühl, Gefühle	الشعور
etwas anderes	شيء آخر
naja	حسنًا؛ أسلوب تعبير
egal	لايهم
komisch	غريب
unbedingt	بالتأكيد

Seit

تعني كلمة **seit** **منذ**؛ ليعبّر عن بداية وقت معيّن إلى الآن:

seit Februar	منذ فبراير
seit drei Wochen	منذ ثلاثة أسابيع

إنّها كلمة رائعة؛ لأنّ بإمكانك استخدامها مع الفعل المضارع:

Meine Familie kann seit drei Wochen nach West-Berlin fahren.

يُمكن لعائلتي منذ ثلاثة أسابيع القيادة إلى غرب برلين.

(الفعل المضارع باللّغة العربيّة والألمانيّة)

Bundeskanzleramt (مبنى المستشاريّة الاتحاديّة), Berlin

العائلة

Ich heiße Andreas und wohne in Hamburg. Ich komme aus Kiel, aber seit zwei Jahren studiere ich in Hamburg. In Kiel wohnt meine Familie: mein Vater Martin, meine Mutter Elisabeth, meine Schwester Sabine, mein Bruder Robert und meine Großeltern – also die Eltern von meiner Mutter. Die Eltern von meinem Vater leben nicht mehr. Meine Mutter arbeitet als Lehrerin, und mein Vater ist Kinderarzt.

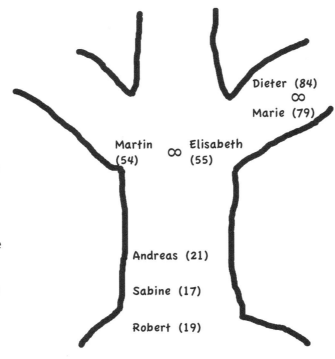

Meine Schwester und mein Bruder gehen noch zur Schule. Meine Großeltern sind schon in Rente. Mein Großvater ist in Danzig geboren. Das ist heute in Polen. Meine Großeltern sind schon mehr als 50 Jahre verheiratet.

أجب على الأسئلة التالية، ثمّ قم بكتابة نص مماثل عن عائلتك:

1. Wo wohnt Andreas?
2. Wo ist er geboren?
3. Was macht er in Hamburg?
4. Wie heißt die Schwester von Andreas?
5. Was arbeiten die Eltern von Andreas?
6. Was macht die Schwester von Andreas?
7. Wo ist der Großvater geboren?
8. Wie lange sind die Großeltern verheiratet?

المهن المختلفة باستخدام الأسماء المذكّرة والمؤنّثة

عندما نريد أن نذكر اسم مهنة باستخدام أداة التأنيث نضيف **in-** في نهاية الكلمة، فمثلًا:

der Lehrer   المعلّم
die Lehrerin   المعلّمة

ولكن عندما تحتوي المهنة على A أو O أو U ،
سنستبدلهم بـ Ä أو Ö أو Ü:

der Arzt→ die Ärztin
الطبيب →الطبيبة

Andreas	اسم ذكر
Hamburg	هامبورغ؛ مدينة بشمال ألمانيا
Kiel	كيل؛ مدينة بشمال ألمانيا
zwei	اثنان
das Jahr, Jahre	السنة
seit zwei Jahren	منذ عامين
studieren, du studierst	يدرس
Elisabeth	اسم أنثى
die Schwester, Schwestern	الأخت
der Bruder, Brüder	الأخ
Robert	اسم ذكر
die Großeltern	الأجداد
meiner, meinem	لي، ضمير ملكيّة
arbeiten, du arbeitest	يعمل
die Lehrerin, Lehrerinnen	المعلّمة
der Arzt, Ärzte	الطبيب
der Kinderarzt, Kinderärzte	طبيب الأطفال
zur Schule	إلى المدرسة
in Rente sein	متقاعد
der Großvater, Großväter	الجد
Danzig	غدانسك؛ مدينة في بولندا
geboren sein	أن يولد
Polen	بولندا
fünfzig	خمسون
verheiratet	متزوّج

امتلاك الأشياء (والأشخاص)

die Eltern von Beate
die Antwort von Jochen

استخدام الكلمة **von** عبارة عن طريقة بسيطة لشرح أنّ شيئًا ما ينتمي لشخص ما (بالطبع أنّ Beate لا تنتمي حرفيًا إلى الوالدين، لكنّك بالتأكيد فهمت ما أقصد) هناك طريقة أخرى أيضًا وهي إضافة حرف **s**:

Beate**s** Eltern
Jochen**s** Antwort

الصيغتان تعبّران عن نفس المعنى، ولكن صيغة **von** تستخدم بالعادة عندما نتحدّث الألمانيّة العاميّة، بينما الصيغة مع **s** تستخدم بالعادة في الألمانيّة المكتوبة.
إذا كان الاسم ينتهي بـ **s** أو **x** ، **ß** أو **z** ، نقوم بكتابة صيغة التملّك بهذا الشكل:

Jens' Antwort

بالطبع لدينا كلمات صغيرة نستخدمها عندما نريد أن نقول أنّ شيئًا ما **لي** أو **لك** أو **له** وما إلى ذلك باللّغة الألمانيّة، (نسمّيهم Possessivpronomen) أو ضمائر الملكيّة، ولكن كما تعلم فإنّ اللّغة الألمانيّة يوجد بها جنس معيّن لكل كلمة، أليس كذلك؟ وهذا يعني أنّه – إذا كان هناك ما شيء يخصّني أو أمتلكه، سأقوم باستخدام كلمات مختلفة حسب جنس الكلمة، أو في حالة أنّني كنت أتحدث عن عدّة أشياء امتلكها بصيغة الجمع، ومع ذلك ولحسن الحظ، فإنّ النهايات لضمائر الملكيّة هي بالضبط نفس النهايات لأدوات النكرة وأيضًا النهايات لكلمة **kein**.

ein Käse – mein Käse – kein Käse
ein**e** Zeitung – mein**e** Zeitung – kein**e** Zeitung
ein Müsli – mein Müsli – kein Müsli

في الصفحتين التاليتين نظرة شاملة عن ضمائر الملكيّة.

der Sohn, Söhne   الابن

die Tochter,   الابنة
Töchter

mein Sohn
meine Tochter
mein Kind
meine Söhne / Töchter / Kinder

dein Sohn
deine Tochter
dein Kind
deine Söhne / Töchter / Kinder

sein Sohn
seine Tochter
sein Kind
seine Söhne / Töchter / Kinder

ihr Sohn
ihre Tochter
ihr Kind
ihre Söhne / Töchter / Kinder

unser Sohn
unsere Tochter
unser Kind
unsere Söhne / Töchter / Kinder

euer Sohn
eure Tochter
euer Kind
eure Söhne / Töchter / Kinder

ihr Sohn
ihre Tochter
ihr Kind
ihre Söhne / Töchter / Kinder

لا تقلق كثيرًا من النهايات، سيفهم الشخص الآخر
ما تريد أن تقوله حتّى ولو أخطأت، ولكن كن حذرًا
ولا تخلط بين **sein-e** و **ihr-e**

١. اكتب عبارات "الملكيّة" للكلمات التالية، استخدم النموذجين.

Beispiel: Beate/Eltern → Beates Eltern, die Eltern von Beate

a) Mama/Müsli   d) Beate/Spatz   g) Jens/Flügel   i) Vater/Hand
b) Ines/Zeitung   e) Jochen/Hose   h) Jakob/Platz   j)Robert/Tipp
c) Ines/Familie   f) Beate/Apfel

٢. استخدم ضمائر الملكيّة.

Beispiel: Hose (ich) → meine Hose

a) Auto (sie)   e) Telefon (ihr)   i) Kind (du)   m) Zimtschnecke (wir)
b) Vater (er)   f) Zeitung (ich)   j) Kleidung (sie)   n) Banane (er)
c) Stuhl (du)   g) Brot (ich)   k) Küche (er)   o) Bruder (sie)
d) Hand (sie)   h) Nummer (er)   l) Tisch (er)   p) Schule (sie)

٣. اكتب عبارات للكلمات مستخدمًا ضمائر الملكيّة.

Beispiel: Hose (du – er): Ist das deine Hose? – Nein das ist seine Hose.

a) Kleidung (sie – er)   d) Auto (er – sie)   g) Brötchen (ich – du)
b) Comics (du – wir)   e) Spatz (wir – sie)   h) Bananen (sie – wir)
c) Mutter (ihr – ich)   f) Tisch (du – sie)   i) Stühle (er – sie)

٤. غيّر الجمل من ich إلى du.

Beispiel: Ich fahre mit dem Auto. – Du fährst mit dem Auto.

a) Ich laufe nach Hause.   b) Ich lese die Zeitung.
c) Ich spreche Deutsch.   d) Ich sterbe noch nicht.
e) Ich sehe das Problem.   f) Ich nehme die U-Bahn.
g) Ich schlafe nicht gut.   h) Ich esse manchmal Käse.
i) Ich habe eine Alternative.   j) Ich bin zufrieden.

٥. أجب على الأسئلة التالية.

Wohin will Jens fliegen?

Wer ist in West-Berlin?

Was will Beate in West-Berlin holen?

Warum müssen Beate, Ines und Jochen nicht mit dem Auto nach West-Berlin
    fahren?

٦. حاول إعادة سرد قصّة Jens & Jakob في الفصل السابق مستخدمًا كلماتك الخاصّة، استخدم ضمير
الغائب "er" لذكر الأجزاء التي قالها Jens،(على سبيل المثال: er ist allein عوضًا عن ich bin allein).
حاول أن تسرد أكبر قدر ممكن من التفاصيل، بمجرّد الانتهاء من سرد قصّة هذا الفصل ارجع إلى الفصول
الأخرى وحاول سرد القصص السابقة، ثمّ حاول أن تروي القصة إلى صديق ألماني / معلّم دون النظر إلى
ملاحظاتك أو هذا الكتاب.

Ines, Beate und Jochen warten seit zwanzig Minuten an der* Grenze. Endlich – ein Polizist sieht auf ihre Personalausweise und sagt: „Alles klar!"

Sie sind in West-Berlin!

Ines ist aufgeregt. Sie sieht ein Café. Daneben ist ein Geschäft. Es ist groß.

„Ach Jochen, dort will ich einkaufen! Wir gehen dorthin!" Sie zeigt

warten, du wartest	ينتظر
zwanzig	عشرون
die Grenze, Grenzen	الحد
endlich	أخيرًا
der Polizist, Polizisten	الشرطي
der Personalausweis, Personalausweise	بطاقة الهويّة
klar	واضح
alles klar	تمام، كل شيء واضح
aufgeregt	متحمّس
das Café, Cafés	المقهى
daneben	بجانب ذلك
das Geschäft, Geschäfte	المحل
dorthin	إلى هناك
zeigen, du zeigst	يُشير

* أعدك أنّي سوف أحل اللّغز وشرح لماذا استخدمنا هنا كلمة **der** وليس **die** في الفصل 11 حاول أن تتذكّر الآن ببساطة أنّ جملة على الحدود تعني **an der Grenze**.

auf das Geschäft. Es verkauft Kleidung und heißt M&H.
„Ja gut", sagt Jochen.
„Aber wir gehen durch eine andere Straße. Nicht am Café vorbei."
„Warum nicht?" fragt Ines. Aber sie wartet nicht auf Jochens Antwort und geht einfach weiter, am Café vorbei und in das Geschäft.
„Guten Tag, kann ich Ihnen helfen?" fragt ein Verkäufer
„Nein danke, wir wollen uns einfach nur umsehen", antwortet Ines.
„Gerne."
„Ach so – wo finden wir Kleidung für Kinder und Jugendliche, bitte?"
„Im ersten Stock."
„Dankeschön."
Die Familie geht durch das Geschäft. Es ist sehr voll. Viele Leute wollen einkaufen.
Beate probiert drei Hosen. Eine Hose passt nicht – sie ist zu eng. Eine andere Hose ist zu weit. Aber die dritte Hose passt perfekt. Beate kauft sie.
„Und weißt du was, Jochen? Jetzt fahren wir mit der U-Bahn ins KaDeWe!"
Beate sagt: „Genau!"
Jochen sagt nur: „Pfffff …"

* البيوت الألمانيّة لها دور أرضي يسمّى (Erdgeschoß)، عندما تصعد للدور الأعلى ستصل إلى الطابق الأول ونقول (erster Stock) وليس الطابق الثاني كما يسمّى في الولايات المتحدة أو دول أخرى.

umsehen, du siehst (dich) um	ينظر حول
wir wollen uns umsehen	نحن نريد أن ننظر حولنا
gerne	بكل سرور
ach so	أوه فهمت
finden, du findest	يجد
der Jugendliche, Jugendliche	المراهق
bitte	رجاءً
der Stock, Stöcke	الطابق
im ersten Stock	في الطابق الأول
dankeschön	شكرًا جزيلًا
voll	كامل؛ ممتلئ
viele	كثيرًا
probieren, du probierst	يجرّب
die Hose, Hosen	السروال
passen, gepasst	يناسب ، يلائم
eng	ضيّق
zu eng	ضيّق جدًّا
weit	وسيع
perfekt	ممتاز
dritte	الثالث
kaufen, du kaufst	يشتري
weißt du was	هل تعلم؟
ins = in das	إلى الـ
das KaDeWe	مجمّع في غرب برلين
genau	بالضبط

verkaufen, du verkaufst	يبيع
die Kleidung	الملابس
durch	خلال
eine andere	واحد آخر
vorbei	مرورًا، مجاور
am Café vorbei	مرورًا بجوار المقهى
die Antwort, Antworten	الجواب

weiter	استمر
weitergehen, du gehst weiter	يستمر بالذهاب
der Tag, Tage	اليوم؛ أيام الأسبوع
Ihnen	كم، أنتم ضمير مجرور صيغة رسميّة
helfen, du hilfst	يساعد
der Verkäufer, Verkäufer	البائع
uns	نا، لنا

Nummers   الأرقام

يمكننا أن نقول **zwo** بدلاً من **zwei**
من أجل تجنّب سوء الفهم بين
zwei و **drei** (على سبيل المثال
عند إملاء رقم لشخص ما).

0	null
1	eins
2	zwei
3	drei
4	vier
5	fünf
6	sechs
7	sieben
8	acht
9	neun
10	zehn
11	elf
12	zwölf
13	dreizehn
14	vierzehn
15	fünfzehn
16	sechzehn
17	siebzehn
18	achtzehn
19	neunzehn
20	zwanzig
21	einundzwanzig
22	zweiundzwanzig
30	dreißig
31	einunddreißig
40	vierzig
50	fünfzig
60	sechzig
70	siebzig
80	achtzig
90	neunzig
100	(ein)hundert
101	(ein)hunderteins
143	(ein)hundertdreiundvierzig
200	zweihundert
1000	(ein)tausend
1015	(ein)tausend(und)fünfzehn
5130	fünftausendeinhundert(und)dreißig
1 000 000	eine Million

بمجرّد أن تتعلّم الأرقام
حاول قراءة ونطق الأرقام التالية مع مراعاة
النطق الصحيح:

18	80	17	27	16	60
14	93	22	46	64	98
12	16	23	836	5322	
8818	312	4067	9900	2147	
1987	1818	1511	951	777	
787	4215	116	8224		
12133	573	16616	60661		
61616	22212	34334			
34343	15277				

الزمن الماضي (اختياري)

لن يتم استخدام صيغة الماضي في نصوص الدرس حتى نصل إلى الفصل 13، هذا يعني أنّه ليس عليك أن تتعلّم صيغة الماضي الآن إذا كنت تشعر أنّه سيكون صعبًا جدًا عليك، ولكن إذا أردت بالفعل أن تخبر أصدقاءك الألمان بما فعلته بالأمس فإليك الطريقة وكيفيّة تكوين الجملة:

الزمن الماضي مستخدمًا كلمة war

كما هو الحال في اللّغة العربيّة، هنالك عدّة طرق للتعبير عن حدوث شيء ما في الماضي، على سبيل المثال الفعل الماضي (**أنا ذهبت**)، لكنّك لا تحتاج إلى معرفة كل من الطرق لتكون مفهومًا باللّغة الألمانيّة، لنبدأ بالماضي البسيط لفعل واحد فقط (**أن تكون sein**):

ich war	wir waren
du warst	ihr wart
er war, sie war, es war	sie waren

مثلًا:

Ich war in Berlin.

أنا كنت في برلين.

إذا كنت لا ترغب في قراءة المزيد الآن عن الزمن الماضي فهنالك اختصار بسيط لك، يمكن استخدامه للتحدّث عن الأشياء التي حدثت في الماضي: استخدم **war** وصيغة المصدر infinitiv للفعل الذي ترغب في استخدامه:

Ich war arbeiten.

أنا كنت أعمل.

هذه طريقة غير رسميّة، ولكنّك ستسمع ذلك في ألمانيا، وسوف يفهم الشخص الآخر ماذا تريد أن تقول، ومع ذلك وفي بعض الحالات لا تنفع هذه الطريقة أبدًا، خصوصًا باللّغة الألمانيّة المكتوبة حيث لا يصح استخدامها، لذلك عاجلًا أم آجلًا ستحتاج أن تتعلّم "الطريقة الحقيقيّة"، في الصفحة التالية سأشرح لك القاعدة (ولكن ليس عليك القيام بذلك الآن إذا كنت لا تشعر بذلك)* لن أعرض عليك الشكل الماضي البسيط لجميع الأفعال الأخرى الآن لسببين: أوّلًا ويصرف النظر عن **war** فإنّنا لا نستخدم الماضي البسيط في الألمانيّة بقدر ما نفعل في اللّغة الإنجليزية أو لغات أخرى، وثانيًا لأنّ صيغة المضارع التام (Perfekt) أسهل، ولكن لسوء الحظ لا يزال Perfekt أكثر تعقيدًا من اللّغة الإنجليزية (ولكن ليس كثيرًا)، في الصفحة التالية سوف تتعلّم كيف نستخدم صيغة المضارع التام Perfekt بالألمانيّة.

---

* إذا كنت تريد معرفة متى يمكنك استخدام هذه المجموعة ومتى لا يمكنك ذلك، فإليك قاعدة: لا يمكنك استخدامها إلّا عند وصف ما يفعله شخص ما خلال فترة زمنية أطول، وما يفعله شخص ما بنشاط، لا يمكنك قول ich war haben (لا يوجد شيء يفعله أحد بنشاط) أو ich war verstehen (الفهم هو شيء تفعله في لحظة، وليس خلال فترة أطول)، لكن من المحتمل أن يفهم الأشخاص ما تريد قوله، حتّى في الأمثلة الخاطئة.

المضارع التام (Perfekt)

يمكنك استخدام مزيج من **haben** أو **sein** وصيغة *Perfekt* للفعل الذي تريد استخدامه للدلالة على الماضي، صيغة الفعل *Perfekt* هو نفسه لجميع الضمائر الألمانيّة، لذلك عندما تعرف كيفيّة تصريف الأفعال **haben** و**sein** ستكون الخطوة المقبلة سهلة ومريحة، كل ما تحتاجه هو معرفة تكوين الفعل التام *Perfekt*.

• بالنسبة للأفعال المنتظمة كل ما عليك فعله هو:

kaufen → ich habe gekauft

• بالنسبة للأفعال غير المنتظمة سيتغيّر الفعل بهذا الشكل:

sprechen → ich habe gesprochen

(تنتهي الأفعال بـ **en-** ، ونغيّر حروف العلّة: تعلّم عن ظهر قلب أي الحروف تغيّرت)

• الأفعال القابلة للفصل تحافظ عليها:

einkaufen → ich habe eingekauft

• بعض الأفعال غير منتظمة وليس لها قاعدة ثابتة مثل:

denken → ich habe gedacht

بعض الأفعال لا نضيف لها **ge-** وهذا ينطبق على الأفعال التي لها كلمة قابلة للفصل ولكن ليس لها معنى مستقل خاص بها بدون ارتباطها بالفعل، قارن: **einkaufen** كلمة **ein** لها معنى مستقل بمفردها، ولكن **bedeuten** كلمة **be** ليس لها معنى، تذكّر هذه الأفعال التالية فهي من ضمن الأفعال التي تعلّمتها من قبل:

bedeuten → es hat bedeutet
beginnen → du hast begonnen
bekommen → du hast bekommen
verkaufen → du hast verkauft
verstehen → du hast verstanden
versuchen → du hast versucht

... إضافة لذلك جميع الأفعال التي تنتهي بـ **ieren**:

reagieren → du hast reagiert
studieren → du hast studiert

في حالات قليلة نستخدم الأفعال *Perfekt* مع **sein**، وليس مع **haben**، وهذا ينطبق على:

• الأفعال التي تصف الحركة:

Ich bin gegangen, gelaufen, gefahren, geschwommen, geflogen ...

• الأفعال التي تصف التغيير:

Er ist aufgewacht, eingeschlafen, gestorben ...

• ... وبعض الأفعال الأخرى:

bleiben, sein, werden: er ist geblieben, gewesen, geworden

قد تكون فكرة جيّدة لتعلّم *Perfekt* لكل فعل – حتّى بالنسبة للأفعال المنتظمة، سنقوم بإضافة الأفعال *Perfekt* في قائمة قاموس الكلمات ابتداءً من الفصل 13، وبالنسبة للأفعال التي تعلّمتها حتّى الآن ستجدها بالقائمة التالية:

ansehen	du hast angesehen
antworten	du hast geantwortet
arbeiten	du hast gearbeitet
aufstehen	du bist aufgestanden
aufwachen	du bist aufgewacht
bedeuten	es hat bedeutet
beginnen	du hast begonnen
bekommen	du hast bekommen
brauchen	du hast gebraucht
denken	du hast gedacht
dürfen	du hast gedurft
essen	du hast gegessen
fahren	du bist gefahren
finden	du hast gefunden
fliegen	du bist geflogen
fragen	du hast gefragt
fressen	du hast gefressen
frühstücken	du hast gefrühstückt
gehen	du bist gegangen
glauben	du hast geglaubt
gucken	du hast geguckt
haben	du hast gehabt
heißen	du hast geheißen
helfen	du hast geholfen
holen	du hast geholt
hören	du hast gehört
kaufen	du hast gekauft
kommen	du bist gekommen
können	du hast gekonnt
landen	du bist gelandet
leben	du hast gelebt
lesen	du hast gelesen

liegen	du hast gelegen
loslaufen	du bist losgelaufen
machen	du hast gemacht
merken	du hast gemerkt
müssen	du hast gemusst
nehmen	du hast genommen
öffnen	du hast geöffnet
passen	du hast gepasst
probieren	du hast probiert
reagieren	du hast reagiert
reden	du hast geredet
rufen	du hast gerufen
schlafen	du hast geschlafen
sehen	du hast gesehen
sein	du bist gewesen
singen	du hast gesungen
sitzen	du hast gesessen
sollen	du hast gesollt
sprechen	du hast gesprochen
sterben	du bist gestorben
tanzen	du hast getanzt
trinken	du hast getrunken
üben	du hast geübt
umsehen	du hast dich umgesehen
verkaufen	du hast verkauft
verstehen	du hast verstanden
versuchen	du hast versucht
wissen	du hast gewusst
wohnen	du hast gewohnt
wollen	du hast gewollt
zeigen	du hast gezeigt

Ich hab, ich geh, ich komm

في الألمانيّة العاميّة؛ أي عندما نتحدّث بها (ليست بالألمانيّة المكتوبة أبدًا) نتخلّى عادة عن -e في نهاية الأفعال عند التحدّث بضمير المتكلّم أنا لشخص مفرد، أي عندما نستخدم الفعل مع كلمة ich، لنعطي مثالًا: يمكننا أن نقول **ich hab** بدلاً من قول **ich habe**.

Ich hab ein Auto.
Ich geh nach Hause.
Ich komm um fünf Uhr.

سوف تسمع ذلك في أغلب المواقف، حتّى في المواقف الرسميّة، لذلك أردت مشاركة هذه المعلومة معك، لاحظ أنّ هذه الظاهرة تستخدم فقط مع ich وأنّه لا يمكنك أن تستخدم هذه الصيغة عند الكتابة.

Genau

genau تعني في الواقع **بالضبط**:

genau um fünf Uhr. بالضبط في الساعة الخامسة.

ولكن في اللّغة الألمانيّة تستخدم هذه الكلمة في كثييييير من الأحيان، واستخدامها أكثر مقارنة باللّغة العربيّة، نستخدمها أيضًا في حالة التأكيد عن جزء من المعلومة (حيث يمكنك أن تقول شيء مماثل لكلمة **هذا صحيح** أو **بالتأكيد** باللّغة العربيّة):

Wohnst du in Berlin? – Ja, genau.
Maria ist Ärztin, oder? – Genau.
In Berlin gibt es viele Ärzte. – Genau.

هذا مثال جيّد لفهم أنّنا لا نستطيع عادة ترجمة كل كلمة 100% من الألمانيّة إلى العربيّة، بالتأكيد استطعت فهم معنى كلمة genau ولكنّنا نستخدمها في الألمانيّة بشكل أكبر من اللّغة العربيّة، إيلاء الاهتمام لهذه التفاصيل سيجعل كلامك باللّغة الألمانيّة طبيعي وأكثر طلاقة، للمزيد حول هذا الموضوع يمكنك زيارة الرابط www.skapago.eu/jensjakob/ar/speakgerman

Ist das der Fernsehturm?
— Ja, genau.

1. أجب على الأسئلة التالية.

Wie lange warten Beate, Ines und Jochen an der Grenze?

Was sagt der Polizist?

Wo gehen sie einkaufen?

Was kann man dort kaufen?

Will Ines etwas kaufen?

Wie viele Hosen probiert Beate?

2. كوّن جمل مستخدمًا ضمائر الملكيّة.

Beispiel: Hosen (ich), eng → Meine Hosen sind eng.

a) Straße (wir), kurz

b) Äpfel (er), gut

c) Zeitung (er), interessant

d) Telefonnummer (er), 09975 736

e) Platz (sie), ruhig

f) Tür (sie), offen

g) Schule (ihr), schwierig

h) Mutter (er), neugierig

i) Zeitung (sie), interessant

j) Tisch (du), groß

k) Tür (er), offen

l) Schmerzen (ich), besser

3. اقرأ الأرقام التالية.

18	80	17	27	14	93	22	46	64
98	12	16	23	836	5322	8818	312	4067
9900	2147	1987	1818	1511	951	777	787	

4. درس الرياضيّات! قم بالحساب باللّغة الألمانيّة.

a) $3 \times 4 =$

b) $39 : 3 =$

c) $16 \times 4 =$

d) $108 : 2 =$

e) $11 \times 12 =$

f) $12 + 8 =$

g) $427 - 15 =$

h) $36 : 3 =$

i) $21 - 6 =$

j) $56 : 7 =$

k) $32 : 2 =$

l) $8 \times 2 =$

m) $18 - 8 =$

n) $18 \times 5 =$

o) $70 : 2 =$

p) $14 + 7 =$

q) $12 + 5 =$

r) $11 \times 2 =$

s) $3 \times 17 =$

t) $1000 : 10 =$

plus +	زائد +
minus -	ناقص -
mal x	ضرب x
(geteilt) durch :	مقسوم على :
ist gleich =	يساوي =

5. (اختياري) قم بإعادة صياغة النص التالي إلى زمن الماضي باستخدام Perfekt.

a) Ich finde eine Hose.

b) Wir fahren mit der U-Bahn ins KaDeWe.

c) Du siehst ein Café.

d) Er versteht Jochen.

e) Er liest die Zeitung.

f) Probierst du die Marmelade?

g) Die Hose passt nicht.

h) Wir gehen am Café vorbei.

i) Ich nehme ein Brötchen.

j) Was machen Sie?

k) Sie verkauft die Hose.

l) Ihr lernt Deutsch.

6. أجب على هذه الأسئلة الشخصيّة (حاول الإجابة بجمل كاملة إن أمكن).

a) Wie heißt du?

b) Wie heißt dein Vater?

c) Wie ist deine Telefonnummer?

d) Was isst du heute zum Frühstück?

e) Wie heißt deine Mutter?

f) Wo wohnen deine Eltern?

g) Wo bist du geboren?

7. (اختياري) ماذا فعلت بالأمس؟ كوّن الجمل مستخدمًا الفعل الماضي war.

Jakob ist wieder hier. Er will wieder mit mir fliegen üben.
Er sagt: „Übung macht den Meister.“
Ich weiß – er hat Recht. Ich will es ja auch lernen, denn ich will endlich nach
West-Berlin! Und ich will so gut wie Jakob fliegen können.
Aber jetzt üben wir schon sehr lange und ich kann einfach nicht mehr.
Jakob ist noch nicht zufrieden, aber er versteht: Ich brauche eine Pause.
Er beginnt zu sprechen.
„Sag mal, woher kommst du eigentlich?“
„Ich komme aus Berlin.“
„Wie bitte?“
„Aus Berlin. Ich komme aus Berlin.“
„Wo ist Berlin?“
Ich muss lachen.

die Übung, Übungen	التمرين
der Meister, Meister	الخبير
Übung macht den Meister.	الممارسة تصنع الخبير (التكرار يعلّم الشطّار)
(das) Recht, Rechte	الحق
Recht haben	أن تكون على حق
ja	نعم
lernen, du lernst	يتعلّم
so gut wie	جيّد مثل
nicht mehr können	لا يستطيع الاستمرار
mal = einmal	مرّة
sag mal	حرفيًّا: قل مرّة، بمعنى: قل لي
lachen, du lachst	يضحك
ich muss lachen	يجب أن أضحك

---

* في هذا النص، ستجد ja مستخدمة عدّة مرّات بطرق لا تعني بشكل مباشر كلمة
نعم، من الشائع جدًّا في الألمانيّة استخدام ja بهذه الطريقة، لذلك سوف تسمعها
كثيرًا، لا داعي للقيام بذلك بنفسك إذا كنت تشعر أنّه أمر صعب في الوقت الحالي.

„Warum ist das lustig?", fragt Jakob.

„Na, Berlin – das ist hier. Wir sind in Berlin. Das alles ... " – ich zeige auf die Stadt – „ist Berlin".

„Ach, das ist Berlin?"

„Klar."

„Woher weißt du das?"

„Na, ich lebe bei Menschen. Und sie sagen, 'wir wohnen in Berlin'".

„Das ist ja interessant. Wie lange wohnst du schon hier?"

„Drei Wochen."

„Und warum wohnst du eigentlich bei Menschen? Warum nicht bei deinen Eltern?"

„Ich weiß nicht."

„Warum nicht?"

„Ich war sehr klein. Seit drei Wochen lebe ich jetzt hier. Ich weiß nicht, was vorher war."

„Das tut mir Leid."

„Kein Problem. Es geht mir gut. Hast du Eltern?"

„Ja klar. Ich wohne aber schon allein. Ich bin ja schon groß, ich kann sogar fliegen!"

Das war gemein. Aber ich glaube, Jakob will mich nur motivieren. Und er hat ja Recht.

Heute hat Beate wenig Zeit für Jens. Sie war ja gestern in West-Berlin. Jetzt hat sie vier CDs, einen CD-Player, ein Paar Jeans, fünf Comics ... und kein Geld mehr. Aber sie ist glücklich!

Jochen ist irgendwie nicht so glücklich. Warum? Beate weiß es nicht. Jedenfalls hört sie jetzt ihre erste CD. Die Musik läuft.

Sie ist so laut – das ganze Haus kann sie wahrscheinlich hören ...

Beate öffnet eine Tüte: Dort sind die Jeans. Sie holt sie heraus und zieht sie an. Dann sieht sie sich im Spiegel an. Die Hose passt perfekt und sieht total cool aus. Niemand in der Klasse hat so eine Hose. Zumindest im Moment.

Beate war erst stolz, aber jetzt ist sie ein bisschen enttäuscht: Haben morgen vielleicht schon alle in der Klasse Jeans?

Sie zieht die Jeans wieder aus. Stattdessen zieht sie eine Jogginghose an. Sie ist alt, aber zu Hause passt sie.

lustig	مضحك
zeigen auf, du zeigst	يشير على
die Stadt, Städte	المدينة
leben bei, du lebst bei	يعيش مع
deinen	لك، ضمير ملكيّة منصوب
war	كان (انظر لشرح القواعد)
klein	صغير
vorher	سابقًا
(das) Leid	المعاناة
Das tut mir Leid.	أنا آسف، حرفيًّا: ذلك يسبّب لي المعاناة
groß	كبير
sogar	حتّى
gemein	لئيم
motivieren, du motivierst	يحفّز
die Zeit, Zeiten	الوقت
der CD-Player, CD-Player	مشغّل السي دي
das Paar, Paare	زوج، الاثنان
die Jeans, Jeans	الجينز
ein Paar Jeans	زوج من الجينز
das Geld	المال
irgendwie	بطريقة ما
jedenfalls	على أي حال
die Musik	الموسيقى
laufen, du läufst	يركض، المعنى هنا: يشغّل

laut	بصوت عال	anziehen, du ziehst an	يلبس	zumindest	على الأقل
das Haus, Häuser	المنزل	der Spiegel, Spiegel	المرآة	der Moment, Momente	اللّحظة
wahrschein-lich	من المحتمل	im Spiegel	في المرآة	im Moment	في الوقت الحالي
die Tüte, Tüten	الحقيبة	sie sieht sich im Spiegel an	هي تنظر إلى نفسها في المرآة	stolz	فخور
holen, du holst	يجلب	cool	رائع	enttäuscht	خيبة أمل
heraus	إلى الخارج	niemand	لا أحد	ausziehen, du ziehst aus	يخلع (ملابسه)
ziehen, du ziehst	يسحب	die Klasse, Klassen	الصف	stattdessen	بدلًا من
		in der Klasse	في الصف	die Jog-ginghose, Jogginghosen	سروال الركض
				alt	قديم
				zu Hause	في المنزل

بعض من الكلمات عن الكلمات

إذا كنت قد قرأت المفردات الجديدة لهذا الفصل بعناية (لا شك بأنّك قد فعلت هذا) ربّما لاحظت معلومتان:

1. هناك عدد من الكلمات الإنجليزيّة المستخدمة في لغات مختلفة وفي اللّغة الألمانيّة أيضًا: Jeans، Cool، CD... هذا يجعل فهم (وتحدّث) الألمانيّة أسهل قليلًا، ولكن تذكّر: على الرغم من أنّ نطق هذه الكلمات عادة ما يكون مقارب جدًّا من لغتهم الإنجليزيّة الأصليّة إلّا أنّ الكلمات "تأخذ طابع ألماني" من حيث القواعد النحويّة: على غرار اللّغة العربيّة على سبيل المثال تحصل الكلمات المستعارة على جنس معيّن إذا كانوا أسماء إلخ.

2. لا يمكن ترجمة الكثير من الكلمات والتعبيرات مباشرة إلى اللّغة العربيّة، على سبيل المثال: das tut mir Leid تعني في الواقع إنّ هذا الأمر يعذّبني أو يسبّب لي المعاناة؛ ومن الواضح أنّه لا أحد يقول هذه الجملة باللّغة العربيّة ليقول آسف، نفس الشيء مع ja، ممّا يعني شيئًا مختلفًا تمامًا عن كلمة نعم في هذا النص، هذه ظاهرة يجب أن تعتاد عليها: لا يمكن ببساطة أن نُترجم كل كلمة حرفيًا – معظم الوقت ستكون الترجمة الحرفيّة غريبة جدًّا، هدفي هو جعل الألمانيّة في هذه النصوص طبيعيّة وتعكس اللّغة المستخدمة بقدر الإمكان، سوف يساعدك هذا على الوصول إلى الشعور والحدس الصحيح لما يبدو جيّدًا في اللّغة الألمانيّة وما هو غير جيّد، وكذلك سيساعدك هذا الأمر في تطوير وتكوين أسلوب جيّد عندما تتحدّث وتكتب الألمانيّة.

لمزيد من المعلومات حول هذا الموضوع، يرجى زيارة www.skapago.eu/jensjakob/ar/speakgerman

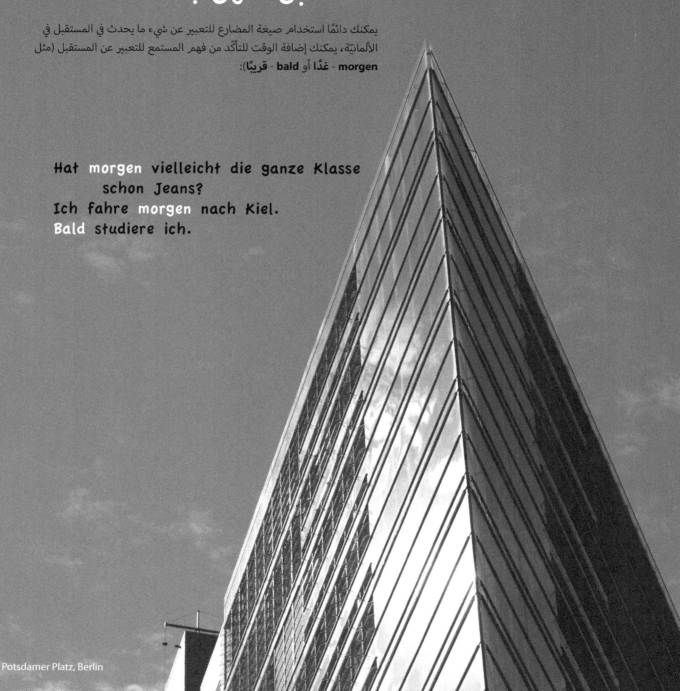

المستقبل: سهل جدًا!

يمكنك دائمًا استخدام صيغة المضارع للتعبير عن شيء ما يحدث في المستقبل في الألمانيّة، يمكنك إضافة الوقت للتأكّد من فهم المستمع للتعبير عن المستقبل (مثل **morgen** - غدًا أو **bald** - قريبًا):

Hat morgen vielleicht die ganze Klasse
          schon Jeans?
Ich fahre morgen nach Kiel.
Bald studiere ich.

Potsdamer Platz, Berlin

بناء الجملة للمحترفين

تحدّثت عن المواضع المحتملة للفعل باللّغة الألمانيّة في الفصل 3، ما لم تكن الجملة عبارة عن سؤال (بوضع الفعل أوّلًا) فهو دائمًا في الموضع الثاني بالجملة (حتّى لو أيقظتك الساعة 3 صباحًا، هذا ما سترد عليه!) ... أو في الموضع الأخير من الجملة.

كيف تعرف أي خانة تختار بالجملة لوضع الفعل؟

*   إذا كان لدينا فعل **واحد** فقط فسيكون في الخانة **الثانية** من الجملة.
*   إذا كان لدينا **فعلان** (أو أكثر) فسيكون الفعل الثاني (والثالث ...) في **آخر** الجملة.

انظر إلى بعض الأمثلة:

Er beginnt **zu** sprechen.

وهنا مثال لثلاثة أفعال في نفس الجملة:

Er will **wieder mit mir** fliegen üben.

*   وهنا مثال آخر لثلاثة أفعال في الجملة، تذكّر أنّ كلمة **und** تعتبر بخانة رقم صفر بالجملة، وكلمة **ich** هنا بخانة رقم واحد:

Und ich will **so gut wie Jakob** fliegen können.

*   يجب أن تتذكّر أيضًا أنّ الفاعل Subjekt يمكن أن يتكوّن من عدّة كلمات، مثلًا كلمة **das ganze Haus** تعتبر هنا في خانة رقم واحد:

Das ganze Haus kann **sie wahrscheinlich** hören.

ومثال أخير:

Ich weiß **nicht, was vorher** war.

Objekte و Akkusativ وبعض من Dativ

قبل أن نبدأ: في بداية هذا الكتاب أخبرتك أن Akkusativ وDativ يبالغون بهما معظم الطلاب المبتدئين (والمعلّمين الألمان) لن يكون هناك سوء فهم عندما ترتكب خطأً بينهما* لذلك أنصحك أن يكون لك أولويّة واضحة للغاية عند دراسة قواعد اللّغة الخاصة بك: أوّلًا تعلّم الأفعال الألمانيّة وتصريفها بالشكل الصحيح، ثمّ بعد ذلك كل الأشياء الأخرى باللّغة في مستواك الحالي عليك التحدّث والتحدّث والتحدّث ... وقد تكون قواعد Akkusativ أو Dativ صعبة ومثبطة لدرجة أنّهم سيمنعونك من التحدّث – لكن القواعد يجب ألّا تمنعك أبدًا من التحدّث! فلماذا أريد الآن أن أريك Akkusativ وDativ؟ لأنّك سوف تصادفهم باللّغة طوال الوقت، أريدك أن تفهم كيف تعمل اللّغة الألمانيّة، ولكن إذا شعرت بأنّ هذا صعب جدًا في الوقت الحالي فلك الحريّة في تجاهل كل شيء هنا والعودة إليه في الفصل 16، سأخبرك أيضًا ببعض "الطرق المختصرة" لتعلّم القواعد خلال الفترة المقبلة، ممّا يجعل كل من التعلّم وتطبيق القواعد أسهل قليلًا (آمل ذلك).

الآن، وبعد هذه المقدّمة الطويــــــلة – ما هو Akkusativ وما هو Dativ؟

دعني أبدأ أولاً بـ Object – ولكي نفهم ما تعنيه الكلمة تذكّر ما قلته سابقًا لك عن الفاعل Subjekt:

Subjekt هو الأشخاص (أو الأشياء) الذين يقومون بفعل ما، كل جملة بالألمانيّة يجب أن تحتوي على "فاعل".

Ich weiß nicht.
ich = Subjekt

انظر إلى جملة أخرى:

Sie zieht die Jeans wieder aus.

من الواضح أنّ كلمة **Sie** هنا هي الفاعل، بمعنى الشخص الذي يقوم بفعل ما (خلعت الجينز)، لكن ماذا نصنّف كلمة **die Jeans**؟ نصنّفها بكلمة Objekt، وتعني الشخص (أو الشيء) الذي لا يقوم بفعل شيء لأنّه في حالة المفعول به، أي بطريقة ما هو "ضحيّة" العمل الذي قام به الفاعل Subjekt، كلمة الجينز لا تقوم بأي فعل ما في هذه الجملة – لذلك هي بموقع المفعول به، ولكن ليس كل جملة لها Objekt، ولكن العديد من الجمل لديها.

إلى الآن كانت هذه مجرّد فلسفة دون قيمة عمليّة حقيقيّة، لذلك دعنا ننظر إلى الجملتين التاليتين – باللّغة العربيّة، للتأكّد من فهمك للنقطة السابقة:

هو يحبّها

هي تحبّه

بالتأكيد أنّ الجملتين السابقتين لا تعنيان نفس المعنى

في اللّغة العربيّة نستخدم ضمير المفعول به **ــها** (بدلاً من كلمة هي) والضمير **ـه** (بدلاً من كلمة هو) لتحديد من (الفاعل Subjekt) ومن (المفعول به Objekt)، أو بعبارة أخرى: نغيّر شكل الضمائر عندما نريد أن نحدّد استخدامهم كفاعل أو مفعول به، نفعل شيئًا مماثلًا باللّغة الألمانيّة، فمثلًا **ich** هو صيغة ضمير الفاعل و **mich** هو صيغة المفعول به، نظرة عامّة لجميع النماذج في الصفحة 72.

الفاعل المفعول به

هو يحبّها.
Er mag sie.

هي تحبّه.
Sie mag ihn.

Akkusativ *	حالة النصب
Dativ	حالة الجر

بنفس الطريقة التي تغيّر بها هذه الحالات في اللّغة العربيّة نهايات الاسم، فإنّها تُغيّر أيضًا الأسماء في اللّغة الألمانيّة.

كتب الطالب **كتابًا**.   كلمة كتاب منصوبة بالفتحة.

كتب الطالب على **الكتابِ**.   كلمة كتاب مجرور بالكسرة.

---

* على النقيض من هذا – عندما تخلط بين أشكال الفعل سيكون هناك سوء فهم بالتأكيد (أو على الأقل سيصبح المعنى غريبًا جدًا).

هناك بعض من المعلومات الإضافيّة:

كما نعلم أنّ الألمان يميلون إلى أن يكونوا دقيقين للغاية، وبالتالي نميّز بين (المفعول به المباشر *Direkt Objekt*) و(المفعول به الغير مباشر *Indirekt Objekt*).
ماذا نقصد بذلك؟ انظر إلى هذا المثال:

بيات لديها سي دي	Beate **hat** eine CD
هي أعطته إلي	Sie **gibt** sie mir

في الجملة السابقة لدينا الموضوع أو الفاعل (sie بالأحمر، ضمير يعبّر في هذه الحالة عن الفتاة Beate) وجزأين مفعول بهم *Objekt*: كلمة sie بالأخضر (ضمير يعبّر في هذه الحالة عن أقراص السي دي) وكلمة mir (إلي)، ومع ذلك فهناك فرق بين الكلمتين، نستطيع القول بأنّ ما حدث للقرص المضغوط أكثر إثارة بالمقارنة لكلمة إلي: بالتأكيد أنّي فقط حصلت على السي دي وليس أكثر من ذلك، ولكن القرص المضغوط سيغيّر مالكه – يا له من تغيير دراماتيكي في حياته! إذن القرص المضغوط هو المفعول به المباشر، كلمة إلي مفعول به غير مباشر.

في الألمانيّة لدينا أشكال مختلفة للضمائر (ولأجل أن نكون صريحين: لدينا أشكال مختلفة أيضًا لأدوات التعريف ال، حتّى في بعض الأحيان الأسماء) لتحديد المفعول به المباشر وغير المباشر، نسمّي صيغة المفعول به المباشر *Akkusativ* (بمعنى المتهم به) وصيغة المفعول به الغير مباشر *Dativ*، لذلك صيغة *Akkusativ* للضمير ich هو mich، وصيغة *Dativ* هو mir (ستجد كل النماذج المختلفة للضمائر في صفحة رقم 72).

ممتاز، ولكن عندما تقول على سبيل المثال: **معي** أو **إليّ** باللّغة العربيّة – هل ضمير المتحدّث **حرف الياء** مباشر أم غير مباشر؟ قد يكون من الصعب تحديد ذلك، ولكن في اللّغة العربيّة لا يتعيّن عليك الاهتمام بالفرق، ولكن في اللّغة الألمانيّة عليك أن تسأل نفسك: هل يجب أن أستخدم *Dativ* أو *Akkusativ* الآن.

لحسن الحظ هناك بعض من القواعد الدقيقة لتحديد أي صيغة إعرابيّة يجب أن تستخدمها عندما تستخدم بعض الكلمات مثل كلمة **مع**، **إلى**... وما إلى ذلك (تسمّى هذه الكلمات حروف الجر وبالألماني *Propositionen*) على سبيل المثال: سوف تستخدم دائمًا *Dativ* بعد كلمة mit، فلا نستطيع أن نقول mit mich وتعتبر عبارة خاطئة – إنّها وبكل بساطة خطأ، عليك أن تقول mit mir وسوف تتعلّم هذه القواعد أكثر في وقت لاحق في هذا الكتاب.

في الصفحة التالية سترى النماذج المختلفة للضمائر الشخصيّة، إذا كنت تعتقد أنّها صعبة للغاية في الوقت الحالي فلا تتعلّمهم عن ظهر قلب الآن، كما قلت لك سابقًا أنّ في مستواك الحالي يُسمح لك بخرق القواعد (على الرغم من أنّ معلّمي اللّغة الألمانيّة قد يصابوا بنوبة قلبيّة عندما يقرؤون ما أخبرك هنا) الآن فقط تحتاج تأخذ نظرة عامة عن الصفحة التالية وتستخدمها كمرجع:

بحاجة الى مزيد من التوجيه؟
تحقّق من نظام Rese, Nese, Mormon، تجد نظرة عامة على الصفحة 245.

Subjekt	Objekt direkt مباشر (Akkusativ)	Objekt indirekt غير مباشر (Dativ)	Objekt* reflexiv انعكاسي (Dativ und Akkusativ)
ich	mich	mir	--
du	dich	dir	--
er	ihn	**ihm**	sich
sie	sie	ihr	sich
es	**es**	**ihm**	sich
wir	*uns*	*uns*	--
ihr	*euch*	*euch*	--
sie	sie	ihnen	sicht

لقد حدّدت **ihm**، **sie** و **es** بألوان مختلفة لأنّهم يمكن أن يأخذون عدّة وظائف مختلفة، بالإضافة إلى ذلك لقد وضعت علامة **uns** و **euch** بالخط المائل لأنّهم لا يتغيّرون في حالتي *Akkusativ* و *Dativ*، بالتأكيد أنّ هذه الصيغ مربكة جدًّا، أعلم ذلك! شكرًا للدقّة الألمانيّة: مثالي في التخطيط، ومتوسّط في التنفيذ ...

* لاحظ أيضًا الفرق بين **ihn / sie / es / ihr / ihm** و **sich**:

sie/es/ihr/ihm = شخص آخر

sich = نفسه / نفسها / أنفسهم ... (ضمير انعكاسي)

Er **sieht** sich.

Er **sieht** ihn.

مرّة أخرى: لا تنزعج من هذا الموضوع الآن، سأريكم بعض "الطرق المختصرة" لتسهيل القواعد السابقة، وفي غضون أسابيع قليلة (حسنًا، ربّما أشهر...) ستضحك عندما تتذكّر هذه القواعد وتصبح أمر سهلًا وبسيطًا.

الزمن الماضي مع war

سنستخدم الماضي البسيط مع war في هذا الفصل للمرّة الأولى، إذا لم تتعلّم هذا بعد فارجع إلى الفصل 6 وتعلّم القاعدة الآن، ثمّ قم بالتمرين 7 في الفصل 6، بعد ذلك عد إلى هذه الصفحة هنا، أراك بعد عدّة دقائق!

الوقت

	15.00 Es ist **drei Uhr**.	

15.55   Es ist **fünf vor** vier.
15.50   Es ist **zehn vor** vier.
15.45   Es ist **Viertel vor** vier.

15.05   Es ist **fünf nach** drei.
15.10   Es ist **zehn nach** drei.
15.15   Es ist **Viertel nach** drei.

15.40   Es ist **zehn nach** halb vier.
15.35   Es ist **fünf nach** halb vier.

15.20   Es ist **zehn vor** halb vier.
15.25   Es ist **fünf vor** halb vier.

15.30   Es ist **halb vier**.

morgens	بالصباح
vormittags	قبل الظهر
nachmittags	بعد الظهر
abends	بالمساء
nachts	بالليل

عندما نريد أن نسأل عن الوقت:

Wie spät ist es?

Wieviel Uhr ist es?   أو

للإجابة: Es ist ...

عندما تريد أن تقول أنّ شيئًا ما حدث **في الساعة الثامنة**، نقول **um acht Uhr:**

Die Schule beginnt **um** acht Uhr.

تبدأ المدرسة في الساعة الثامنة.

باللّغة الألمانيّة نستخدم الوقت العسكري في الأماكن مثل السكك الحديديّة، أو في محطة ما وما إلى ذلك، في هذه الحالة نقرأ الوقت بهذا الشكل:

18.37 achtzehn Uhr siebenunddreißg

نبدأ العد حتّى نصل إلى 24 ساعة عندما نستخدم الوقت العسكري (لتفادي سوء الفهم بين am صباحًا و pm مساءً)، ولكنّنا نضيف أو نأخذ عدّة دقائق ونعد فقط إلى 12 في اللّغة المستخدمة يوميًا (ونفهم ما إذا كان المتكلّم يشير إلى فترة ما بعد الظهر أو الصباح من خلال سياق الحديث)، لذلك وعلى سبيل المثال: عندما يكون الوقت في الساعة 17.04 فلن نقول "أربعة دقائق بعد سبعة عشر"، ولكن "خمسة دقائق بعد خمسة"، يمكنك إضافة الكلمات التالية إذا كنت تريد التأكيد على أنّ هناك شيئًا ما يحدث صباحًا أو مساءً:

‫١. كوّن جُمل مع مراعاة الكلمات بصيغة الجمع.‬

Beispiel: 1 Hose: € 20,80 – 2 → Eine Hose kostet zwanzig Euro achtzig (Cent). Zwei Hosen kosten einundvierzig Euro sechzig (Cent).

a) 1 CD: € 13 – 5
b) 1 Brötchen: € 1,20 – 7
c) 1 Banane: € 0,55 – 9
d) 1 Tisch: € 299 – 3
e) 1 Auto: 20 780 € – 2
f) 1 Jogginghose: € 49 – 3

g) 1 Zeitung: € 1,10 – 3
h) 1 Telefon: € 27 – 2
i) 1 Comic: € 8 – 4
j) 1 Stuhl: € 87 – 3
k) 1 Tür: € 580 – 2
l) 1 Apfel: € 0,50 – 10

Sophie	‫اسم أنثى‬
Klaus	‫اسم ذكر‬
Lukas	‫اسم ذكر‬
Maria	‫اسم أنثى‬
Gabriel	‫اسم ذكر‬
Moritz	‫اسم ذكر‬
Lena	‫اسم أنثى‬
Daniel	‫اسم ذكر‬
Elisa	‫اسم أنثى‬
Marianne	‫اسم أنثى‬
Emma	‫اسم أنثى‬
Valentin	‫اسم ذكر‬

‫٢. (تمرين اختياري) ضع الشكل الصحيح للضمائر.‬

*Beispiel: Hier ist Sophie. Siehst du ___? → Siehst du **sie**?*

a) Ich bin hier. Siehst du ___?
b) Jochen ist nicht glücklich. Warum? Ich will ___ fragen.
c) Klaus und ich warten auf der Straße. Siehst du ___?
d) Siehst du Lukas? – Ja, ich sehe ___.
e) Maria und Gabriel sprechen schnell. Verstehst du ___?
f) Am Tisch liegt ein Brötchen. Willst du ___ essen?
g) Wo bist du? Ich kann ___ nicht sehen.
h) Moritz und Lena, wo seid ___?

‫٣. (تمرين اختياري) اكتب الضمير الانعكاسي الصحيح.‬

sich im Spiegel ansehen:

Ich ____ ___ im Spiegel an.
Du ____ ___ im Spiegel an.
Er ____ ___ im Spiegel an.
Wir ____ ___ im Spiegel an.
Ihr ____ ___ im Spiegel an.
Sie ____ ___ im Spiegel an.

‫٤. أعد صياغة الجمل بالمستقبل، ابدأ كل جملة مع morgen، تذكّر ترتيب الجملة.‬

Beispiel: Ich fahre nach Hamburg → Morgen fahre ich nach Hamburg.

Daniel verkauft ein Auto.
Ich kaufe eine Jeans.
Der Spatz will fliegen üben.
Elisa und ich gehen in die Schule.
Marianne isst ein Ei.

‫٥. ضع الجمل في الزمن الماضي.‬

Es ist warm.
Aber Emma ist nicht begeistert.
Ich bin irgendwie nicht so glücklich.
Für Valentin ist die Schule nicht so wichtig.

Zuerst ist er stolz, aber dann ist er enttäuscht.
Der Tag ist anstrengend für Jens, aber er ist zufrieden.
Sie sind neugierig.
Du bist groß.
Er ist in Hamburg.

6. Wie spät ist es?

a) 08.00	f) 13.40	k) 03.10	p) 14.00	u) 07.30
b) 22.30	g) 06.00	l) 06.40	q) 09.45	v) 16.50
c) 17.25	h) 09.15	m) 21.00	r) 23.25	w) 10.30
d) 12.00	i) 13.00	n) 15.50	s) 15.30	x) 05.05
e) 21.15	j) 19.00	o) 11.35	t) 08.55	

7. أضف الأفعال المساعدة بين قوسين إلى الجمل، مع مراعاة ترتيب الكلمات الصحيح في الجملة.

Beispiel: (wollen) Ich übe Deutsch. → Ich will Deutsch üben.

(wollen) Du übst Deutsch.
(können) Sie hört Martin.
(müssen) Ich probiere Martins Marmelade.
(sollen) Maria studiert in Hamburg.
(können) Du verstehst mich nicht.
(wollen) Ich gehe über die Straße.
(müssen) Er weiß es.
(sollen) Du machst keine Probleme.
(dürfen) Sie macht keine Problem.
(wollen) Wir essen Müsli.
(können) Sie schlafen nicht.
(müssen) Jochen sagt etwas.
(sollen) Er öffnet die Tür.

8. أجب عن الأسئلة.

Warum braucht Jens eine Pause?
Wie lange wohnt Jens bei Beate, Jochen und Ines?
Hat Jakob Eltern?
Wo war Beate gestern?
Was hat Beate jetzt?
Was macht Beate?
Warum ist sie enttäuscht?

لماذا لا تزال لغتك الألمانيّة سيّئة

(على الرغم من أنّك تقرأ هذا الكتاب)

نحن دائما وعادة نبدأ بالعمل على النطق مع طلابنا الجدد في Skapago، لماذا؟ حسنًا، لأنّ نطق معظم الطلاب لكون صريح... سيّء جدًا! لكن هذه ليست مشكلة، لأنّنا مدرسة تعليم لغات، ولهذا يأتي الطلاب إلينا، ليتعلّموا.

بالطبع أنّ هذه الظاهرة لا تنطبق فقط على المبتدئين، فلدينا أيضًا طلّاب متقدّمون يتمتّعون بفهم جيّد للمفردات والقواعد، ولكن لديهم لكنة ونطق أجنبي قوي وواضح.

الآن يمكنك القول أنّ هذا يعتمد على أي دولة أتى منها الطالب وأي لغة يتحدّث سابقًا وأنّ بعض الطلاب وببساطة لديهم لكنة قويّة جدًا... هذا شيء غير صحيح! السبب في أنّ بعض الأشخاص يعانون من النطق الخاطئ هو أنّهم لم يعملوا بشكل كاف على النطق الصحيح، إذًا لماذا لا يعمل الطلاب على النطق؟ ولماذا يجب عليهم أن يفعلوا ذلك؟ دعني أجيب على السؤال الأخير أوّلاً.

• سوء الفهم يحصل وبشكل مستمر ومرارًا وتكرارًا بسبب النطق الخاطئ أكثر من الأخطاء النحويّة.

• يعتمد فهم الاستماع لديك على نطقك الصحيح، خصوصًا عندما تدرّب أذنك على التمييز بين الأصوات الغير مألوفة بالنسبة لك، على سبيل المثال باللّغة الألمانيّة من المهم جدًا معرفة الفرق بين I و Ü و E و Ö.

• سوف يضحك عليك متحدّثي اللّغة الأم، هذه المسألة الأخيرة أكثر أهميّة ممّا كنت تعتقده بالسابق، وقد أثبت العلماء أنّ متحدّثي اللّغة الأم يعتقدون وبدون وعي منهم أنّ المتحدّث الأجني الغير متمكّن من النطق الصحيح أقل ذكاء، كن صادقًا مع نفسك: هل شاهدت من قبل "عائلة سمبسون" وسخرت من الشخصيّة التي تعمل في السوبرماركت بسبب النطق الخاطئ؟

كمتعلّم جديد للّغة ستشعر أنّ الأشخاص الآخرين يفكّرون بهذه الطريقة وأنّهم سيسخرون منك، حتّى لو كانوا حقًّا لا يريدون فعل ذلك!

- لذلك قد تشعر بالإحباط، وبطريقة غير مباشرة

سوف تقول "هؤلاء الألمان المتعجرفون! لقد سئمت منهم!" وما هي العاقبة؟ أنّك بالتأكيد لن تريد أن تكون واحد منهم، ولن ترغب في التحدّث مثلهم، أو أن يكون نطقك صحيح...

هنا تكمن حلقة مفرغة: لديك نطق سيّء بسبب شعور عميق في قلبك يقول أنّك لا تريد أن تكون ألماني، وبالتالي لن يعاملك الألمان كواحد منهم، وبالتالي تعتقد أنّهم متكبرون، ولذلك لا تريد أن تكون واحد منهم ومتكبّر مثلهم، ولذلك لديك نطق سيّء وخاطئ... والآن عرفت السبب الحقيقي لعدم رغبة المتعلّمين على تحسين نطقهم.

بالتأكيد أنّك قد سمعت من قبل من بعض المعلّمين أنّ سبب وجود لكنة أجنبيّة تعتبر مسألة متعلّقة بعمر المتعلّم، أنا لا أوافق على هذا الكلام أبدًا! إنّه أمر يتعلّق بالسلوك، إنّ الطريقة التي نتحدّث بها - نطقنا - هو المكوّن الرئيسي لهويّتنا الشخصيّة، وكثير من الأشخاص البالغين لديهم علاقة قويّة مع ثقافتهم الأم ويخشون فقدان هويّتهم عندما يغيّرون نطقهم، أي عندما يتعلّمون لغة أخرى.

ستتمكّن من تعلّم لغة جديدة بشكل جيّد فقط في حالة فهمك أنّ هذه المخاوف لا أساس لها من الصحّة وتعتبر عائق فكري يمنعك من التحسّن، لماذا تعتبر المخاوف لا أساس لها من الصحة؟ لأنّ هويّتك "الجديدة" بالتأكيد لن تقوم باستبدال الهويّة "القديمة"، ولكن سوف تقوم بتعزيز هويّتك، كما قال السياسي والفيلسوف التشيكي توماس غاريج ماساريك: "كلّما زادت لغاتك، كلّما زادت انسانيّتك".

هكذا تستطيع رؤية أنّ النطق وإلى حد كبير أحد أسوأ أجزاء مشاكل تعلّم اللّغة، وسيكون لها التأثير الأعظم على ثقتك بنفسك وعلى انتمائك الثقافي تجاه الألمانيّة وعلاقتك مع الناطقين بها، ولكن الخبر السار هو: يمكنك تحسين كل ذلك وببساطة عن طريق تحسين نطقك، لذلك ابدأ الآن!

يمكنك العثور على نصائح على:

www.skapago.eu/jensjakob/ar/bonus

Ich esse.

Die Menschen sagen: ich fresse. Aber ich finde: Die Menschen haben einfach keinen Respekt.

Es gibt Insekten und ein bisschen Brot. Es ist ziemlich viel. Also kann Jakob auch etwas essen. Ich habe genug für ihn. Aber wo isst er eigentlich sonst? Ich will ihn fragen.

„Jakob, wo isst du denn?"

„Na hier."

„Ja. Aber sonst, meine ich. Du isst nicht immer hier. Gestern warst du nicht hier, zum Beispiel."

„Ach so. Normalerweise esse ich im Café."

„Im Café? Was ist ein Café?"

„Dort sitzen Menschen und essen Kuchen oder trinken Kaffee. Es gibt immer Kuchen, Brot, Brötchen, ein bisschen Zucker, manchmal Salat ..."

Zum ersten Mal weiß Jakob mehr über Menschen als ich. Mein altes Problem: Ich kann noch nicht gut fliegen! Noch nicht. Ich muss es lernen. Ich will endlich raus!

„Ja gut, dort sitzen Menschen – aber wie bekommst du etwas zu essen?"

„Die Menschen essen nicht alles. Es ist immer genug für mich da."

„Und sind dort viele Menschen?"

„Manchmal schon. Besonders seit drei Wochen. Im Moment ist im Café

ich finde	أنا أجد، بمعنى: أعتقد
(der) Respekt	الاحترام
geben, du gibst	يعطي
es gibt	يوجد (انظر الشرح)
das Insekt, Insekten	الحشرة
ziemlich	إلى حد كبير
genug	كاف، يكفي
normalerweise	عادة
(der) Kuchen, Kuchen	الكعكة
(der) Zucker	السكّر
(der) Salat	السلطة
raus	إلى الخارج (لغة عاميّة)
ich will raus	أريد الخروج
besonders	خاصّةً

die Hölle los. Aber ich habe nichts dagegen. ‚Viele Menschen' bedeutet ‚viel Essen'. Und seit drei Wochen haben die Leute auch alle so gute Laune! Ich weiß nicht warum."
„Aber ich."
Ich bin stolz. Endlich weiß ich wieder etwas über die Menschen!
„Warum denn?"
„Die Mauer ist offen. Die Leute können jetzt von West-Berlin nach Ost-Berlin gehen. Und umgekehrt."
„Ach so, die komische Mauer. Ich frage mich immer: Was soll das? Jetzt können die Menschen schon nicht fliegen und dann machen sie es sich noch extra schwer."

Angelika ist total gestresst. Sie arbeitet jetzt schon fast 30 Jahre im Café, aber so hektisch wie heute war es noch nie. Und heute hat Waltraud frei. Also hat Angelika noch mehr Arbeit.
„Zahlen bitte!", ruft ein junger Mann.
„Einen Espresso, ein Glas Wasser und einen Käsekuchen" bestellt eine Frau am Tisch danebEn.
„Können wir die Karte haben?", rufen zwei ältere Damen.
„Excuse me please ..." – jetzt auch noch auf Englisch. Angelika spricht gut Englisch, sogar ein bisschen Französisch, und eigentlich spricht sie gerne mit Touristen. Aber dafür ist heute keine Zeit.
Vor drei Wochen war noch alles ruhig. Bis zum 9. November um 22 Uhr jedenfalls, aber da war das Café schon geschlossen. Plötzlich waren dann überall Leute auf der Straße. Hundert, tausend, zweitausend ... vielleicht sogar mehr. Und heute Morgen war das Café sofort voll, schon fünf vor acht. Aber eigentlich öffnet es erst um acht Uhr! Einen Moment lang sieht Angelika durch das Fenster. Und da – sie sieht einen Mann. Nur ganz kurz. Aber sie kennt den Mann. War das ... ? Nein, das kann nicht sein. Obwohl, warum eigentlich nicht? Die Grenze ist ja jetzt offen.
Da sind auch eine Frau und ein Kind. Sie kennt sie nur von Fotos.
„Entschuldigung, wir möchten gerne noch einen schwarzen Tee mit Zitrone und ein Glas Limonade."
„Bitte? – Ach so, jaja. Ich komme sofort."

(die) Hölle	الجحيم
los sein	حرفيًّا: يكون مرخي، بمعنى: يحدث، يجري
die Hölle ist los	الجحيم يجري، بمعنى: جدًّا مزدحم
dagegen	ضد ذلك
ich habe nichts dagegen	أنا لدي لا شيء ضدّه، بمعنى: أنا لا أمانع
(die) Laune	المزاج
gute Laune haben	لتكون في مزاج جيّد
umgekehrt	بالعكس
Was soll das?	ماذا يعني هذا؟
extra	إضافي
schwer	ثقيل؛ هنا: صعب
es sich schwer machen	تجعل لنفسك وقتًا عصيًّا
gestresst	قلق
fast	تقريبًا
hektisch	صاخب
nie	أبدًا
frei	فارغ، خالي، حُر
frei haben	لديّ فراغ؛ لديّ وقت خالي من العمل
(die) Arbeit, Arbeiten	العمل
zahlen, du zahlst	يدفع؛ يدفع المال
der Mann, Männer	الرجل
der Espresso	الإسبرسو
das Glas, Gläser	الزجاج
der Käsekuchen	كعكة الجبن
bestellen, du bestellst	يطلب
die Frau, Frauen	المرأة
die Karte, Karten	البطاقة

Angelika kommt wieder zurück in die Realität.
„Hier, Ihre Rechnung, 18,20 DM bitte."
„19 bitte."
„Dankeschön."
Angelika sieht nochmal durch das Fenster. Aber der Mann, die Frau und das Kind sind weg.

نصيحة عن الثقافة: Trinkgeld

من المعتاد في المطاعم في ألمانيا أن نعطي بقشيش (Trinkgeld)، عادة بين 5-10 % (تقريب المبلغ الواجب دفعه إلى عدد صحيح) بالطبع لست مجبرًا للقيام بذلك، ولكن تعتبر من آداب السلوك خصوصًا عندما تكون سعيدًا من الخدمة، يشمل السلوك سائقي سيارات الأجرة ومصففي الشعر.
إنّه أمر معتاد أيضًا أن ندفع الفواتير منفصلة، على سبيل المثال: عند وجود مجموعة من الأصدقاء يأكلون بالمطعم قد يسأل النادل إذا كنت ترغب في دفع الفاتورة zusammen (معًا) أو getrennt (كل على حدة، منفصل).

älter	أكبر من، كبار السن
die Dame, Damen	السيّدة
Französisch	فرنسي
der Tourist, Touristen	السائح
dafür	لذلك
vor ...	قبل ...
bis	إلى أن
geschlossen	مغلق
überall	في كل مكان
lang	طويل
einen Moment lang	لحظة
unter	تحت
nur ganz kurz	فقط لفترة وجيزة جدًّا
kennen, du kennst	يعرف (انظر للشرح)
obwohl	رغم أن، هنا بمعنى: من ناحية أخرى
das Foto, Fotos	الصورة
(die) Entschul-digung, Ent-schuldigungen	الاعتذار
Entschuldi-gung!	عذرًا!
möchten, du möchtest	يريد
schwarz	أسود
die Zitrone, Zitronen	الليمون
jaja	نعم، حسنًا
zurück	إلى الوراء
die Realität	الواقع
die Rechnung, Rechnungen	الفاتورة
nochmal	مرّة ثانية

Kennen - wissen

يتم ترجمة الكلمتين للّغة العربيّة لكلمة **يعرف**، ولكن لكل كلمة معنى مختلف.

kennen تعني أنّك **تعرف** من هو شخص / شيء ما، وأنّك على دراية به / بها / بهم:

Ich kenne Jakob.

= قابلته من قبل، أعلم من هو.

Ich kenne Berlin.

= أعرف برلين - لقد زرت برلين سابقًا.

wissen تعني أنّ لديك معرفة بحقيقة معيّنة:

Ich weiß, wo er wohnt.

= أعرف أين يسكن.

Ich weiß nicht warum.

= لا أعرف لماذا.

لا تخلط بين **kennen**
و **können** لأنّ المعنى مختلف
تمامًا على الرغم من قرب النطق
بينهم، كلمة **können** تعني **يستطيع**:
Jakob kann fliegen.
جايكوب يستطيع الطيران.

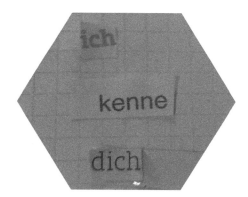

الخير والشر والقبيح - الجزء الأوّل
القاعدة القبيحة – Akkusativ

على الرغم من أنّني أعتقد أنّ الحالات الإعرابيّة بالألمانيّة مبالغ فيها من قبل المعلّمين الألمان، ها أنا أتحدّث عنهم في كثير من الأحيان، ذلك لأنّك ستصادفهم في كل مكان في اللّغة الألمانيّة، وأريد أن أوضّح لك كيف تعمل هذه اللّغة، ولكن اسمحوا لي أن أكرّر مرّة أخرى: إذا ارتكبت أخطاء في الحالات، فليست مشكلة كبيرة، سيفهم الشخص ماذا تقصد، وإذا كان لديك نطق جيّد قد لا يلاحظ الألمان حتّى أنّك استخدمت الحالة الخطأ.

يعتقد معظم الطلاب أنّ هذه الحالات مجرّد مصدر سيّئ للأخطاء المحتملة، لكن هذا جزء واحد من القصّة، الجزء الآخر الذي يتجاهله البعض من القصّة هو أنّه يمكنك إثراء لغتك الألمانيّة من خلال الحالات، لقد أخبرتك من قبل كيف أنّ الفرق بين الأشياء المباشرة وغير المباشرة يمكن أن تجعل الجمل أكثر دقة، سوف تتعلّم قريبًا المزيد عن حالتي المفضلة حالة الجر dative (وإن كانت أكثر الحالات صعوبة).

لكن لهذا اليوم، أودّ التركيز على حالة النصب Akkusativ، اسمحوا لي أن ألخّص ما تعلّمته من قبل: عندما نتحدّث عن الأشياء، أخبرتك أنّنا نستخدم أشكالًا مختلفة من الضمائر للفاعل والمفعول به (مثل **mich** بدلاً من **ich**)، وبالمثل في اللّغة العربيّة **لي** بدلًا من **أنا**)، Akkusativ هي الحالة الإعرابيّة بالنسبة للمفعول به المباشر؛ لهذا السبب يطلق عليه حالة المتّهم (كأنّك تتّهم شخصًا ما، لذلك أسمّيها "القاعدة القبيحة")، أشرت في شرح سابق إلى أنّنا في بعض الأحيان أيضًا نغيّر أدوات التعريف أو التنكير والأسماء اعتمادًا على الحالة الإعرابيّة، أودّ أن أوضّح لك كيفيّة استخدام هذه القاعدة في حالة النصب Akkusativ، انظر هنا:

Sie sieht einen Mann.

هي رأت رجلًا.

خلاصة قصيرة: Mann مذكّر بالألمانيّة؛ لذلك نقول der Mann، في صيغة أداة التنكير نقول ein Mann ولكن في الجملة السابقة كتبنا einen Mann، لماذا؟ لأنّ الرجل هو المفعول به المنصوب (المباشر)، لذلك هو في قضيّة الاتّهام، تعتبر هذه جملة بسيطة جدًّا بمكوّنات قليلة، مع موضوع أو فاعل (sie)، فعل (sieht)، ومفعول به منصوب (einen Mann)، إنّها تفعل شيئا (النظر إلى الرجل) والرجل لا يفعل أي شيء (يتم النظر إليه)، وهذا يعني أنّ sie هي Subjekt الموضوع أو الفاعل، والرجل هو Objekt الكائن أو المفعول به المباشر.

كما ترى هنا أنّ في حالة النصب Akkusativ أداة النكرة (ein) ستحصل على نهاية -en والاسم يظل كما هو، انظر إلى بعض الأمثلة الأخرى:

Sie kennt den Mann.

لا يوجد اختلاف عن الجملة السابقة في تعريف قاعدة النحو (فقط استخدمنا فعل آخر)، وهنا الاسم مع أداة التعريف الـ، يمكنك أن ترى: der أصبحت den.

Können wir die Karte haben?

Wir möchten ein Glas Limonade.

هنا كلمة **die Karte** وكلمة **ein Glass Limonade** بشكل واضح مفعول به مباشر (أشياء نريد أن نحصل عليها) – لكن أدوات التعريف والتنكير لم تتغيّر! لدينا هنا خبرٌ سار: المؤنّث والمحايد لا يتغيّرون في حالة النصب *Akkusativ*.

Die Menschen haben keinen Respekt.

المزيد من الأخبار السارة: kein وضمائر الملكيّة (**mein, dein ...**) تتغيّر تمامًا بنفس طريقة أداة التنكير (**ein**). وهنا معلومة للخبراء:

Einen Espresso, ein Glas Wasser und einen Käsekuchen.

كل الكلمات في هذه الجملة في حالة نصب *Akkusativ*! لماذا؟ لأنّ السيّدة طلبت الطعام وفي الحقيقة تود أن تقول: "**Ich möchte einen Espresso, ein Glas Wasser und einen Käsekuchen haben**" – وفي هذا المثال كل الأسماء المذكورة يجب أن تكون في حالة النصب *Akkusativ*، قامت السيّدة بالاختصار بمجرّد إسقاط جملة **ich möchte... haben**.

لذلك، إذا كنت تريد أن تقدّم نفسك كخبير لقواعد النحو في المقاهي والمطاعم الألمانية، فاطلب ما تريد في حالة النصب *Akkusativ*، سوف تقوم بإدهاش النادل، ولكن إذا وجدت هذا صعبًا فلا تقلق، سوف تحصل على نفس الطعام إذا طلبت ذلك بالشكل الأساسي (مثل الكثير من الألمان الذين يفعلون ذلك أيضًا).

إذا كنت قد قرأت النص السابق بعناية (تقرأ دائمًا بعناية، أليس كذلك؟)، فقد تلاحظ شيئين:

- فقط أدوات التعريف والتنكير الذكوريّة وضمائر الملكيّة تتغيّر في حالة النصب *Akkusativ*، صيغ الأنثى والمحايد تبقى على حالها، والأسماء نفسها لا تتغيّر على الإطلاق.
- التغيير الذي يحدث للكلمات المذكّرة هو: الحصول على (إضافة) **n-** وإذا كان لديهم بالفعل **n-** في النهاية نضيف **en-** حتّى نتمكّن من نطقها بسهولة أكبر.

der → de**n**

ein → ei**n**en

kein → kei**n**en

mein → mei**n**en

عندما نتحدّث عن كمّية الوقت المستغرقة لعمل ما، فإنّنا نستخدم حالة النصب أيضًا **einen Moment lang**.

وما إلى ذلك ...

هذا ينطبق بطريقة أو بأخرى على ضمير الشخصية er، فهو يتغيّر إلى **ih**n (وهو تغيير كبير، ولكن لا يزال ينتهي بحرف **n-**).

إذن هذه هي القاعدة البسيطة التي يجب أن تتذكّرها بشأن *Akkusativ*:

n- لجميع الكلمات الذكوريّة

للكلمات المذكّرة **n-**

سهل، أليس كذلك؟

Es gibt

عندما نريد أن نقول باللّغة العربية (يوجد...) أو (هناك، هنالك ...) نستخدم بالألمانيّة .es gibt

Es gibt Kuchen.

(يوجد كعكة) أو (هنالك كعكة)

الطريف في جملة es gibt هو أنّ الكلمة (أو الكلمات) التي تليها منصوبة Akkusativ (أقول هذا مجدّدًا:
مرّة أخرى، لا سوء بالفهم إذا استخدمت الحالة الخاطئة فلا تقلق) لماذا؟ حسنًا، انظر إلى ما es gibt
تعنيه في الواقع: **إنّه يعطي**، هذا فلسفي بعض الشيء – من هو الذي أعطى؟ الكون / الخالق / الحياة /
شيء ما... لا أحد يعلم، لكن الكون / الخالق / الحياة / شيء ما أعطى كعكة (لنا)، جميل أليس كذلك؟
إذاً **es** هو الموضوع أو الفاعل، **Kuchen** هو المفعول به المنصوب أو الشيء المقدّم المُعطى، هذه
عبارة شائعة جدًا باللّغة الألمانيّة فتذكّرها جيّدًا، سوف تسمع هذه العبارة كثيرًا.

أشياء لا يمكن قولها مع *es gibt*

لا يمكنك استخدام هذه العبارة في المواقف التي لا تعني فيها وجود الأشياء / الأشخاص، ولكن عن مكان
وجودهم الفعلي، في هذه الحالة نقوم باستخدام **ist / sind** ، الفرق بين العبارتين صغير ولكن مهم،
على سبيل المثال يمكننا أن نقول:

Es gibt viele Spatzen in Berlin.

هناك/يوجد العديد من العصافير في برلين.

هنا تحدّثنا عن المكان، ولكن التركيز الحقيقي هو أنّ العصافير موجودة في برلين (أو إذا كنت تريد أن
تترجم العبارة حرفيًّا ستكون أكثر فلسفة: أعطى الخالق / الطبيعة / الكون / شخص ما ... في برلين)
ومع ذلك لا يمكنك القول:

Auf dem Tisch gibt es Jens und Jakob.

في هذه الحالة يجب أن نقول:

Auf dem Tisch sind Jens und Jakob.

المثال الكلاسيكي لعبارة **es gibt** هو الطعام:

لمزيد من المعلومات، قم بزيارة الرابط www.skapago.eu/jensjakob/ar/esgibt

Es gibt Insekten.

الصفات
Adjektive

Adjektive هي الكلمات التي تصف الأشياء، مثل: **كبيرة ، قديمة ، قبيحة** ... كلّها صفات، في الألمانيّة كالعربيّة تتغيّر الصفات عندما نضعها أمام الاسم:

يمكنك رؤية أنّ النهايات هنا هي rese، لمزيد من المعلومات حول نظام **Rese** و **Nese** و **Mormon** يوجد نظرة عامة على صفحة 245.

- لدينا نهاية (-er, -e, -es) مع أدوات النكرة، اعتمادًا على جنس الاسم الذي تصفه الكلمة، هذا ليس بالأمر الصعب كما يبدو للوهلة الأولى، النهاية للصفات هي نفس حروف نهايات أدوات التعريف الـ.

```
der Mann        ein alter Mann
die Frau        eine alte Frau
das Problem     ein altes Problem
die Probleme    alte Probleme
```

انظر إلى الأمر بهذه الطريقة: نريد أن نسمع النهاية لتحديد الجنس للكلمة / الجمع (-s / -e / -r) مرّة واحدة فقط، لذلك إذا لم نسمعها مع أداة النكرة، فنحن نريد أن نسمعها في نهاية الصفة.

- لا نريد سماع النهاية مرّة أخرى نظرًا لأنّ أدوات التعريف لها نهاية تحدّد جنس الكلمة، لذلك لدينا هنا -e النهاية نفسها لكل الأجناس المختلفة، ولكن عندما تستخدم **die** لصيغة الجمع لا نريد الخلط بينها وبين الاسم المؤنّث لذلك في صيغة الجمع نضيف -n إلى نهاية الصفة:

```
der alte Mann
die alte Frau
das alte Problem
die alten Männer / Frauen / Probleme
```

- الآن للحصول على أسهل طريقة لاستخدام الصفة: لا يتغيّر شيء على الإطلاق عندما تأتي الصفة بعد الكلمة التي تصف.

```
Der Mann ist alt.
Die Frau ist alt.
Das Problem ist alt.
Die Männer / Frauen / Probleme sind alt.
```

- في حالة النصب Akkusativ نقوم فقط بتغيير نهايات المذكّر (كالعادة):

```
Ich sehe ...
    ... den Mann     ... einen alten Mann
```

ورقة غش لقواعد اللّغة الألمانيّة 101

هل تشعر بأنّك غرقت في قواعد اللّغة؟

إذًا تأمّل التالي:

1. في المدارس - وكالمعتاد - في الكتب المدرسيّة، يتم المبالغة في تعليم القواعد، هل تذكر أنّي قلت هذا من قبل؟ إذا لم تتذكّر، فاسمح لي أن أكرّر: في المدارس - وكالمعتاد - في الكتب المدرسيّة، يتم المبالغة في تعليم القواعد، أكبر المشاكل التي يواجهها المبتدئين هي القدرة على التحدّث والاستماع والنطق، هذا هو ما يجب التركيز عليه، ويمكن أن يكون الكتاب المدرسي مصدرًا مساعد وإلهامًا لك، ولكن لا يعتبر الحل المثالي لمشكلة التعلّم، يمكنك العثور على مساعدة للمشاكل الحقيقيّة في الرابط التالي
www.skapago.eu/jensjakob/ar/bonus

2. لا يتعيّن عليك تعلّم كل تفاصيل القواعد بشكل صحيح للتحدّث جيّدًا وبشكل معقول، فالأخطاء أمر لا مفر منه، ويكفي الحصول على أهم الأشياء الصحيحة لتجنّب سوء الفهم ولإعطاء انطباع جيّد للناطقين باللّغة الأم، وتجد هنا لمحة عامّة عن ما هي هذه الأشياء الأكثر أهميّة، تعلّم التالي إلى أن تصل إلى مرحلة أنّك لا ترتكب أخطاء فيها (حتّى لو أيقظتك في الساعة 3:00 صباحًا) ولكن لا تتردّد في تجاهل الباقي - بالوقت الحالي، وفي وقت لاحق عندما تتحدّث الألمانيّة بطلاقة أكثر أريدك أن تكون ملمًا بالتفاصيل بشكل صحيح، وربّما حتّى التفاصيل التي يجدها الألمان صعبة! ولكن خذ وقتك، القواعد الأكثر أهميّة في الوقت الراهن هي:

نهايات الأفعال (الزمن المضارع)

ich sage | ich will	**-e** نهاية / نهاية **بدون**	wir sagen	**-en** نهاية
du sagst	**-st** نهاية	ihr sagt	**-t** نهاية
sie sagt | sie will	**-t** نهاية / نهاية **بدون**	sie sagen	**-en** نهاية

لاحظ أنّ هذه القواعد تنطبق على جميع الأفعال، حتّى الأفعال القوية الغير منتظمة! على سبيل المثال: لن تجد أي فعل له نهاية أخرى غير **-st** للضمير **du**، لذلك ربّما ستظل مفهومًا لدى الشخص الآخر إذا تذكّرت هذه المعلومة واستخدمتها متجاهلاً "على سبيل المثال" تغيير حرف العلّة في الأفعال الغير منتظمة.

بنية الجملة

الأفعال تأتي في الخانة الثانية والأخيرة.

الضمائر

Ich sehe **mich.**

Du siehst **dich.**

Er sieht **sich.** / **Er** sieht **ihn.**

Wir sehen **uns.**

Ihr seht **euch.**

Sie sehen **sich.**

تجاهلت عمدًا جميع المجموعات الأخرى، على سبيل المثال: **ich sehe dich**، لأنّ الغرض من هذه النظرة العامة هو حفظ التركيبات بين الفاعل/المفعول به بأفضل طريقة ممكنة، ولهذا أستخدم دائمًا نفس الشخص، لذا (ich - mich, du - dich... إلخ) وتخلّصت من الأشكال التي لا تتغيّر في حالة النصب Akkusativ مثل: (sie sieht sie, es sieht es, sie sehen sie) تعلّم هذه الأشكال عن ظهر قلب، مثل القصيدة!

يمكنك قطع هذا الجزء ووضعه على باب غرفة المرحاض الخاص بك، ولكن تأكّد من أنّك تعلّمت الدروس الأخرى في الصفحة التالية قبل القيام بذلك.

إعادة صياغة الجمل الصعبة بالنسبة لك

أكبر خطأ قد ترتكبه الآن هو الموقف التالي:

"سأدرس اللّغة الألمانيّة حتّى أصل إلى درجة كبيرة من المعرفة النظريّة التي يمكنني الحصول عليها إلى أن أستطيع وأتمكّن من المحادثة."

لن تنجح، أتعرف لماذا؟ لأنّ معرفتك النظرية لن تكون أبدًا كافية، انظر إلى هذه المعلومة: متوسّط مفردات اللّغة الألمانيّة لشخص ألماني يبلغ من العمر 20 عامًا 20,000 كلمة تقريبًا. استخدم الكاتب الألماني Goethe/ غوته 90,000 كلمة مختلفة في أعماله، المتحدّثين بطلاقة لديهم حوالي 3000 كلمة، فإذا تمكّنت من تعلّم 5000 كلمة فأنت حقًّا في مستوى جيّد جدًّا... جدًّا مرتفع، (وقد يحدث ذلك بعد سنوات) - ومع ذلك لا يزال لديك فقط 25 % من متوسط اللّغة للمفردات التي يعرفها الألماني البالغ، وهذا فقط 6% من الكلمات التي استخدمها Goethe، فن إجادة اللّغة بطلاقة هو تبسيط الأشياء التي تجدها صعبة للغاية بالنسبة لك، ويجب عليك ممارسة هذا في وقت مبكر – وبعبارة أخرى: الآن.

إذن كيف تفعل ذلك؟
اعتاد على قول الأشياء بطريقة أسهل، مثال:

معقّد:

قد تكون فكرة جيّدة لإبلاغ رئيسك عن هذه المشكلة في أقرب وقت ممكن.

أبسط:

يجب أن تخبر رئيسك الآن.

الجملة تعني نفس الشيء تقريبًا، أليس كذلك؟ قد نبدو وكأنّنا نوعًا ما إذا تركنا بعض التفاصيل، ولكن الأشياء المهمّة هي كل ما نحتاجه، حتّى ولو قلت لك:

تحدّث مع رئيس الآن.

... ستعرف ما عليك فعله، أليس كذلك؟

فيما يلي بعض النقاط البسيطة حول كيفيّة تقليل تعقيدات القواعد:
1. التزم بورقة الغش الصغيرة (انظر أعلاه).
2. استخدم المضارع لقول الأشياء التي ستحدث في المستقبل (هذا أمر صحيح من الناحية النحويّة وشائع في الألمانيّة).
3. استخدم الزمن الماضي مع **war** لقول الأشياء التي حدثت في الماضي (هذا أمر غير صحيح من الناحية النحويّة، ولكن إذا وجدت صعوبة في التحدّث وقلت لك: "أنا أمس أتروش"، هل ستفهمني؟ – إذًا جيّد!)
4. استخدم **nicht**: على سبيل المثال عندما تنسى كيف تقول كلمة "كبير" ، يمكنك أن تقول ليس + العكس:
   München ist nicht klein.
   (ميونيخ ليست صغيرة، بدلاً من أن نقول ميونيخ كبيرة)
5. للمقارنة، استخدم (**nicht so ... wie**) (ليس...مثل):
   München ist nicht so groß wie Berlin.
   (ميونيخ ليست كبيرة مثل برلين، بدلاً من ميونيخ أصغر من برلين)

بالمطعم

رتّب الحوار بالشكل الصحيح:

Ja bitte, ein Stück Sachertorte und eine Zimtschnecke.

Ja bitte. Ich möchte einen Kaffee mit Milch und ein Glas Wasser. Mein Bruder nimmt einen Apfelsaft.

Guten Tag! Können wir die Karte haben?

Auf Wiedersehen.

Gerne. Möchten Sie schon etwas zu trinken?

Hier bitte, der Kaffee und der Apfelsaft.

Danke.

Kann ich Ihnen etwas zu essen bringen?

Entschuldigung! Wir möchten gerne zahlen!

Vielen Dank.

Alles klar.

15 bitte.

Das macht dann 14,35 €.

Gerne.

Grüß Gott!

der Saft, Säfte	العصير
der Apfelsaft, Apfelsäfte	عصير التفّاح
das Stück, Stücke	القطعة
die Torte, Torten	الكعكة (مع الكريمة)
die Sachertorte, Sachertorten	كعكة شوكولا شهيرة في فيينا
das macht ...	هذا يجعل ... بمعنى: هذا سعره
bringen, du bringst	يجلب، يُحضر

87

١. أجب على الأسئلة بجمل كاملة.

Wo isst Jakob heute? Wo isst er sonst?

Seit wann arbeitet Angelika in dem Café?

Spricht Angelika nur Deutsch?

Warum ist Angelika so gestresst?

Weißt du, warum die Menschen seit drei Wochen so gute Laune haben?

Was kauft Beate in West-Berlin?

٢. املأ الفراغ بإحدى الكلمتين kennen أو wissen.

a) Woher ___ er so viel?   d) Er ___ nicht, wann er arbeiten muss.

b) Woher ___ du die Menschen?   e) Wir ___ viel über West-Berlin.

c) Ich ___ ihn aus der Schule.   f) Er ___ deine Eltern.

٣. اكتب الإجابات أو الأسئلة الصحيحة.

_____ Ich bin 20 Jahre alt.

Wie geht es dir?   _____

_____ Ich habe einen Bruder und zwei Schwestern.

Wie heißt du?   _____

_____ Ich wohne in Kiel.

Woher kommst du?   _____

_____ Ich arbeite in einem Café.

٤. هل يمكنك استخدام es gibt؟ استخدم ist / sind إذا لم يمكنك.

___ viele Menschen in Berlin.

Um 15.00 Uhr ___ Kaffee und Kuchen.

Klaus ___ in der Schule.

Wo ___ meine Jogginghose? – ___ hier.

٥. ترجم الجمل التالية دون البحث عن معنى الكلمة في المعجم اللّغوي، قد لا تزال بعض الكلمات غير مألوفة لك باللّغة الألمانيّة، لذلك استخدم مخيّلتك لاستبدال المعنى بتعابير مماثلة، حاول أن تجد طريقة ما لذكر الأشياء التي تجدها صعبة بالنسبة لك!

Tonight I would like to have dinner at a restaurant with Jon.

My siblings are older than me.

The newspaper is boring.

My mother works as a university professor.

I have a granddaughter.

My brother is divorced.

The pair of jeans is too expensive.

The shop is open 24 hours.

6. ضع الصفة في الشكل الصحيح، تذكّر أنّ لدينا بعضًا من الجمل في حالة النصب Akkusativ.

a) Der Stuhl ist (frei) ____.

b) Ich habe ein (wichtig) ____ Problem.

c) Wir machen eine (kurz) ____ Pause.

d) Luise hat einen (cool) ____ Vater.

e) Der (jung) ____ Mann tanzt seit 20 Minuten.

f) Meine Schwester hat (klein) ____ Hände.

g) Zwischen U-Bahn und S-Bahn ist nur ein (klein) ____ Unterschied.

h) Das (schwarz) ____ Auto fährt schnell.

i) Heute ist ein (schwer) ____ Tag für dich.

j) Das Land ist (groß) ____.

k) Im November sind die Nächte (lang) ____.

l) Die (lang) ____ Straße heißt Friedrichstraße.

m) Die zwei (groß) ____ Brüder sind in der Schule.

n) Sie kauft eine (eng) ____ Hose.

7. ضع الصفة في الشكل الصحيح وأضف أداة التعريف أو النكرة المناسب.

Beispiel: Ich habe (groß, Problem). → Ich habe ein großes Problem.

(verletzt, Kind) heißt Daniel.

(Woche) war (schwierig).

Das ist (komisch, Tipp).

(lang, Zug) hier fährt nach Berlin.

2013 und 2014 waren (glücklich, Jahr).

(Tür) ist (offen).

Willst du (klein, Glas) Milch?

(lustig, Antwort) ist von Ines.

Sophie hat (klein, Geschäft).

Berlin ist (hektisch, Stadt).

(schwarz, Tüte) liegt auf der Straße.

Jochen liest (interessant, Zeitung).

Dort sind viele (groß, Bus).

Ich mache (einfach, Rechnung).

Elbphilharmonie, Hamburg

دار أوركسترا الفيلهارموني، هامبورغ

Heute bin ich mit Jochen allein.
Beate trifft eine Freundin. Ich glaube,
sie zeigt ihr ihre CDs oder ihre Hosen
oder was weiß ich. Sie ist ja ganz verrückt damit.
Ines arbeitet noch. Und Jochen ist heute
ganz komisch.
Also ich will sagen – Menschen sind ja
oft komisch, aber heute ist Jochen ganz
besonders komisch. Er geht den ganzen
Nachmittag durchs Wohnzimmer, hin
und her, auf und ab, und tut nichts.
Aber offenbar ist er nervös, er überlegt
…
Plötzlich atmet er tief ein und geht zum
Telefon.
Das Telefon läutet nicht. Also will
Jochen jemanden anrufen. Das verstehe
ich schon. Jakob nicht – er erschrickt
immer furchtbar, wenn das Telefon
läutet.
Jochen wartet einige Zeit.
Dann spricht er.

treffen, du triffst	يقابل
die Freundin, Freundinnen	الصديقة
verrückt	مجنون
damit	مع ذلك
oft	غالبًا
ganz	جميع، كل
den ganzen Nachmittag	فترة بعد الظهر كاملة
durchs	من خلال الـ
das Wohnzimmer, Wohnzimmer	غرفة المعيشة
hin und her	ذهابًا وإيابًا
auf und ab	صعودًا وهبوطًا
offenbar	على ما يبدو
nervös	متوتّر

überlegen, du überlegst	يتفكّر، يتدبّر
atmen, du atmest	يتنفّس
einatmen, du atmest ein	يستنشق
tief	عميق
das Telefon, Telefone	الهاتف
läuten, du läutest	يرن
anrufen, du rufst an	يتّصل
erschrecken, du erschrickst	يخيف
furchtbar	مريع
wenn	عندما، إذا
einige	بعض
einige Zeit	بعض الوقت

„Hallo ... hallo – hier ist ... hier ist Jochen!"
Angelika antwortet nicht sofort. Dann sagt sie nur:
„Jochen! Du? Nach fünf Jahren?"
„Drei Jahre, Angelika. Ich weiß, es war eine lange Zeit. Aber die Mauer ..."
„Jaja, die Mauer. Sie ist ja jetzt offen, die Mauer."
„Ja. Wie geht es dir, Angelika?"
„Ach, ganz gut. Ich arbeite viel. Hier ist die Hölle los, seit die Mauer offen ist."
„Das kann ich mir vorstellen."
„Und wie geht es dir?"
„Auch ganz gut. Ich arbeite auch, aber wahrscheinlich nicht so viel wie du. Und vielleicht ändert sich das jetzt auch."
„Ja. Auf jeden Fall war es schön, mit dir zu sprechen."
„Angelika ..."
„Ja bitte?"
„Angelika, können wir uns treffen?"

Angelika	اسم أنثى
sagen, du sagst	يقول
vorstellen, du stellst vor	يعرض، هنا بمعنى: يتخيّل
Das kann ich mir vorstellen.	أستطيع أن أتخيّل ذلك
ändern, du änderst	يغيّر
etwas ändert sich	شيء يتغيّر
schön	جميل

لنفصل أم لا نفصل؟

الأفعال المنفصلة

Plötzlich atmet er tief ein.

انظر إلى هذه الجملة عن كثب، وانظر إلى قائمة الكلمات: في القائمة كتبت einatmen ككلمة واحدة، لماذا فصلت ein في الجملة أعلاه؟ والأكثر إثارة للاهتمام: لماذا لم أفصل الكلمة في الجملة التالية؟

Jochen muss tief einatmen.

Einatmen هو ما يُسمّى الفعل القابل للفصل، (يا لها من مفاجأة!)
الأسئلة التي تجول في ذهنك الآن (أو يجب طرحها):

1)   كيف نعرف أنّ الفعل قابل للفصل؟

2)   متى نفصل ومتى لا نفصل؟

للسؤال الأوّل: يمكنك إمّا الرجوع إلى قائمة الكلمات (حيث يتم عرض الأفعال القابلة للفصل مع الجزء الذي يفصل المسمّى prefix في صيغة المضارع) أو من الممكن أنّك قد أدركت أنّ الأفعال القابلة للفصل تتكوّن من كلمتين، لكل منهما معنى خاص مستقل بمفرده:

ein = في، إلى داخل (حرف جر)

atmen = يتنفّس (فعل)

بالطبع، لن تساعدك هذه القاعدة في حالة عدم معرفتك أنّ الكلمتين لهما معنى مستقل، لذلك أقترح مراعاة الاهتمام لقراءة قائمة الكلمات بشكل جيّد.

للسؤال الثاني: لحسن الحظ توجد قاعدة بسيطة جدًا، يتكوّن الفعل القابل للفصل من جزئين – جزء حرف الجر (الجزء prefix) وجزء الفعل، وعندما نفصل الفعل سنضع الجزء prefix (في هذه الحالة: **ein**) في نهاية الجملة. ولكن في كثير من الحالات يوجد فعل يشغل الخانة الأخيرة (على سبيل المثال: عندما يكون لدينا فعلان في الجملة)، لذلك لا يمكنك وضع جزء (Prefix) القابل للفصل في الخانة الأخيرة بما أنّ هذه الخانة الأخيرة مشغولة: لذلك يجب أن يبقى مع الفعل ولن يتم فصله، بمعنى أنّنا نضع جزء حرف الجر (Prefix) في الخانة الأخيرة فقط عندما لا تكون هذه الخانة مشغولة بفعل.

| | | | | لا يوجد فعل في الموضع الأخير، لذلك يمكن أن يكون الجزء هنا. |

لتلخيص السابق: افصل بين الأفعال القابلة للفصل ما لم تكن مضطرًا لوضع prefix خلف الفعل الذي يشغل الموضع الأخير في الجملة (لا يُسمح بوضع أي شيء بعد الفعل في نهاية الجملة).

معلومة أخرى: الأفعال المنفصلة شائعة جدًا في اللّغة الألمانيّة، ولكن لن يؤدّي عادةً إلى سوء فهم شديد إذا أخطأت في فصل الفعل بالطريقة الصحيحة.

وربّما تجد بعض الراحة مع كلمات مارك توين، الذي كافح أيضًا مع الأفعال القابلة للفصل بالألمانيّة::

لدى الألمان نوع آخر من وضع الأقواس، يفعلون ذلك من خلال تقسيم الفعل إلى جزأين، وثمّ يضعون نصفه في بداية فصل مثير والنصف الآخر في نهايته، هل يمكن لأي شخص أن يتصوّر أي شيء أكثر إرباكًا من ذلك؟ تسمّى هذه الأشياء „أفعال قابلة للفصل"، إنّ قواعد اللّغة الألمانيّة مليئة بالأفعال المنفصلة، وكلّما زاد اتساع الجزأين عن بعضهما كان مؤلّف الجريمة سعيدًا بأدائه، أحد الأفعال المفضّلة لدي هو reise ab، وتعني يغادر، إليكم مثالاً استندت إليه من رواية ونقلتها إلى اللّغة الإنجليزيّة: „إنّ الصناديق جاهزة الآن، سيــ بعد تقبيل والده وأخواته، و للمرّة الأخرى يضغط على حضنه عشيقته غريتشن، التي كانت ترتدي نسيجًا أبيض بسيط مع وردة مسك الروم في طيّات شعرها البنّي الكثيف الغني، تترنّح بضعف على الدرج ولا تزال شاحبة من الرعب والإثارة من الأمسية الماضية، ولكنّها تتوق لوضع رأسها مرّة أخرى على صدر المسكين الذي أحبّته أكثر بكثير من الحياة نفسها ـــغَادِرْ ."

Wochentage (أيّام الأسبوع)

Montag	الاثنين
Dienstag	الثلاثاء
Mittwoch	الأربعاء
Donnerstag	الخميس
Freitag	الجمعة
*Samstag / Sonnabend	السبت
Sonntag	الأحد

نقول am Montag أو montags للإشارة إلى اليوم الذي سنفعل فيه شيء ما.
Montags تعني أنّك تقوم بعمل ما بانتظام (كل يوم اثنين)، في حين أنّ am Montag قد تعني بانتظام – أو مرّة واحدة فقط: **

Montags ist immer die Hölle los. (كل يوم اثنين)

Am Montag ist die Hölle los. (كل يوم اثنين)

Am Montag bin ich mit Jochen allein. (في يوم الاثنين؛ فقط في هذا اليوم)

* Sonnabend تستخدم فقط في شمال ألمانيا.
** وأيضًا montags تستخدم فقط بالشمال، بينما نستخدم في جنوب ألمانيا am Montag، ويُمكن إضافة immer للتأكيد على أنّنا نعني كل يوم اثنين باستمرار، مثال:
Am Montag ist immer die Hölle los.

روتيني اليومي

نجد هنا مثالًا لوصف يوم عمل معتاد، اقرأ النص وتعلّم الكلمات الجديدة.

duschen, du duschst	يتروّش
anschließend	عقب ذلك
das Büro, Büros	المكتب
die Stunde, Stunden	الساعة؛ وحدة زمن
der Mittag	الظهر
die Mittagspause, Mittagspausen	استراحة الغداء
der Kollege, Kollegen	الزميل
heim	منزل
heimfahren, du fährst heim	يذهب للمنزل
spielen, du spielst	يلعب
der Freund, Freunde	الصديق
(das) Tennis	التنس
fernsehen, du siehst fern	يشاهد التلفاز
abendessen, du isst abend	يتناول العشاء
das Bett, Betten	السرير
ins Bett gehen, du gehst ins Bett	يذهب للسرير

Um 7.00 Uhr stehe ich auf. Dann frühstücke ich und dusche. Anschließend fahre ich mit dem Bus in die Stadt. Ich bin um 9.00 Uhr im Büro und arbeite bis 12.00 Uhr. Dann habe ich eine Stunde Mittagspause.

Von 13.00 Uhr bis 18.00 arbeite ich wieder. Um 15.30 Uhr trinke ich mit meinen Kollegen Kaffee. Um 18.00 Uhr fahre ich mit dem Bus heim. Um 19.00 Uhr spiele ich mit einem Freund Tennis. Dann sehe ich fern und esse abend. Um 23.00 Uhr gehe ich ins Bett.

حاول الآن كتابة روتينك اليومي الخاص بك مُستخدمًا العبارات التي تعلّمتها.

Wie ist dein Tag?

Um ... Uhr stehe ich auf. Dann ...

حاول كتابة روتين Jens اليومي بمجرّد الانتهاء من السابق! بالتأكيد سيختلف يومه كثيرًا عنك.

محادثة خفيفة

هل لا تزال تتذكّر محادثتك الأولى في الفصل الأوّل؟

دعنا نضيف لها بعضًا من العبارات المفيدة، استخدم قاموسًا لتخصيصها لتعبّر عن حالتك الشخصيّة (مثل إضافة مهنتك)، حاول ممارسة النص بقدر المستطاع - مع مدرّسك، أصدقاؤك (الذين يتحدّثون الألمانيّة)، أو حتّى مع نفسك ...

Was machst du?

ماذا تفعل؟ هنا بمعنى: ماذا تعمل؟

يمكن أن يكون هذا إمّا سؤال حول ما تفعله الآن، أو عن مهنتك، حسب الظروف، إذا كنت ترغب أن تسأل مباشرةً عن المهنة يمكنك أيضًا قول:

Was arbeitest du?

ماذا تعمل؟

Ich bin Elektriker.

أنا كهربائي.

لاحظ أنّنا نذكر المهنة بدون استخدام أداة النكرة (لا نقول Ich bin ein Elektriker)

Schön dich kennen zu lernen.

تشرّفت بمعرفتك. (عندما تقابل شخص ما لأوّل مرّة)

Schön dich zu treffen.

من الجميل مقابلتك. (للأشخاص الذين تعرفهم أو قابلتهم من قبل)

Ich komme aus ...

أنا من ... (حرفيًّا: أنا أتيت من...)

Wie geht es dir?

كيف حالك؟ (حرفيًّا: كيف يذهب لك؟)

Danke, es geht mir gut.

شكرًا أنا بخير. (حرفيًّا: إنّه يذهب إلي جيّدًا)

Danke, ganz gut.

شكرًا، أنا بخير. (ليس سيّئًا للغاية، وليس ممتازًا أيضًا)

Es geht mir schlecht.

سيّء.

Und dir?

ماذا عنك؟

Schönes Wochenende!

"أتمنّى لك" عطلة نهاية أسبوع جميلة.

Ebenso!

ولك أيضًا!

(لا تُستخدم هذه الكلمة فقط لعطلة نهاية الأسبوع، بل يمكنك استخدامها كرد عندما يتمنّى لك شخص ما شيء آخر، مثل يوم جميل، أو أمسية لطيفة ...)

Was machst du heute Abend?

ما الذي تفعله اللّيلة؟

Können wir uns treffen?

أيمكننا أن نلتقي؟

Willst du ins Kino gehen?

هل ترغب في الذهاب إلى السينما؟

Was sind deine Hobbys?

ما هي هواياتك؟

Wie alt bist du?

كم عمرك؟ (نستخدم بالألمانيّة هنا أداة الاستفهام كيف)

(حسنًا، توخّى الحذر بعض الشيء عند استخدام السؤال الأخير ...)

إذا كنت قد قرأت السابق بعناية، فستلاحظ أنّ جميع العبارات غير رسميّة ومكتوبة باستخدام ضمير المخاطب **du**، هل يمكنك إعادة كتابتها باستخدام ضمير المخاطب الرسمي **Sie**؟

1. ماذا يفعل ماركوس ومتى؟

Um 20.15   frühstückt Markus.

Um 07.20   sieht er fern.

Um 14.00   fährt Markus mit dem Bus in die Schule.

Um 06.15   geht Markus Tennis spielen.

Um 07.45   geht Markus ins Bett.

Um 22.00   isst er mittag.

Um 08.00   duscht er und zieht sich an.

Um 17.30   beginnt die Schule.

Um 07.00   steht Markus auf und geht laufen.

2. أجب على الأسئلة على شكل جمل كاملة.
Wer – denkst du – ist Angelika?
Warum denkt Jens: Jochen ist heute komisch?
Warum ist Jochen heute allein zu Hause?

3. كوّن جمل مع وبدون استخدام الأفعال المساعدة.
Beispiel: um 5.00 Uhr aufstehen – müssen (er) → Er muss um 5.00 Uhr aufstehen.
Er steht um 5.00 Uhr auf.

a) die CD herausholen – können (du)
b) heimfahren – sollen (du)
c) den Spatz ansehen – wollen (sie)
d) in zwei Stunden abendessen – können (ich)
e) nicht allein fernsehen – wollen (du)
f) aufwachen – müssen (sie Pl.)
g) sich umsehen – wollen (ich)
h) sich anziehen – sollen (ihr)

4. أعد كتابة الجمل، مبتدئًا بالكلمات بالخط العريض، مع مراعاة ترتيب الجملة.
*Beispiel: Jochen arbeitet **heute**. → Heute arbeitet Jochen.*
Angelika hat **immer** gute Laune.
Ich fahre **um 8.00 Uhr** ins Büro.
Ich fahre um 8.00 Uhr **ins Büro**.
Anschließend arbeite **ich**.
Er geht **den ganzen Nachmittag** durchs Wohnzimmer.

5. Wann fährt der Bus?

Beispiel: Martin, Bus, 17.40 Uhr → Martins Bus fährt um zehn nach halb sechs.

du, U-Bahn, 12.35 Uhr

sie, Zug, 13.00 Uhr

Beate, S-Bahn, 18.55 Uhr

ich, Straßenbahn, 22.20 Uhr

Angelika, Zug, 17.25 Uhr

er, Bus, 11.10 Uhr

ihr, Zug, 18.40 Uhr

6. حوّل الجمل إلى نقيضها مضيفًا الصفات بالشكل الصحيح.

Beispiel: Jens ist ein (nervös) Spatz. → Jens ist kein nervöser Spatz.

Jochen ist (komisch).

Die Mauer ist (offen).

Zwei Stunden sind eine (lang) Zeit.

Berlin ist eine (klein) Stadt.

Der (klein) Salat ist gut.

Das ist ein (gut) Beispiel!

Martin hat ein (alt) Haus.

Martins Haus ist (alt).

Nur einen Tag später läutet es an der Tür. Das höre ich nicht oft, denn Ines und Beate haben einen Schlüssel und Besuch kommt selten zu uns.
Ich bin wieder allein mit Jochen und er geht sofort zur Tür. Er öffnet: Dort steht eine Frau. Sie ist groß und etwa so alt wie Jochen.
Ich sehe sofort: Jochen kennt die Frau.
Wer ist sie?
Woher kommt sie?
Woher kennt Jochen sie?
Warum ist er so nervös?
Was will sie hier?
Ich gebe zu, dass ich neugierig bin.

später	لاحقًا
der Schlüssel, Schlüssel	المفتاح
der Besuch, Be-suche	الزائر
selten	نادرًا
stehen, du stehst	يقف
etwa	حوالي، تقريبًا
zugeben, du gibst zu	يعترف
dass	أنّ (لأعترف أنّي فضولي)

„Guten Abend, Jochen."

„Ja, hallo Angelika. Willkommen."

Angelika geht an Jochen vorbei in die Wohnung.

Sie hängt ihren langen Mantel an die Garderobe, aber sie zieht ihre schwarzen Schuhe nicht aus.

„Hier wohnst du also."

„Ja. Seit 14 Jahren."

„Viel Platz habt ihr ja nicht."

„Ja, was denkst denn du? Hier ist unser Wohnzimmer, dort die Küche. Das Zimmer von Beate ist hinten links, und das Schlafzimmer von Ines und mir rechts."

„Hast du auch ein Arbeitszimmer?"

„Nein, ich brauche kein Arbeitszimmer."

„Und deine Frau?"

„Sie braucht auch kein Arbeitszimmer."

„Ich meine: Wo ist sie? Warum kann ich dich heute zu Hause besuchen? Zum ersten Mal seit zwanzig Jahren?"

„Naja, sie ist ... sie ist in der Arbeit. Und Beate hat heute eine Probe mit dem Theater in der Schule."

„Ach was. Und in zwanzig Jahren waren nie Arbeit und Theater?"

„Angelika, Beate war klein ... und da ..."

„Mir ist es ja egal. Aber ich verstehe nicht, warum deine Frau nicht wissen darf, wer ich bin."

„Angelika ..."

„Jaja, ich weiß schon. Männer – haben einfach keinen Mut."

„Angelika ..."

Jochen versucht, das Thema zu wechseln.

„Kann ich dir etwas zu trinken anbieten? Oder auch etwas zu essen? Wir haben noch Soljanka von gestern. Ich kann sie warm machen."

„Gerne. Vielen Dank."

„Ich bringe auch noch etwas Brot. Willst du ein Bier? Das schmeckt wirklich gut."

„Ja, danke."

Jochen geht in die Küche und öffnet den Kühlschrank. Er nimmt einen großen Topf heraus und stellt ihn auf den Herd. Dann schneidet er das Brot auf.

Angelika kommt auch in die Küche. Sie sieht auf die Wand. Dort hängt ein rundes Bild.

„Ist das Beate?"

„Ja, das war zu Weihnachten. Bei den Großeltern."

willkommen	أهلًا وسهلًا
die Wohnung, Wohnungen	الشقّة
hängen, du hängst	يعلّق
der Mantel, Mäntel	المعطف
die Garderobe, Garderoben	خزانة الملابس
der Schuh, Schuhe	الحذاء
das Zimmer, Zimmer	الغرفة
hinten	وراء
links	يسار
das Schlafzimmer, Schlafzimmer	غرفة النوم
rechts	يمين
das Arbeitszimmer, Arbeitszimmer	غرفة العمل
besuchen, du besuchst	يزور
zum ersten Mal	لأوّل مرّة
die Probe, Proben	تمرين قبل العرض، البروفة
das Theater, Theater	المسرح
der Mut	الشجاعة
das Thema, Themen	الموضوع
wechseln, du wechselst	يبدّل
anbieten, du bietest an	يقدّم
die Soljanka	شوربة من شرق أوروبا (شهيرة في شرق ألمانيا)

„Sie ist schon groß."

„Ja, sie ist ja auch schon 13."

Angelika sagt nichts mehr. Sie warten beide, bis die Suppe warm ist.

„So, Angelika, jetzt können wir essen."

„Wunderbar. Und danach reden wir. Warum willst du mich plötzlich wiedersehen? Darf meine Tochter jetzt vielleicht endlich wissen, dass sie eine Schwester hat?"

„Angelika ..."

vielen Dank	شكرًا جزيلًا
(das) Bier	البيرة
schmecken, du schmeckst	يذوق
wirklich	حقًّا
der Kühlschrank, Kühlschränke	الثّلاجة
der Topf, Töpfe	القِدر؛ للطبخ
stellen, du stellst	يضع
der Herd, Herde	الموقد
schneiden, du schneidest	يقطّع
aufschneiden, du schneidest auf	يقطّع لشرائح
die Wand, Wände	الجدار (جدار داخل المبنى)
rund	دائري
das Bild, Bilder	الصورة
Weihnachten (صيغة الجمع)	كريسمس
zu Weihnachten	في كريسماس
beide	كلاهما
die Suppe, Suppen	الحساء
wunderbar	رائع
wiedersehen, du siehst wieder	أراك مجدّدًا

الأفعال المنتهية بـ -In

هناك بعض الأفعال التي لها نهاية **In-** بدلاً من **en-** في فعل المصدر *infinitiv*، لا داعي للذعر، تصريف الفعل بها أمر سهل، قارنه مع الفعل المتداول (**sagen**):

ich wechsle	ich sage
du wechselst	du sagst
er/sie/es wechselt	er sagt
wir wechseln	wir sagen
ihr wechselt	ihr sagt
sie wechseln	sie sagen

النهايات نفسها لا يوجد اختلاف بين الحالتين، الاختلاف الوحيد هو أنّنا نزيل حرف واحد e من ضمير المتكلّم أنا (**ich wechsle**) وكذلك في حالة صيغة الجمع المتكلّم والغائب (**wir / sie wechseln**) في الواقع يمكنك حتّى أن تبقي حرف e، ولكن ستبدو لغتك عتيقة الطراز وقديمة جدًّا – بالتأكيد لا تريد ذلك، أليس كذلك؟

بناء الجملة للمحترفين الحقيقيّين

في الفصلين 3 و7 أخبرتك أنّ الفعل في الجملة الألمانيّة يأتي في الخانة الثانية، وإذا كان هنالك أكثر من فعلين فإنّ الفعل (أو الأفعال) المتبقيّة تُوضع في الخانة الأخيرة، دعونا نكوّن بعض الجمل الفاخرة – سنجمع جملًا مختلفة مع بعض.

Das höre ich nicht oft, denn Ines und Beate haben einen Schlüssel und Besuch kommt selten zu uns.

لدينا ثلاثة أفعال (höre, haben, kommt) في الخانة الثانية من الجملة، لأنّ لدينا فعليًا ثلاث جمل:

1. **Das höre ich nicht oft.**
2. **Denn Ines und Beate haben einen Schlüssel.**
3. **Und Besuch kommt selten zu uns.**

حسنا؟ كذلك هنا:

Sie hängt ihren langen Mantel an die Garderobe, aber sie zieht ihre schwarzen Schuhe nicht aus.

لدينا هنا جملتان:

1. **Sie hängt ihren langen Mantel an die Garderobe.**
2. **Aber sie zieht ihre schwarzen Schuhe nicht aus.**

لاحظ أنّ aber هي في الخانة رقم 0 (**aber** ليست حقًّا جزءًا من الجملة).

والآن انظر إلى الجملة التالية:

Sie warten beide, bis die Suppe warm ist.

مرّة أخرى، لدينا جملتان هنا:

1. **Sie warten beide.**
2. **Bis die Suppe warm ist.**

عندما تنظر إلى الجملة الثانية، يجب أن يدق جرس الإنذار في ذهنك، لقد لاحظت ذلك، أليس كذلك؟ في الجملة الثانية لا يوجد سوى فعل واحد (**ist**)، ولكنّه ليس في الخانة الثانية، يمكننا أن نتجادل أنّ كلمة **bis** ليست جزءًا من الجملة، ولكن **Die Suppe** بالتأكيد جزء من الجملة (نعم، أنت محقّ **die Suppe** هي الموضوع أو الفاعل) – وبعد ذلك يأتي الفعل، لكنّه ليس موجودًا هنا، السبب في ذلك هو أنّ هذه الجملة **bis die Suppe warm ist** هي ما تُسمّى جملة فرعيّة، الجمل الفرعيّة لا توجد بمفردها، لأنّ ليس لها معنى بوحدها، ويتم دمجها مع جملة رئيسيّة، وفي الجمل الفرعيّة تُوضع جميع الأفعال في الخانة الأخيرة من الجملة.

+ يمكنك تذكرها من خلال قاعدة **USADO**:

U	S	A	D	O
n	o	b	e	d
d	n	e	n	e
	d	r	n	r
	e			
	r			
	n			

تبدأ الجمل الفرعيّة دائمًا بأحد الكلمات التي لا تشكّل جزءًا من الجملة (الكلمة التي نعنيها هنا هي: **bis**)، تستطيع تسميتهم كلمات ربط، ولكن المصطلح النحوي الصحيح هو (Konjunktion) باللّغة الألمانيّة – في حال إذا كنت ترغب في إبهار معلّمك الألماني، المشكلة الرئيسيّة هنا هي أنّ هنالك نوعان من أنواع الاقتران أو جمل الربط: تلك التي تبدأ قبل الجملة الرئيسيّة (مثل: oder ، denn ، aber ، sondern ، und*) وتلك التي تبدأ قبل الجملة الفرعيّة (وهي كل الكلمات الأخرى، على سبيل المثال: obwohl, dass وأيضا كلمات السؤال warum, was الخ). لذلك عندما ترى جملة ألمانيّة يجب عليك أن تكون قادرًا على تحليلها بشكل صحيح، ولكن تركيب الجمل الألمانيّة قد يمثّل تحديًا لك إذا كنت تعاني في حفظ كلمات الربط التي تبدأ جملة رئيسيّة، سوف تخطئ كثيرًا إذا لم تتمكّن من إجادة حفظهم.

وإذا كان السابق معقدًا للغاية، فتمسّك بالتالي:

الأفعال الألمانيّة لها موقعان، موقعان فقط من المواقع المحتملة في الجملة: الموقع الثاني والأخير.

جملة رئيسيّة (Hauptsatz):

Sie hängt ihren langen Mantel an die Garderobe,

aber sie zieht ihre schwarzen Schuhe nicht aus.

ليس فعلًا كاملاً ، فقط جزء فعل منفصل ؛ ولا يزال يعتبر فعل، نوعًا ما، انظر الفصل 9.

جملة مكمّلة أو ثانويّة أو فرعيّة (Nebensatz):

Sie warten beide,

bis die Suppe warm ist.

فعل(أفعال)

هنا نجد مشكلة بالفعل مشكلة أخرى، ولم أكن أريد أن أذكرها في هذا الفصل لأنّي لم أرغب في تخويفك: نظرًا لأنّ الجملة الفرعيّة هي جزء من الجملة الرئيسيّة، فإنّ صورة القطار هنا غير صحيحة ٪100، وعلى وجه الدقّة سيكون "قطار الجملة الفرعيّة" من ضمن "قطار الجملة الرئيسيّة" ويشغل مقعدًا خاصًا هناك (عادة ما يكون المقعد الأخير أو الأوّل) ولكن عمليًا لا يهم طريقة وصفهم بهذا الشكل أو لا.

الألوان

الألوان أمثلة جيّدة للصفات.

حاول تخمين الألوان قبل النظر إلى الترجمة العربيّة.

gelb	rot	blau	grün	schwarz	weiß	grau	orange [oransch]	braun
أصفر	أحمر	أزرق	أخضر	أسود	أبيض	رمادي	برتقاليّ	بنّي

بمجرد أن تتعلّم الألوان، جرّب السابق بالطريقة المعاكسة:
أي قم بتغطية الكلمات الألمانيّة وحاول تخمينها إلى أن تحفظها.

Meersburg, Baden-Württemberg

Möbel

أثاث المنزل

تعلّم الكلمات الجديدة وابحث عن الصورة المطابقة في الصفحة التالية،
بمجرّد تمكّنك من حفظهم تجوّل في شقتك وأشر إلى الأثاث وحاول أن
تذكر الكلمة الألمانيّة الصحيحة (بما في ذلك أداة التعريف وصيغة الجمع)
بصوت عالٍ* بمجرّد الانتهاء من ذلك عدّة مرات كوّن جملًا مختلفة مع
ذكر ألوانها: على سبيل المثال .Der Tisch ist braun

der Fernseher, Fernseher	التلفاز
der Tisch, Tische	الطاولة
die Lampe, Lampen	المصباح
das Regal, Regale	الرف
der Herd, Herde	الموقد
die Tür, Türen	الباب
die Spüle, Spülen	حوض الغسيل
die Kaffeemaschine, Kaffeemaschinen	آلة القهوة
der Kühlschrank, Kühlschränke	الثلّاجة
das Fenster, Fenster	النافذة
der Schrank, Schränke	الخزانة
der Stuhl, Stühle	الكرسي
der Computer, Computer	الكمبيوتر

* نعم، سوف يعتقد زوجك أو رفيقك في المنزل أنّك غريب الأطوار،
ولكن - هل تريد أن تتعلّم اللغة الألمانيّة أم لا؟

1. انطق الرقم المطابق للّون.

Beispiel: Nummer sechs ist schwarz.

2. ما لون هذه الأشياء؟ استخدم أداة التعريف الصحيحة.

Beispiel: Das Fenster ist schwarz.

3. أجب عن الأسئلة.

Warum läutet es nicht oft an der Tür?

Wie sieht Angelika aus?

Wie lange wohnt Jochen hier?

Wie viele Zimmer hat die Wohnung?

Was darf Ines nicht wissen?

Was essen und trinken Angelika und Jochen?

4. حاول الإجابة على الأسئلة التالية، لا يوجد هنا "صواب" أو "خطأ" – فقط عبّر عن أفكارك حول استمرار القصة.

Wer ist Angelika?

Woher kommt sie?

Woher kennt Jochen sie?

Warum ist er so nervös?

Was will sie hier?

Beispiel: Ich denke, sie ist ...

5. صرّف الأفعال بالشكل الصحيح.

gehen – hängen – trinken – sprechen – schneiden – essen

Jochen ... in die Küche. Er ... Brot auf. Angelika und Jochen ... Suppe und ... Bier. Sie ... über Beate. Ein Foto von Beate ... an der Wand.

6. لم تفهم الكلمات التي تحتها خط، لذلك اسأل عنهم.

<u>Zwischen 7.30 Uhr und 8.00</u> Uhr lese ich die Zeitung .

Ich fahre mit dem Zug nach <u>Hamburg</u>.

Ich sehe nicht oft <u>fern</u>.

Wir essen <u>Brot mit Schinken</u>.

<u>Angelika</u> besucht Jochen.

Ich ziehe <u>meine Schuhe</u> aus.

Ich nehme <u>das Brot</u> in die Hand.

Wir müssen <u>hier</u> warten.

Er ist <u>47 Jahre</u> alt.

Ich komme <u>aus Berlin</u>.

Jochen stellt Bier in den Kühlschrank.
Du verstehst mich nicht.
Ines liegt im Bett.
Ich gebe dir ein Brötchen mit Käse.

7. كوّن جمل، يجب استخدام الأسماء مع أدوات التنكير (ein / eine) كن حذرًا من النهايات الصحيحة للصفة، بعض الجمل تحتوي على مفعول به منصوب Akkusativ – حاول تكوين النهايات لهذه الحالة بشكل صحيح أيضًا.

Beispiel: ich, kaufen wollen, grün, Tisch → Ich will einen grünen Tisch kaufen.

du, sehen können, braun, Schrank
hier, sein, alt, Stuhl
in der Küche, sein, klein, Fenster, offen
Jochen, haben, eng, Küche
er, kaufen müssen, klein, Kühlschrank
es, geben, hier, Garderobe?
meine Frau, brauchen, groß, Arbeitszimmer
Maria, haben, rot, Tüte
Jochen, sehen, in, klein, Spiegel
Angelika, machen, wollen, gut, Kuchen
Peter, essen, grün, Salat
du, bekommen, gut, Arbeit
hier, liegen, gelb, Karte
ich, ansehen, alt, Foto

8. ضع الأسماء في صيغة الجمع، ثمّ اقرأ الأرقام والأسماء بصوت عال.

Beispiel: 5, Spatz → fünf Spatzen

a) 15, Topf   d) 27, Stuhl   g) 17, Haus   j) 18, Hose
b) 34, Kind   e) 22, Fenster   h) 83, Tisch   k) 12, Apfel
c) 92, Tüte   f) 73, Karte   i) 66, Torte

9. التمرين اختياري: اربط الجملتين بين القوسين مع بعض، حدّد ما إذا كنت تحتاج لإنشاء جملة فرعيّة وغيّر ترتيب الجملة وفقًا لذلك.

(obwohl) Du sollst oft Deutsch sprechen. Du kannst noch nicht so viel Deutsch.
(aber) Ich komme aus Berlin. Ich wohne in Kiel.
(warum) Jens weiß nicht. Angelika kommt zu Besuch.
(denn) Ich bin enttäuscht. Der Salat ist nicht gut.
(obwohl) Matthias arbeitet 23 Stunden in der Woche. Er ist in Rente.
(denn) Du brauchst eine Hose. Die alte Hose ist zu eng.
(dass) Ich weiß. Jochen isst gerne Schinken.
(was) Ich weiß nicht. Was soll ich machen?
(und) Beate ist in der Schule. Ines arbeitet.
(dass) Ich will. Meine Kinder studieren.
(bis) Wir müssen warten. Der Bus kommt.

Vals, Schweiz (سويسرا)

Heute ist mein großer Tag.
Ich übe schon den ganzen Winter fliegen. Und jetzt kann ich es endlich!
Jakob weiß, dass ich schon seit vielen Wochen nach West-Berlin fliegen will.
Ich war aber nie sicher, ob das nicht zu weit ist. Ich kann schon seit Dezember ein bisschen fliegen: vom Balkon auf die Straße und zurück, auf ein Fenster, zum nächsten Haus ... aber nach West-Berlin – das war mir zu weit.
Doch Jakob sagt, dass ich irgendwann mit den langen Reisen anfangen muss. Heute Nachmittag will er mich abholen und mit mir zu „seinem" Café fliegen. Ich putze noch meine Federn; klar, dass ich ein bisschen nervös bin.

der Winter, Winter	الشتاء
den ganzen Winter	طوال فصل الشتاء
sicher	أكيد
ob	إذا
Dezember	ديسمبر
vom = von dem	من الـ
der Balkon, Balkone	الشرفة، البلكونة
nächste(r)/(s)	التالي
doch	بلى، هنا بمعنى: لكن
irgendwann	في وقت ما
die Reise, Reisen	الرحلة
anfangen, du fängst an	يبدأ
abholen, du holst ab	يجلب، يستلم
putzen, du putzt*	ينظّف
die Feder, Federn	الريشة

* ليس لدينا هنا s- بنهاية الكلمة، سيكون مبالغًا جدًّا نظرًا لأنّ نطق z مشابه لنطق ts على أي حال.

Und da ist er schon! Mit einem eleganten Schwung landet Jakob auf der kleinen Uhr über dem Tisch auf unserem Balkon.
„Hallo Jens. Alles klar?"
„Hallo Jakob. Ja. Es kann losgehen!"
„Also dann!"
Und schon startet er wieder. Ich folge ihm so schnell ich kann. Wir fliegen durch die Straße, quer über eine Kreuzung und durch einen Park. Dann biegen wir links ab und fliegen an einem kleinen Fluss oder Bach entlang. Hier ist es ganz ruhig, es gibt keine Menschen. Nach ungefähr 500 Metern biegen wir rechts ab, in eine kleine, enge Gasse.
Ich muss eigentlich total erschöpft sein. Aber ich bin so aufgeregt, dass ich es nicht merke.
Die Gasse ist zu Ende. Jetzt fliegen wir noch einmal durch einen Park. Ich denke, dass hier früher die Mauer war. Aber man sieht sie nicht mehr. Dann landet Jakob auf einem Tisch vor einem großen, alten Haus. Das muss das Café sein. Obwohl heute ein schöner Tag ist, ist es noch nicht so warm. Also

elegant	أنيق
der Schwung, Schwünge	قوّة الدفع، تعني هنا: التأرجح
die Uhr, Uhren	الساعة؛ مثل ساعة الحائط
losgehen, es geht los	ينطلق
Es kann losgehen.	بمعنى: أنا جاهز، نحن جاهزون
starten, du startest	يبدأ
folgen, du folgst (+ *Dativ*), z.B. du folgst mir	يتبع
quer	بالعرض
quer über	بالعرض عبر
die Kreuzung, Kreuzungen	مفترق الطريق، التقاطع
der Park, Parks	الحديقة
abbiegen, du biegst ab	ينعطف
links abbiegen, du biegst links ab	ينعطف لليسار
der Fluss, Flüsse	النهر
der Bach, Bäche	الجدول المائي، نهر صغير
entlang	في محاذاة
an (+ *Dativ*) entlang	على محاذاة
ungefähr	حوالي
der Meter, Meter	المتر
die Gasse, Gassen	الزقاق
erschöpft	مُنهك
das Ende, Enden	النهاية
zu Ende	انتهى، الخاتمة
früher	في وقت سابق
man	شخص (انظر للشرح)
draußen	في الخارج
hüpfen, du hüpfst	يقفز
klauen, du klaust	يسرق (عاميّة)، ينزع
die Kirsche, Kirschen	الكرز
der Junge, Jungen	الصبي، الولد
herunterfallen, du fällst herunter	يسقط
etwas fällt dir herunter	شيء يسقط منك
mögen	يعجب (انظر للشرح)
Streusel (صيغة الجمع)	الفتات على الكعكة
suchen, du suchst	يبحث

sitzen nicht so viele Menschen an den Tischen draußen. Aber Jakob hüpft
sofort zu einem Tisch und klaut eine Kirsche, die einem kleinen Jungen
heruntergefallen ist.

„Ich mag Kirschen. Du auch?", fragt er mich.

„Nein, ich mag lieber Streusel." Ich suche Streusel – hier, in einem Café,
muss es doch Streusel geben! Und tatsächlich: Zwei Tische weiter verliert
eine dicke alte Dame gerade fünf, sechs Streusel, als sie sich eine Portion
Streuselkuchen in den Mund schiebt. Sofort bin ich bei ihr.

„Oh, du kleiner süßer Spatz!", ruft sie. Toll! Die Leute mögen mich, obwohl
ich ihnen das Essen klaue.

Wir suchen weiter. Natürlich nehmen wir nicht nur Streusel und Kirschen,
sondern fast alles, was wir bekommen.

Nach einer Stunde bin ich total satt. Da kommt eine Frau, ungefähr 50 Jahre
alt, und holt die letzten Teller, Tassen und Gläser von den Tischen. Danach
geht sie wieder ins Café und schließt die Tür zu.

„Feierabend!", sagt Jakob. „Das Café ist jetzt zu. Willst du noch bisschen
unter den Linden sitzen?"

„Unter den Linden? Ist das nicht weit?"

„Nein, hier vor dem Café. Hier sind drei Linden. Hier sitze ich oft am Abend

es muss doch ... geben!	يجب أن يكون هنالك ...
verlieren, du verlierst	يخسر
dick	سميك، متين
als	هنا بمعنى: عندما
die Portion, Portionen	الجزء
der Streuselkuchen, Streuselkuchen	كعكة بفتات
der Mund, Münder	الفم
schieben, du schiebst	يدفع؛ مثلًا: يدفع الباب
oh	أوه؛ أسلوب تعبير
süß	حلو، هنا بمعنى: جميل
das Essen, Essen	الغذاء، الطعام
sondern	بالأحرى
satt	شبعان
letzte(r)/(s)	الأخير
der Teller, Teller	الصحن
die Tasse, Tassen	الكأس
schließen, du schließt	يغلق
zuschließen, du schließt zu	يقفّل
der Feierabend, Feierabende	وقت بعد نهاية العمل
Feierabend!	يكفي هذا لليوم!
unter	تحت
die Linde	شجرة الزيزفون
unter den Linden	تحت أشجار الزيزفون؛ شارع شهير ببرلين

*انظر الصفحة 163 لمعرفة الاختلاف بين معنى aber و sondern.

und schaue, was passiert."

„Ach so. Ich muss an die Straße 'Unter den Linden' denken."

„Was ist eine Straße?"

„Na so ein Ding, wo die Autos fahren."

„Was sind Autos?"

Ich muss seufzen. Jakob weiß wirklich wenig über die Menschen und ihre Welt.

„Ein Auto – schau, hier ist ein Auto."

Gerade fährt ein blauer Mercedes vor dem Café vorbei. Ich zeige ihn Jakob.

„Ach, das ist ein Auto. Die sind ganz schön gefährlich, oder?"

„Ja klar! Man kann sterben, wenn man einen Unfall mit einem Auto hat. Da muss man wirklich aufpassen."

Jakob antwortet nicht. Ich glaube, dass er es nicht so mag, wenn ich ihm etwas erkläre. Aber er will trotzdem immer alles wissen.

Da öffnet jemand das Fenster über uns. Es ist die Frau aus dem Café. Sie arbeitet hier und scheinbar wohnt sie auch hier. Sie sieht auf die Linden, auf die Straße ... und dann öffnet jemand das Fenster schräg gegenüber von ihr. Eine andere Frau sieht hinaus – ich kenne auch diese Frau!

„Jakob", flüstere ich ganz aufgeregt. Das ist natürlich Unsinn, denn die Frau kann mich ja nicht verstehen, aber ich flüstere automatisch.

„Die Frau dort am Fenster – mit den schwarzen Haaren – ich weiß, wer das ist!"

*diese / dieser / dieses

هذه الكلمات لها نفس المعنى مثل (**هذا** أو **هذه**) باللّغة العربيّة،
الكلمة على نحو مشابه للّغة العربيّة، النهايات مشابهة لأدوات التعريف
der / die / das: وتحتوي الكلمات على جنس

die Frau – diese Frau
المرأة – هذه المرأة

der Mann – dieser Mann
الرجل – هذا الرجل

das Kind – dieses Kind
الطفل/ـة (محايد) – هذا/هذه الطفل/ـة

schauen, du schaust	يشاهد
passieren, es passiert	يحدث
das Ding, Dinge	الشيء
so ein Ding	شيء مثل ذلك
seufzen, du seufzt	يتنهّد؛ يخرج نفسا عميقًا
ich muss seufzen	علي أن أتنهّد
der Mercedes	المرسيدس
gefährlich	خطير
der Unfall, Unfälle	الحادث
aufpassen, du passt auf	ينتبه
erklären, du erklärst	يشرح
trotzdem	مع ذلك
scheinbar	على ما يبدو
schräg	منحدر، خط قطري مائل
gegenüber + Dativ	معاكس لـ
schräg gegenüber	معاكس للخط القطري
hinaus	للخارج
diese, dieser, dieses*	هذا / هذه
flüstern, du flüsterst	يهمس
der Unsinn (صيغة المفرد)	الهراء
automatisch	تلقائيًا
das Haar, Haare	الشعر

اكتب مذكّرة طعام لما ستأكل خلال الأسبوع الحالي، إذا كنت لا تعرف المصطلحات بالألمانيّة لبعض المواد الغذائيّة يمكنك أن تبحث عنها في المعجم اللّغوي، اكتبهم على شكل جمل كاملة، مثال:

Zum Frühstück esse ich ...
Zum Mittagessen esse ich ...
Zum Abendessen esse ich ...

الخير والشر والقبيح - الجزء الثاني
الخير (ولكن القاعدة الصعبة) – Dativ

1 مفعول غير مباشر

Er zeigt ihr **die Stadt.**

لماذا الألمانيّة لديها مفعول به مجرور Dativ ولأجل ماذا نستخدمها؟

أعلم أنّ العديد من المتعلّمين الألمان قد يرغبون في إلقاء الطماطم المتعفّنة علي، ولكن يجب أن أعترف: أحب في الحقيقة قاعدة الجر Dativ، اسمحوا لي أن أريكم الجمال المتخفّي في هذه الحالة، عندما نستخدم القاعدة لتحديد العنصر الغير مباشر (انظر الفصل 7)، أريد بالفعل أن أقول أنّ شخصًا ما يستفيد ممّا أقوم به، ولهذا السبب أسمّي Dativ بـ "حالة الخير"، مثلًا:

Beate gibt mir **die CD.**

لدينا الفاعل أو الموضوع (Beate) وعنصران/مفعول بهم (أنا، والقرص المضغوط/السي دي)، يوجد السي دي في حالة النصب Akkusativ لأنّه المفعول به المباشر، ولكن mir مكتوبة في حالة الجر Dativ لأنّها العنصر الغير مباشر، استفادت أنا ممّا فعلته Beate: لقد حصلت على القرص المضغوط، في ألمانيا لدينا حالة خاصة لوصف أنّنا نعطي شيئًا لشخص ما، جميل أليس كذلك؟ هناك بعض الأفعال التي يجب أن تحتوي فقط على مفعول به غير مباشر (أي حالة الجر Dativ)، على سبيل المثال: **folgen** (يتبع) و **helfen** (يساعد):

Ich folge ihm.
Ich helfe dir.

هذا أمر منطقي نوعًا ما: فإنّك تستفيد من مساعدتي عندما أساعدك – لذلك نستخدم حالة الجر Dativ.

2 بعد بعض حروف الجر

Sie fahren mit **dem Zug.**

نستخدم حالة الجر Dativ أيضًا مع بعض حروف الجر (Präpositionen)، وأبرزها كلمة **mit**، الكلمة بعدها تكون دائمًا مجرورة Dativ، حروف الجر المهمّة التي تُستخدم مع حالة الجر Dativ هي:

aus – bei – mit – nach – seit – von – zu

يمكنك تعلّمهم عن ظهر قلب، ولكن لا تتعلّم فقط حرف الجر، تعلّمها مع بعض الكلمات الأخرى لتكوين جمل منطقيّة، لتتذكّرها بسهولة أكثر، فمثلًا:

aus **dem Auto**
bei **meiner Schwester**
mit **meinem Freund**
nach **dem Frühstück**
seit **vielen Jahren**
von **meiner Mutter**
zu **meinem Vater**

116

كيف تكوّن جملك الخاصة مع Dativ؟

تعرّفت الآن على كيفيّة استخدام حالة الجر Dativ، ولكن كيف يمكنك تغيير الضمائر وأدوات التعريف والصفات والأسماء بحيث تكون في حالة الجر Dativ؟

تذكّر النهايات مع قاعدة Mormon:

للمذكّر   M (o)*

للمؤنّث   R

للحيادي   M (o)*

للجمع   N

* استخدمنا حرف o بالكلمة فقط لتسهيل نطق كلمة Mrmn، للمزيد عن قاعدة Mormon في الصفحة 245.

mit einem alten Mann
mit einer alten Frau
mit einem alten Auto
mit alten Männern / Frauen / Autos

mit dem alten Mann
mit der alten Frau
mit dem alten Auto
mit den alten Männern / Frauen / Autos

> "Dativ الجمع يا صديقي، ينتهي بـ -n يا عزيزي!"

مربك؟ بالتأكيد لا، لا يوجد سوى ثلاث نهايات ممكنة، وهنا شرح مبسّط لكيفيّة تحديد النهايات الصحيحة:

- تحصل أدوات التعريف وأدوات النكرة على النهايات التالية: m للمذكر والمحايد، r للأنثى، n للجمع.
- لا تتغيّر الأسماء إلّا في صيغة Dativ الجمع، ونضيف حرف -n (باستثناء Auto، وهي كلمة أجنبيّة، لذلك لا تحصل على -n).
- نضع بنهاية الصفات الحرف -n في جميع الحالات، لذلك مع قاعدة Mormon وقاعدة الجمع Dativ ستتذكّر دائمًا ما يجب عليك فعله.

لقد تعلّمت من قبل أشكال الضمائر الشخصيّة في الفصل 7، ولكن دعنا نكرّرها مرّة أخرى:

ich → mit mir
du → mit dir
er → mit ihm
sie → mit ihr
es → mit ihm
wir → mit uns
ihr → mit euch
sie → mit ihnen

انظروا كيف تتماشى ويكل سلاسة نهايات الضمائر مع نهايات قاعدة Mormon في إطار افتراضين:

1. Ich و du تأخذان نهاية الأنثى (من قال أنّ قواعد اللّغة متعصّبة وعنصريّة ضد النساء؟)

2. Uns و euch هي نفسها كما هي في حالة النصب Akkusativ.

هل فهمت السابق بشكل جيّد؟ حسنًا، الآن يمكنك أن تكوّن جمل Dativ الخاصّة بك!

(إذا كنت من محبّي القواعد النحويّة، فقد تكون سعيدًا لسماع أنّ اللّغة الألمانيّة لا تزال لديها حالة أخرى: حالة الإضافة Genitiv، ترقّبوا ...)

النهايات عادة ليست مشكلة كبيرة مع الجر Dativ والنصب Akkusativ، حيث لا يوجد الكثير من النهايات المحتملة، طالما يمكنك تذكّر قاعدة **Rese-Nese-Mormon** فستكون ممتازًا في العثور على النهاية الصحيحة، المشاكل الحقيقيّة هي:

1. ما هو جنس الكلمة أو الاسم (المذكّر، المؤنّث، المحايد)؟
2. ما هي الحالة المناسبة (Dativ ، Akkusativ) التي تتماشى مع حرف جر معيّن؟

على سبيل المثال، إذا كنت تريد أن تقول **بعد الإفطار**، فأنت بحاجة إلى معرفة ما هو جنس كلمة **الفطور** (Frühstück)، وتحتاج إلى معرفة ما إذا كان **بعد** (nach) تتطلّب Dativ أو Akkusativ، كيف تتذكّر ذلك؟ – للأسف، لا أعرف إلّا طريقة واحدة فقط:

الممارسة ، الممارسة.

عليك أن تسمع وتقول وتسمع العبارة **nach dem Frühstück** بأكبر قدر من الإمكان إلى أن تتبادر هذه العبارة في ذهنك تلقائيًا وبدون تحليل، قد لا تفكّر حتّى في ما إذا كانت الحالة Dativ أم لا – يجب أن تنزلق العبارة من عقلك بدون تفكير، ونعم يمكنك القيام بذلك! ولكن لن يكون الأمر سهلًا.

من الجيّد تمامًا ارتكاب الأخطاء على المدى القصير (لقد قلت لك ذلك مرّات عديدة)، ولكن على المدى الطويل يجب التأكّد من صحّة تكوينك للجمل (مع الاستخدام الصحيح للحالات Dativ و Akkusativ).

لذلك، قمنا بإعداد ما أسمّيه Declension Bootcamp، وهو مصدر تدريبي عبر الإنترنت لممارسة الحالات النحويّة Dativ و Akkusativ بأكبر قدر ممكن إلى أن تصبح قادرًا على تكوين نهايات الجمل الصحيحة وبدون تفكير، للتحقّق من ذلك قم بزيارة الرابط: www.skapago.eu/jensjakob/ar/akkusativ-dativ

man - jemand

عندما نتحدّث عن الناس بشكل عام، يمكننا استخدام كلمة **man** الفاعل/الموضوع.

Man sieht die Mauer nicht mehr.

لا يوجد ترجمة عربيّة جيّدة حقًّا، يمكنك قول شيء مشابه مثل:

الإنسان/المرء لم يعد بإمكانه رؤية الجدار.

لاحظ أن كلمة **man** هنا لا تعني رجلًا، الجميع مشمولون، الرجال والنساء والأطفال.

man ليست الخيار الصحيح إذا كنّا نتحدّث عن شخص معيّن ولا نعرف من هو هذا الشخص، بدلاً من ذلك استخدم كلمة (**شخص ما**) jemand.

Jemand öffnet das Fenster.

شخص ما فتح النافذة.

لم يتم فتح النافذة من قبل الناس بشكل عام، وإنّما بواسطة شخص معيّن مجهول (أي أنّنا لا نعلم من هو أو هي الشخص الذي فتح النافذة).

يعجبني، يعجبني، يعجبني، يعجبني
mögen / gerne / möchten / gefallen

1 في الألمانيّة لدينا بعض الخيارات الرائعة لنقول أنّنا نحب شيئًا ما.

mögen
ich mag
du magst
er mag, sie mag, es mag
wir mögen
ihr mögt
sie mögen

الفعل شبيه بالأفعال المساعدة الألمانيّة، لكنّه بالحقيقة عبارة عن فعل غير منتظم، تعني الكلمة بالعربيّة
يحب/يهوى/يعجب، ولكن ليس كالحب في علاقة حميمة وهو **lieben** يحب، وتذكّر أنّ المفعول به هنا
منصوب *Akkusativ*:

Jakob mag Kirschen.

Ich mag dich.

2 لا تربط الفعل **mögen** مع فعل آخر، مثل جملة **أنا أحب أن أغني**، إليك طريقة أصح وأفضل للتعبير:

Ich singe gerne. = **أحب أن أغنّي**

"وتعني حرفيًا "أنا أغنّي بسرور

تذكّر أنّه يجب عليك دائمًا الجمع بين كلمة **gerne** مع الفعل الذي تريد قوله (الفعل بالجملة السابقة: **singe**).

إذا كنت **ترغب في الحصول** على شيء ما، استخدم كلمة **möchten**:

3 **Ich möchte einen schwarzen Tee.**

لا تتردّد في أن تكون مهذّبًا عن طريق إضافة كلمة **gerne** أو **bitte**:

Ich möchte gerne einen schwarzen Tee, bitte.

بما أنّك تعلّمت حالة الجر *Dativ* سابقًا، سأريك بديلاً للفعل **mögen** فيه القليل من التحدّي – الفعل هو
4 **gefallen**، ويعني أساسًا **يرضي** أو **يناشد**، ونظرًا لأنّ هذا الفعل يعبّر عن شي ما يجلب إليك الرضا والإعجاب
ويفيدك، فسيتعيّن علينا أن نضعه في حالة الجر *Dativ*!

Deutsche Grammatik gefällt mir.

أنا أحبّ قواعد اللغة الألمانية

أو حرفيًا: القواعد الألمانيّة تعجبني/ترضيني

إذا كانت هذه الصيغة معقّدة جدًا بالنسبة لك الآن، فقل ببساطة:

Ich mag deutsche Grammatik.

هناك اختلاف في المعنى
بين **ich mag** و **mir gefällt**.
شاهد الفيديو على:
www.skapago.eu/jensjakob/ar/ichmag

1. أجب عن الأسئلة.

Warum fliegt Jens erst heute nach West-Berlin?

Wohin will Jakob mit Jens fliegen?

Warum ist Jens nicht erschöpft?

Warum sitzen nicht so viele Menschen draußen an den Tischen?

Mag Jakob lieber Streusel oder lieber Kirschen?

Was macht Jakob oft unter den Linden?

Warum sind Autos gefährlich?

2. غيّر الشخص في كل من الجمل التالية.

Beispiel: Ich arbeite. (du) → Du arbeitest.

a) Martin liest die Zeitung. (wir)

b) Jens versucht zu fliegen. (ihr)

c) Hört er mich nicht? (du)

d) Jochen und Angelika gehen durch den Park. (ich)

e) Ich wache immer um 5.00 Uhr auf. (Sie)

f) Ich spreche Deutsch. (er)

g) Sie schläft bis 11.00 Uhr. (wir)

h) Verstehst du mich? (ihr)

i) Ich esse gerne Salat. (er)

j) Wir fahren mit der U-Bahn. (du)

k) Maria bekommt einen neuen Personalausweis. (ich)

l) Kannst du deiner Schwester helfen? (er)

m) Bist du schon in Rente? (Sie)

n) Ich arbeite als Lehrerin. (sie)

o) Zeigst du mir Berlin? (ihr)

p) Wir geben ihr das Geld. (er)

q) Ich habe nichts dagegen. (wir)

r) Warum erschrickt er? (du)

s) Das kann ich mir nicht vorstellen. (du)

t) Wann isst du abend? (wir)

u) Um 12.30 Uhr fangen wir an. (er)

v) Er mag mich. (ihr)

3. صف عائلة Jochen.

Beate ist ... von Jochen.

Ines ist ... von Jochen.

Ines ist ... von Beate.

Jochen ist ... von Ines.

Jochen ist ... von Beate.

4. استخدم الضمير الصحيح.

a) Hier ist Jakob. Siehst du ...?

b) Ich habe eine Zeitung. Willst du ... lesen?

c) Weißt du, wo meine rote Hose ist? Ich kann ... nicht finden.

d) Wo sind Jens und Jakob? – ... sind vor dem Café.

e) Magst du Jens und Jakob? – Ja, ich mag ...

f) Lukas und Maria, soll ich ... helfen?

g) Daniel hat heute frei. Willst du mit ... Karten spielen?

h) Mein Bett ist rot. ... gefällt mir nicht.

i) Siehst du meinen Schlüssel? – Nein, ich sehe ... nicht.

j) Herr Schneider, kann ich mit ... sprechen?

k) Herr Schneider, ich kann ... nicht hören.

l) Wo ist die Garderobe? – ... ist dort links.

m) Hier sind deine schwarzen Schuhe. Willst du ... anziehen?

5. أنت شخص كريم، أليس كذلك؟ أخبر الجميع أنّك على استعداد للمساعدة! تذكّر أنّه بعد الفعل
helfen عليك استخدام حالة الجر Dativ.

Beispiel: (er) → Ich helfe ihm.

a) der alte Mann   e) die Lehrerin   i) wir   m) sie (*one person*)
b) meine kleinen Brüder f) das Kind   j) du   n) die Kinder
c) eine junge Frau   g) Sie   k) es   o) meine Mutter
d) dein großer Bruder   h) Martin   l) ihr   p) ein kleines Kind

6. استخدم الضمير man أو jemand.

a) Das macht ... nicht.
b) ... kann mit dem Zug von Hamburg nach Berlin fahren.
c) ... singt im ersten Stock.
d) Am Abend kommt ... zu Besuch.
e) ... soll oft Salat essen – das ist gesund.
f) Moritz und Lena, kann ... von euch das Brot aufschneiden?

7. صرّف الفعل mögen بالشكل الصحيح.

a) Wir ... keine Torte.   d) ... ihr Tee mit Zitrone?
b) ... Jakob Kirschen?   e) Ich ... Salat.
c) Frau Knauer, ... Sie Kaffee?   f) ... du Käse?

8. أعد الإجابة على السؤال رقم 7 مرّة أخرى مستخدما الفعل möchten بالشكل الصحيح.

9. صيغ الجمل مستخدمًا الأفعال gefallen / (machen) gerne / möchten / mögen، مراعيًا أنّ
بعض الصيغ لن تتكوّن بشكل صحيح، لا نحويًا ولا منطقيًا.
Beispiel: ich, Berlin → Ich mag Berlin. / Berlin gefällt mir.

a) Jochen, trinken, Bier   e) du, Tennis, spielen
b) Ines, Kuchen   f) Ines, ein Stück Kuchen
c) ich, deine Hose   g) wir, Musik von Falco
d) sie (*plural*), das Haus dort, nicht   h) sie (*one person*), Tee mit Honig

شيء آخر:
هل كرّرت ممارسة مفرداتك اليوم؟

يعد تكرار الكلمات الجديدة من أهم أنشطة تعلّم اللّغة. لماذا؟ دعنا نستخدم بعض الرياضيّات.

يستخدم المتحدّث باللّغة الأم ما بين 10000 و15000 كلمة بنشاط، والعديد من الكلمات الأخرى بشكل غير نشط (أي أنّه يفهم هذه الكلمات ولكنّه لا يستخدمها).

10000
عدد الكلمات التي يمـــــكن للمتحدّث الأصلي استخدامـها

إذا تمكّنت من تعلّم كلمة جديدة كل يوم فسوف يستغرق الأمر أكثر من 30 عامًا لتعلّم لغة مثل المتحدّث باللّغة الأم، إذا تمكّنت من تعلّم عشر كلمات جديدة في اليوم سيستغرق ذلك ثلاث سنوات بالمقارنة.

هل هذا واقعي؟ على الأغلب لا، بداية لأنّك لن تتقّن المطلوب كل يوم، قد تكون مشغولًا جدًّا أو بكل بساطة تنسى الممارسة.

ثانيًا، حسابي يعني أنّه عليك أن تتذكّر كل هذه الكلمات، الآن بعد أن حصلت بالفعل على خبرة كبيرة في تعلّم اللّغة الألمانيّة – كم مرّة اضطررت فيها أن تكرّر كلمة تقريبًا لتتذكّرها إلى الأبد؟ ربّما 3-5 مرّات.

هذا يعني أنّه من أجل مواكبة معدّل تعلّم 10 كلمات جديدة في اليوم سيتعيّن عليك تكرار 50-30 كلمة يوميًّا، 365 يومًا في السنة.

إذًا هذا هو أحد الأسباب البسيطة التي تجعل الناس غير قادرين على تعلّم لغة مثل الناطقين باللّغة الأم في غضون ثلاث سنوات فقط، ولكن لديّ أخبار سارّة لك، المعلومة المهمّة هي – أنت لست مضطرًّا حقًّا إلى معرفة العديد من الكلمات مثل المتحدّث باللّغة الأم من أجل أن تتحدّث بطلاقة، ناهيك عن الحوار البسيط ستكون 500 كلمة كافية للسياحة، 2000 كلمة إذا كنت ترغب في الوصول إلى مستوى معرفة عمليّة لائقة – ولكن مع ذلك، إذا كنت تريد التحدّث بلغة ما بشكل جيّد فستحتاج إلى حوالي 4000 كلمة تقريبًا.

4000
عدد الكلمات التي يستخدمها المتحدّث بطلاقة بلغة أجنبيّة

فكيف يمكنك تحقيق هذا الهدف؟

لا يمكنك الوصول إلى هذا المستوى إلّا من خلال العمل والمثابرة، لذا اعتد على تعلّم كلمات جديدة كل يوم، اختر هدفًا واقعيًّا يناسب حالتك، على سبيل المثال 3-5 كلمات جديدة في اليوم لا أكثر.

بالطبع يجد معظم الأشخاص (بمن فيهم أنا) صعوبة كبيرة في الثبات على هذا الروتين بشكل يومي، ومن المحتمل والمتوقّع جدًّا أن تأخذ

2000
عدد الكلمات التي ستحتاجها لإدارة الحيـــاة اليوميّـــة

قسطًا من الراحة ... وبعد ذلك، فجأة، تجد نفسك قد أغفلت عن تعلّم كلماتك الجديدة لمدّة أسبوع أو أكثر.

هناك بعض الأمور التي يمكنك القيام بها الآن لتسهيل الروتين: يمكنك مثلًا استخدام مدرّب مفردات على الرابط (www.skapago.eu/jensjakob/ar/bonus)

يمكنك أيضًا أن تطلب من شريكك / طفلك / زميلك في منزلك تذكيرك كل يوم بتكرار الكلمات، علاوة على ذلك أوصي بشدّة إيجاد وقت مخصّص لهذا النشاط في يومك .

قد يكون ذلك قبل الإفطار بعشر دقائق، أو أوّل شيء تفعله عندما تعود إلى المنزل، أو آخر شيء تفعله قبل الذهاب إلى الفراش – أيًّا كان الوقت الذي يناسبك، ولكن تأكّد من أن يصبح هذا الروتين عادة مثل تنظيف أسنانك بالفرشاة.

حسّن كفاءتك من خلال عدم السماح لأيّ شخص بإزعاجك خلال هذه الدقائق العشر (لا تقم بالرد عندما يتّصل بك رئيسك في العمل عبر الهاتف، اتّصل به مرّة أخرى لاحقًا – استثنِ فقط عندما يكون هناك حريق في منزلك).

كيف يمكنك ضمان أنّ طريقة تعلّمك فعّالة؟ أحد الخيارات هو كتابة كلمات جديدة على شكل بطاقات تعليميّة: الألمانيّة في جهة ولغتك الأم في الجهة الأخرى، تأكّد من كتابة أداة التعريف لمعرفة جنس الكلمة والجمع للأسماء، وصيغة الماضي للأفعال، وكذلك أي أشكال غير منتظمة، اكتب 3-5 بطاقات جديدة كل يوم، اخلطهم وحاول تكرارهم، وحاول عدم النظر إلى الجانب الألماني عند التكرار وحفظ الكلمات .

سهل للغاية، أليس كذلك؟ بالتأكيد أنّك لا تريد أن تفهم الكلمات التي تتلقّاها فقط، بل تريد أيضًا القدرة على استدعاء الكلمات الألمانيّة بنشاط بمفردك وبدون مساعدة، لذلك انظر إلى جانب البطاقة باللّغة الأم، وحاول اكتشاف الحل، اكتب الحل، ثمّ اقلب البطاقة للتحقّق ما إذا كانت إجابتك صحيحة أو لا، ضع البطاقة جانبًا في حال أنّ الإجابة كانت خاطئة، كرّر البطاقات الصعبة عدّة مرّات حسب الحاجة إلى أن تتذكّرها بدون ارتكاب الأخطاء.

ثمّ كرّر بطاقات اليوم الماضي باستخدام نفس النظام، كرّر جميع البطاقات من الأسبوع السابق مرّة واحدة في الأسبوع، وكرّر أي مجموعة من البطاقات القديمة مرّة واحدة في الشهر.

وجملة للختام: توقّف لليوم واستمر في اليوم التالي عندما تبدأ الشعور بالإحباط، لا تكن صارمًا على نفسك، يجب أن يكون تعلّم اللّغة ممتعًا قبل أي شيء، أليس كذلك؟

500
#عدد الكلمات التي يستخدمها الســـــائح

مدّة الزمن لتحقيق الطلاقة إذا كنت تتعلّم 4 كلمـــــات كل يوم		
3	سنوات	
8	أشهر	
3	أسابيع	
5	أيام	

„Und wer ist das dort oben neben Waltraud?", fragt Jakob.

„Das ist Angelika!"

„Was? Das ist Angelika?"

„Ja! Was macht sie hier?"

„Sie arbeitet hier."

„Ach so?"

„Ja. Schon lange, glaube ich."

Angelika redet jetzt mit der anderen Frau.

„... und ich sage dir, Waltraud, Sabrina hat ja einen guten Job, aber anstrengend ist das ..."

„Ja, Angelika, aber unsere Arbeit ist auch anstrengend ..."

Und sie reden und reden und reden.

„Weißt du, wer die andere Frau ist?", frage ich Jakob.

„Ja, ich glaube schon. Sie heißt Waltraud und ist die Frau vom Chef in diesem Café. Ich glaube, sie und Angelika sind gute Freundinnen und kennen sich schon lange."

„Hör mal, Jakob. Du weißt doch, dass Angelika vor ein paar Wochen bei Jochen war. Ich glaube, sie hat ein Kind von Jochen!"

„Ein Kind von Jochen? Das geht doch gar nicht. Du sagst doch immer, es war diese Mauer zwischen West-Berlin und Ost-Berlin. Woher kennt Jochen Angelika also?"

„Gute Frage."

Ich überlege. Dann frage ich:

„Aber warum will Angelika, dass Jochen mit Beate über 'ihre Schwester' spricht?"

„Kann Angelika die Schwester von Beate sein?"

neben	بجانب
ach so	أوه، حقًّا؟ (تعبير ساخر)
mit einer anderen	مع آخر
Waltraud	اسم أنثى
Sabrina	اسم أنثى
der Job, Jobs	الوظيفة
der Chef, Chefs	الرئيس
diesem	هذا (حالة جر)

„Unmöglich. Sie ist viel zu alt. Angelika ist so alt wie Jochen."
„Also hat Angelika eine Tochter, und diese Tochter ist Beates Schwester?"
„Dann ist Jochen der Vater. Und das geht nicht, weil hier die Mauer war."
„Ich verstehe es nicht. Aber sag mal, bist du nicht müde? Soll ich dich nach Hause bringen?"
Jakob hat Recht. Es war ein sehr langer Tag und ich will wirklich nach Hause fliegen.
„Ja, bitte, Jakob."

unmöglich	مستحيل
weil	لأن
müde	تعبان
die Theaterpro-be, -proben	بروفة المسرحية
Mami	ماما
traurig	حزين
bleiben, du bleibst	يبقى
hinter	وراء، خلف
Na siehst du.	أرأيت
sich gewöhnen, du gewöhnst dich	يعتاد
gewöhnt sein an	للتعوّد على

Als Beate von der Theaterprobe nach Hause kommt, geht sie sofort auf den Balkon. Und dort sieht sie – nichts!
„Mami! Jens ist nicht mehr da!"
Ines, Beates Mutter, kommt sofort.
„Tatsächlich, er ist weg. Naja, Beate, er ist jetzt schon groß. Er kann fliegen!"
„Ach Mami, das ist traurig!"
„Aber Beate, ein Spatz muss fliegen. Es ist doch nicht gut für ihn, wenn er immer hier auf dem Balkon bleiben muss."
In dem Moment landen zwei Spatzen auf dem Tisch hinter Ines und Beate.
„Ach Mami, schau mal – jetzt ist er doch wieder da! Und sogar mit einem Freund!"
„Na siehst du. Er ist so an Menschen gewöhnt, dass er wahrscheinlich immer wieder einmal auf den Balkon kommen wird. Und jetzt wollen wir essen, oder?"

werden

Werden فعل غير منتظم، ولكنّه فعل رائع، لذلك يجب أن تتعلّمه:

ich werde
du wirst
er wird, sie wird, es wird
wir werden
ihr werdet
sie werden

ich bin geworden

Werden لها ثلاثة معاني:

Viele Spatzen werden nicht alt.

"Ich werde Professor!"

١ نستخدم هنا werden للحديث عن حالة تغيير، مشابهة لمعنى الكلمة بالعربيّة **يصبح /يصير**:

Ich werde alt = أنا أتقدّم بالسن
Ich will Arzt werden = أريد أن أصبح طبيًّا

٢ يمكننا أيضًا استخدام werden للتعبير عن حدوث شيء ما في **المستقبل**:

Er wird immer wieder auf den Balkon kommen.
= **Er kommt immer wieder auf den Balkon.**

كما أخبرتك سابقًا يمكنك التعبير عن المستقبل بالألمانيّة باستخدام المضارع، كما في الجملة الثانية، ومع ذلك إذا كنت تريد التأكيد على أنّ شيئًا ما سيحدث في المستقبل يمكنك استخدام مزيج من **werden** + *Infinitiv*
في هذا المثال يمكن فهم أنّ استخدام صيغة المضارع كما لو كان شيئًا يقوم به Jens بشكل منتظم في الوقت الحالي، لذلك يستخدم Ines الفعل **werden**.

٣ وأخيرًا، نستخدم الفعل للتعبير عن المبني للمجهول، ستتعلّم المزيد عن هذه القاعدة في المستوى المتقدّم في الكتاب الثاني.

يوجد بعض حروف الجر المجنونة في اللّغة الألمانيّة، حيث يمكن أن يكون الاسم / الضمير / أدوات التعريف والتنكير / الصفة إمّا في حالة الجر Dativ أو في حالة النصب Akkusativ، اعتمادًا على ... حسنًا، على ماذا؟ انظر إلى المثال التالي مع كلمة die Küche (المطبخ):

Wohin gehst du? Ich gehe in **die** Küche. (*Akkusativ*)
Wo bist du? Ich bin in **der** Küche. (*Dativ*)

بمعنى آخر، الحالة الإعرابيّة التي نختارها تعتمد على ما إذا كنّا نتحدّث عن حركة أو عن حالة وجودك في مكان ما بدون حركة.

حروف الجر التي تقوم بذلك هي:

an – auf – hinter – in – neben – über – unter – vor – zwischen

Er geht **auf den** Berg.

هو يسير إلى قمّة الجبل.

Wohin? → Akkusativ

إلى أين؟

Er ist **auf dem** Berg.

هو على الجبل.

Wo? → Dativ

أين؟

Sie **geht** auf **der** Straße.
تسير على الشارع.

نستخدم بالأساس حالة النصب *Akkusativ* عندما نتحدّث عن وجهتنا، مثلًا في حالة الإجابة على السؤال إلى أين **wohin**؟ ونجد في المثال أعلاه أنّ البقرة تمشي وتتحرّك إلى شيء ما ولكن ليس إلى الطريق (**die Straße**) وبالأصح أنّ البقرة تمشي على الطريق، لذلك نجيب على السؤال **wo** باستخدام حالة الجر *Dativ* بالجملة، وذلك ينطبق أيضًا على صورة الشاب على يسار الصفحة: فهو يسير إلى قمّة الجبل، لذلك علينا أن نستخدم حالة النصب *Akkusativ*.

حروف الجر المضحكة - الجزء 2

في بعض الأحيان يمكننا أن نقول أنّ اللّغة الألمانيّة لغة فعّالة للغاية، انظر ماذا يمكننا فعله:

zu + dem = **zum**   **zu** + der = **zur**
bei + dem = **beim**
in + dem = **im**   **in** + da**s** = **ins**
an + dem = **am**   **an** + da**s** = **ans**
von + dem = **vom**

لاحظ أنّه يمكننا القيام بذلك ولكن تستطيع أيضًا فصلهم، يمكنك أن تقول **Ich sitze an dem Fenster** وهذا صحيح تمامًا، ولكن هناك اختلاف بسيط في المعنى: قد تعبّر كلمة **dem Fenster** كما لو كنت ترغب في التأكيد على كلمة **dem**، لذلك يمكنك ترجمتها كالتالي:

Ich sitze an *dem* Fenster.	أنا جالس عند هذه النافذة (وليس النافذة الأخرى)
Ich sitze am Fenster.	أنا جالس عند النافذة

127

حروف الجر المضحكة – الجزء 3

عادةً نقول باللّغة العربية إلى عندما نريد أن نذهب إلى مكان ما (إلى نيويورك، إلى عمّة ماري، إلى السينما) ولكن ولسوء الحظ أنّها ليست بهذه السهولة باللّغة الألمانيّة.

عندما تذهب إلى مكان ما:

• nach

Nach للأسماء الجغرافية.

• in

In للأماكن، تذكّر الفرق بين **nach** و **in** بهذا المثال:

Ich fahre <u>nach</u> Berlin.   **لكن:**   Ich fahre <u>in</u> die Stadt.

Ich gehe ins Restaurant.

• zu

Zu للأشخاص أو عند ذهابك إلى مؤسسة ما، ولكن ليس حرفيًا بمعنى الدخول إلى مكان ما.

تذكّر: **zu** دائمًا في حالة الجر *Dative*، على الرغم من أنّ الجملة تتعلّق بالحركة:

Ich gehe zu Beate. Ich gehe zur Polizei.

الشرطة   **die Polizei**
                    (صيغة المفرد دائمًا)

ما الفرق بين المطعم والشرطة؟ نعني بكلمة مطعم مكان ما معيّن ندخل فيه: إنّه مبنى عن الشرطة نعتبرهم كمؤسّسة، قد ولكن عندما نتحدّث نتحدّث إلى ضابط شرطة في الشارع، أو نذهب إلى مركز الشرطة،

عندما تكون في مكان ما:

• in

In للأسماء الجغرافية والأماكن، وبالتالي:

Ich bin <u>in</u> der Stadt. Ich bin in Berlin.

Ich bin im Restaurant.

• Bei

Bei تستخدم للأشخاص والمؤسّسات:

Ich bin bei Beate. Ich bin bei der Polizei.

باستثناء

Ich gehe nach Hause. Ich bin zu Hause.

تعلّم هذه الجمل فقط كما هي، ليس لها منطق معيّن، للأسف تعلّمها كحالة استثنائيّة.

لتلخيص السابق:

Wohin **gehst du?**	Wo **bist du?**
in die Stadt	in der Stadt
nach Berlin	in Berlin
zu Beate, zur Polizei	bei Beate, bei der Polizei
nach Hause	zu Hause

Ich gehe zu Beate.

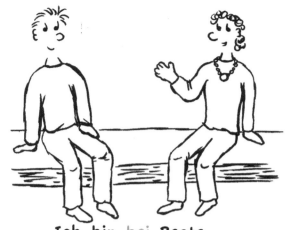

Ich bin bei Beate.

Beate ist in der Stadt.

Ich fahre in die Stadt.

Beate ist in Berlin.

Ich fahre nach Berlin.

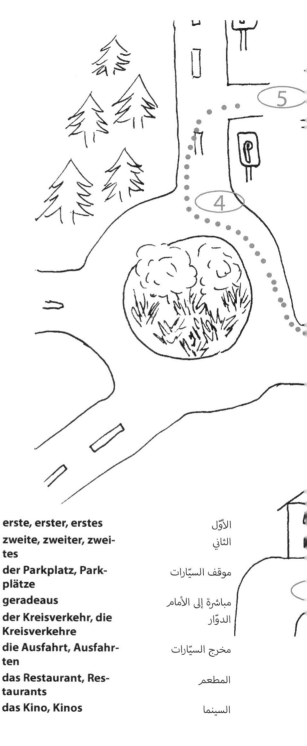

وصف الطريق

وفهمه

تذكّر أن تأخذ بعين الاعتبار مشكلة الحركة / عدم الحركة عندما تود وصف الاتجاهات، عندما تصف مكان وجود شيء ما استخدم "حروف الجر المضحكة" مع حالة الجر *Dativ*، وعندما تصف إلى أين تذهب استخدمها مع حالة النصب *Akkusativ*.

تأكّد من التحقّق من الأعداد الترتيبيّة أوّلًا لوصف الأشياء المهمّة (على سبيل المثال **عند المعبر الثاني**)، سيتم شرحها في الصفحة 132.

Entschuldigung, wo ist …

… die Schule (3)?
Sie biegen an der ersten Kreuzung* links ab (2). An der zweiten Kreuzung** (7) sehen Sie rechts die Schule (3).

… der Parkplatz (5)?
Sie biegen an der ersten Kreuzung rechts ab (2). Dann fahren Sie geradeaus. Im Kreisverkehr nehmen Sie die erste Ausfahrt (4). Der Parktplatz ist dann rechts.

والآن حان دورك:
- Wo ist das Restaurant (9)?
- Wie kommt man vom Parkplatz zum Park (10)?
- Wie kommt man vom Restaurant (9) zum Kino (8)?

erste, erster, erstes	الأوّل
zweite, zweiter, zweites	الثاني
der Parkplatz, Parkplätze	موقف السيّارات
geradeaus	مباشرة إلى الأمام
der Kreisverkehr, die Kreisverkehre	الدوّار
die Ausfahrt, Ausfahrten	مخرج السيّارات
das Restaurant, Restaurants	المطعم
das Kino, Kinos	السينما

* لماذا حالة الجر *Dativ* هنا على الرغم من أنّك هنا تقوم بالانعطاف والحركة (**abbiegen**)؟ لأنّك تشرح أين يحدث هذا الأمر، إذا قلت أنّك انتقلت إلى التقاطع فستقول: "**ich gehe an die Kreuzung**"، لكن في الحالة هنا فأنت قلت لي ما يجب علي فعله عندما أكون هناك، لذلك عليك استخدام حالة الجر *Dativ*.
كذلك هنا، ماذا ستفعل **an der zweiten Kreuzung؟ سترى المدرسة، هذا يعني أنّك لم تصف الحركة وإنّما وصفت ما علي فعله عند التقاطع.

131

ذِكر التاريخ – الأعداد الترتيبيّة

سيتعيّن عليك تعلّم الأرقام الترتيبيّة لقول التاريخ (على سبيل المثال: **أوّلاً، ثانيًا**، وما إلى ذلك).
جميع الأرقام الترتيبيّة بالأزرق غير منتظمة، لذلك سيتوجّب عليك أن تتعلّمها عن ظهر قلب، آسف بشأن ذلك! ولكن القاعدة أسهل مع الأرقام الأخرى، كل ما عليك فعله هو أخذ الرقم الأساسي (أي الرقم "الطبيعي"، مثل: **fünfzehn**) وإضافة نهاية **te-**. وللأرقام من 20 وما بعدها أضف نهاية **ste-**.

der / die / das …

1. erste
2. **zweite**
3. dritte
4. **vierte**
5. **fünfte**
6. **sechste**
7. siebte
8. achte
9. **neunte**
10. **zehnte**
11. **elfte**
12. **zwölfte**
13. **dreizehnte**
14. **vierzehnte**
15. **fünfzehnte**
16. **sechzehnte**
17. **siebzehnte**
18. **achtzehnte**
19. **neunzehnte**
20. **zwanzigste**
21. **einundzwanzigste**
22. **zweiundzwanzigste**

100. **(ein)hundertste**
101. **(ein)hundertertste**
143. **(ein)hundertdreiundvierzigste**
200. **zweihundertste**
1000. **(ein)tausendste**
1015. **(ein)tausend(und)fünfzehnte**
5130. **fünftausendeinhundert(und)dreißigste**
1 000 000. **(ein)millionste**

حسنًا، هذه كانت الخطوة الأولى (والأكثر صعوبة) التي يجب عليك أن تتعلّمها من أجل التحدّث عن التاريخ، الباقي سهل، لذكر الأشهر كتبناها بالأعلى، ولكن سنستخدم عادةً ثلاث اختصارات للأحرف عندما نكتب الأشهر (على سبيل المثال: **Jan** بالنسبة إلى **Januar**)، ويتم ذِكر السنوات بالأرقام الرئيسيّة (على سبيل المثال: 2016 **zweitausendsechzehn**)، وذكر السنوات قبل عام 2000 بالمئات، على سبيل المثال: 1981 **neunzehnhunderteinundachtzig** (وليس **tausendneunhunderteinundachtzig**)، لذلك نقول:

05. Okt. 2010   der fünfte Oktober zweitausendzehn

إذا كنت تحب التحديّات، يمكنك أيضًا ذِكر الشهر باعتباره عدد ترتيبي.

05.10.2010   der fünfte zehnte zweitausendzehn

عندما تريد أن تقول متى حدث شيء ما (أو سيحدث مستقبلًا)، استخدم
am + *Akkusativ*:

am 05.10.2013   am fünften zehnten zweitausenddreizehn

لقد كدت أن أنسى أن أقول: تعمل الأرقام العاديّة مثل الصفات، بمعنى أنّه سيتمّ تطبيق قاعدة ReseNeseMormon.

1. أجب عن الأسئلة.

Wo sind Jens und Jakob?

Was sehen sie?

Wer ist Waltraud?

Wer – denkst du – ist Sabrina?

Woher – denkst du – kennt Jochen Angelika?

Warum kann Angelika nicht die Schwester von Beate sein?

Warum ist Beate traurig?

2. اعثر على جملة واحدة لكل عبارة تعرفها سابقًا: أجب على الأسئلة
– أو اعثر على أسئلة مناسبة للجُمل.

Entschuldigung?

Ich habe nichts dagegen.

Feierabend!

Was ist los?

Wo warst du mitten in der Nacht?

Jetzt schon?

Das macht 15 Euro.

Es kann losgehen!

Immer noch?

Ich kann nicht mehr.

Na siehst du.

Gerade noch.

Übung macht den Meister.

Sag mal!

Ach so?

3. استخدم ضمائر حروف الجر Dativ والملكيّة للشخص المذكور بالجملة.
Beispiel: er, Spatz, Wasser, geben → Er gibt seinem Spatzen Wasser.

a) wir, antworten, Freundinnen

b) ich, sollen, Chef, eine Antwort geben

c) Angelika, etwas sagen müssen, Freund

d) Jochen, kaufen, Tochter, eine Hose.

e) meine Kollegen, schmecken nicht, Müsli

f) du, geben, Beate, Hand

g) ihr, helfen, Großeltern

h) die CD, sein von, mein Sohn

i) sie, glauben nicht, Lehrern

4. ما هو أقرب طريق إلى السوبرماركت المجاور لك؟ اكتب الوصف.
بعد ذلك حاول وصف الطريق لصديق أو معلّمك دون النظر إلى الملاحظات (صف الطريق لدمية لديك
إذا لم يكن لديك صديق يتحدّث الألمانيّة ليستمع إليك).

5. اقرأ التواريخ التالية.

a) 01.08.1997   b) 12.12.1813   c) 14.02.2015   d) 17.09.2011

e) 03.07.2020   f) 05.06.2002   g) 09.04.1714   h) 02.06.2008

i) 06.07.2017   j) 30.03.1917   k) 19.05.2016   l) 15.12.1970

m) 10.01.1934   n) 04.11.2011   o) 12.03.2012   p) 08.03.2018
q) 07.10.1965   r) 31.10.1916   s) 16.05.2011   t) 18.09.1808
u) 20.08.2013   v) 13.01.2010   w) 11.04.2009   x) 21.03.1332
y) 25.11.2019

6. اختر سطرًا واحدًا من كل عمود لتكوين جمل باستخدام الفعل werden مع التصريف الصحيح أجب أوّلًا بصوت مرتفع، ثمّ اكتب الإجابة.

Ihr		Kinderarzt
Du		auf dem Tisch tanzen
Sie (several people)		glücklich sein und singen
Er		sehen, wie die Kinder leben
Ich	werden	morgen lange frühstücken
Es		ein besseres Auto kaufen
Wir		bald mit der Schule beginnen
Sie		nie auf der Straße liegen
		plötzlich Schmerzen haben

7. أين تنتمي الكلمات في هذه الجمل؟
كوّن الجمل مع حروف الجر "المناسبة" وصرّف الأفعال بالشكل الصحيح.
Beispiel:
vom: Die Schwester – sprechen – gerne – Vater
→ Die Schwester spricht gerne vom Vater.
a) zum: Der schnelle Bus – Theater – fahren – in elf Minuten
b) am: Immer – warten – er – Morgen – auf die anderen
c) beim: Sie – sein – heute – Arzt
d) im: Die Suppe – sein – Topf
e) zur: Kommen – du – morgen – Theaterprobe?
f) ans: Ich – denken – Frühstück.
g) ins: Wollen – ihr – am Nachmittag – mit mir – KaDeWe – gehen?
h) an: Das Restaurant – liegen – der Straße
i) auf: Sein – Brötchen – sein – wirklich – dem Tisch?
j) hinter: Der Parkplatz – liegen – dem Kino.
k) in: Was – stehen – der Zeitung?
l) neben: Merken – du – nicht – wer – dir – stehen?
m) über: Sie – sprechen – immer noch nicht – ihre Ängste.
n) unter: Was – machen – du – dem Tisch?
o) vor: der Theaterprobe – müssen – Beate – ihrer Mutter – helfen
p) zwischen: Jochen – wollen – immer – 7.00 Uhr und 7.45 Uhr – frühstücken

8. اعثر على جمل لهذه الكلمات واكتبها.
nach – in – zu – bei – wohin – wo

13

du bist geflogen (*Perfekt von* **fliegen**)	طار
irgendein	أي
du hast gesagt (*Perfekt von* **sagen**)	قال
tun, du tust, du hast getan	يفعل
richtig	صحيح
du hast gesehen (*Perfekt von* **sehen**)	رأى
es ist passiert (*Perfekt von* **passieren**)	حدث
fühlen, du fühlst, du hast gefühlt	يشعر
das Gegenteil, Gegenteile	العكس
fit	لائق بدنيًّا
die Katze, Katzen	القطّة
die Krankheit, Krankheiten	المرض
die Gefahr, Gefahren	الخطر

في هذا الفصل أقدّم لكم المضارع التام Perfekt ، وهو صيغة للتعبير عن الماضي، من الآن فصاعدًا ستتضمّن قوائم الكلمات نموذج المضارع التام Perfekt التي تعرفها مسبقًا يمكنك لكل فعل، وبالنسبة للأفعال التي العثور على نظرة عامة عنهم في الصفحتين 62 و 139.

Berlin, 14. Juni 1995

Ich weiß nicht, warum ich gerade heute wieder einmal zu Ines, Jochen und Beate geflogen bin. Irgendein Gefühl hat mir gesagt, dass ich das heute tun soll und jetzt weiß ich, dass es genau richtig war. Ich habe die drei schon lange nicht mehr gesehen. So viel ist in der letzten Zeit passiert.
Ich bin jetzt schon sechs Jahre alt. Für einen Spatz ist das ganz schön alt. Das heißt – ich fühle mich nicht alt, im Gegenteil. Ich bin fit wie immer. Aber viele Spatzen werden nicht alt: Katzen, Autos, Krankheiten ... Es gibt viele Gefahren für uns.

Zum Glück hat bei mir bisher immer alles geklappt. Bei Jakob übrigens auch. Er ist ja schon ein verrückter Kerl. Ich habe ihn in letzter Zeit nicht so oft gesehen, denn er ist die ganze Zeit gereist. Manchmal allein, manchmal mit einer Frau, aber immer mit einer anderen – ich habe den Überblick schon lange verloren.

Ich verstehe ihn auch nicht ganz. Als ich mich vor drei Jahren in Else verliebt habe, war mir sofort klar, dass wir immer zusammen bleiben wollen. Unsere Kinder sind ja jetzt schon groß und bei Spatzen ist es nicht wie bei den Menschen – wir müssen nicht immer alles gemeinsam machen. Aber trotzdem bin ich oft mit Else zusammen.

Jedenfalls sitze ich also jetzt wieder einmal auf dem Balkon bei Ines, Jochen und Beate – und ich merke sofort, dass etwas nicht stimmt. Es ist ein warmer Sommertag und eine Tasse Tee steht auf dem Tisch. Außerdem ist das Fenster zu. Also ist jemand zu Hause, kocht sich Tee und macht das Fenster nicht auf. Warum?

Ich hüpfe den ganzen Balkon entlang, damit ich in die Küche und ins Wohnzimmer sehen kann. Und da: Auf dem Sofa im Wohnzimmer liegt Ines. Sie sieht sehr schlecht aus. In dem Moment läutet es. Sie steht auf – langsam und vorsichtig – und geht zur Tür. Ein großer Mann mit dunklen Haaren und ganz weißer Kleidung steht draußen. Er sagt:

„Hallo, Sie müssen Frau Knauer sein, so weiß, wie Sie aussehen! Hahaha! Sie haben mich angerufen? Ich bin Doktor Mathiesen."

Ines antwortet leise – ich kann nicht hören, was sie sagt. Dann gehen beide zurück zum Sofa.

„So, was fehlt Ihnen denn? Die Gesundheit, oder? Hahaha!", ruft der Mann.

außerdem	بالإضافة إلى ذلك
kochen, du kochst, du hast gekocht	يطبخ
das Sofa, Sofas	الأريكة
schlecht	سيّء
langsam	بطء
vorsichtig	حذر
dunkel, *Plural:* dunkle	الظلام
Knauer	اسم عائلة
aussehen, du siehst aus, du hast ausgesehen	يظهر، يبدو؛ مثال: مظهري أنيق
du hast angerufen (*Perfekt von* anrufen)	اتصل
der Doktor, Doktoren	الطبيب
Mathiesen	اسم عائلة
leise	خافت، صمت
fehlen, du fehlst	ينقص
Was fehlt Ihnen denn?	ماذا ينقصك إذًا؟
die Gesundheit (صيغة المفرد)	الصحّة
der Koffer, Koffer	الحقيبة
cc, du holst heraus, du hast herausgeholt	يُخرج
das Instrument, Instrumente	الأداة، المعدّات
ausatmen, du atmest aus, du hast ausgeatmet	زفير
legen, du legst, du hast gelegt	يضع

bisher	حتّى الآن
klappen, es klappt, es hat geklappt	يتم؛ مثال: كل شيء تم بنجاح
der Kerl, Kerle	الرجل؛ صيغة عاميّة
reisen, du reist, du bist gereist	يسافر
der Überblick	النظرة العامة
du hast verloren (*Perfekt von* verlieren)	فقد، خسر
Else	اسم أنثى

sich verlieben, du verliebst dich, du hast dich verliebt	يقع في الحب
zusammen	معًا
gemeinsam	مع بعض
stimmen, es stimmt, es hat gestimmt	يوافق، يناسب
der Sommer	الصيف
der Sommertag, Sommertage	يوم الصيف

Er muss Arzt sein. Er öffnet einen Koffer und holt ein paar Instrumente heraus.

„Machen Sie bitte den Mund auf ... ja ... gut ... und jetzt sagen Sie 'Aaaahh' ... ja ... und jetzt bitte einatmen ... und ausatmen ..."

Nach ein paar Minuten legt er seine Instrumente weg und fragt Ines:

„Wie lange haben Sie denn schon Fieber?"

„Seit gestern früh. Und immer fast 40 Grad!"

„Und sonst?"

„Naja, ich fühle mich krank ... Halsschmerzen, Husten, Schnupfen ... der Kopf tut mir weh, die Beine ..."

„Also, Frau Knauer, das ist ja alles ganz klar. Eine kleine Sommergrippe, nicht wahr? Ich stelle Ihnen ein Rezept aus, Tabletten gegen die Schmerzen – aber sonst können wir nicht viel machen. Abwarten und Tee trinken! Sie wissen ja, eine Grippe dauert ohne Arzt zwei Wochen und mit Arzt vierzehn Tage. Hahaha!"

das Fieber, Fieber	الحمّى
früh	في وقت مبكّر
gestern früh	صباح أمس المبكّر
40 Grad, Grade	40 درجة
krank	مريض
der Halsschmerz, Halsschmerzen	التهاب الحلق
der Husten	السعال
der Schnupfen	البرد؛ بمعنى: مريض بالبرد (صيغة المفرد)
der Kopf, Köpfe	الرأس
wehtun, es tut weh, es hat weh-getan (+ Dativ)	يضر، يؤلم
das Bein, Beine	الساق
die Sommergrip-pe, -grippen	انفلونزا الصيف
wahr	حقيقي
nicht wahr?	أليست الحقيقة؟
das Rezept, Rezepte	الوصفة
ausstellen, du stellst aus, du hast ausgestellt	يعرض، يصدر
ein Rezept aus-stellen	إصدار وصفة طبيّة
die Tablette, Tabletten	قرص الدواء
gegen	ضد
abwarten, du wartest ab	ينتظر
Abwarten und Tee trinken.	أي: لننتظر ونرى ماذا يحصل
die Grippe, Grippen	الانفلونزا
dauern, es dauert	يستغرق
ohne	بدون

So ein Kindskopf. Hoffentlich wird er noch erwachsen! Ich bin froh, dass er Ines jetzt allein lässt. Sie muss ja ganz verrückt werden von seinem „hahaha". Aber kaum ist er fünf Minuten weg, geht die Tür schon wieder auf. Jochen steht im Wohnzimmer! Ines sagt sofort:
„Jochen, gut, dass du gekommen bist. Du musst zur Apotheke gehen. Beate ist noch nicht da, sie ist zu ihrer Theaterprobe gegangen. Hier, ich habe von dem Arzt ein Rezept bekommen."
Aber Jochen hat Ines gar nicht gehört. Er ruft:
„Ich bin Hotelier!"
„Was? Was ist los?", sagt Ines.
„Ich habe eine Pension in Warnemünde!"
„Wo? Was? Du willst nach Warnemünde fahren, wenn du in Pension bist?"
„Nein, ich habe eine Pension in Warnemünde!"
„Meine Güte, Jochen, ich habe Fieber ... ich verstehe nicht ... was erzählst du von einer Pension in Warnemünde? Du musst doch in die Apotheke ..."
„Also, meine Eltern. Du erinnerst dich doch noch an meine Eltern, oder?"
„Natürlich. Deine Eltern haben eine Pension in Warnemünde gehabt. Aber die Kommunisten haben ihnen doch die Pension weggenommen, damals, 1953 oder wann das war."
„Genau. Und jetzt bekomme ich sie!"
„Wie, du bekommst sie? Um Gottes Willen, hast du sie gekauft? Wir haben doch nicht genug Geld ... Beate studiert bald ..."
„Nein, Ines. Ich habe sie nicht gekauft. Ich brauche sie gar nicht kaufen! Ich habe sie gratis bekommen!"
„Gratis? Wieso denn das?"
„Weil alle Leute jetzt das wiederbekommen, was die Kommunisten ihnen weggenommen haben. So einfach ist das!"
„Ach. Und was willst du jetzt machen?"
„Was ich machen will? Nach Warnemünde fahren natürlich!"

der Kindskopf, Kindsköpfe	رأس الطفل	kaum	بالكاد
hoffentlich	آمل ذلك	du bist gekommen (*Perfekt von* kommen)	أتى
erwachsen	شخص بالغ، شخص كبير		
Hoffentlich wird er noch erwachsen.	نأمل أنّه سيكبر	die Apotheke, Apotheken	الصيدليّة
froh	مسرور	du bist gegangen (*Perfekt von* gehen)	ذهب
lassen, du lässt, du hast gelassen	يترك، يدع		

du hast gehört (*Perfekt von* hören)	سمع
der Hotelier, Hoteliers	صاحب الفندق
die Pension, Pensionen	بيت الضيافة، أيضًا: معاش التقاعد
Warnemünde	منطقة سياحيّة بشمال ألمانيا
in Pension sein	متقاعد
die Güte	الجودة، الخير
meine Güte!	بمعنى: يا للهول!
erzählen, du erzählst, du hast erzählt	يسرد
sich erinnern, du erinnerst dich, du hast dich erinnert (an + Akk.)	يتذكّر
du hast gehabt (*Perfekt von* haben)	كان لديك
der Kommunist, Kommunisten	الشيوعي
wegnehmen, du nimmst weg, du hast weggenommen	يسلب
damals	آنذاك
Um Gottes Willen	في سبيل الله
du hast gekauft (*Perfekt von* kaufen)	اشترى
gratis	مجّانًا
wieso	لماذا
wiederbekommen, du bekommst wieder, du hast wiederbekommen	يسترجع مجدّدًا

هذا هو الفصل الأوّل حيث نستخدم فيه المضارع التام (Perfekt) بشكل منتظم، حان الوقت الآن للعودة إلى الفصل 6 إذا كنت بحاجة إلى المراجعة، ستجد صيغة المضارع التام Perfekt للأفعال في الفصل 6-1 في الصفحة 62، وللفصول 12-7 في هذه الصفحة:

Schloss (قلعة) Heidelberg

anziehen	du hast angezogen
atmen	du hast geatmet
aufpassen	du hast aufgepasst
aufschneiden	du hast aufgeschnitten
bestellen	du hast bestellt
besuchen	du hast besucht
bleiben	du bist geblieben
bringen	du hast gebracht
duschen	du hast geduscht
einatmen	du hast eingeatmet
erklären	du hast erklärt
erschrecken	du bist erschrocken;
	du hast dich/mich erschreckt
flüstern	du hast geflüstert
folgen	du bist mir gefolgt
geben	du hast gegeben
gewöhnen	du hast dich gewöhnt
hängen	du hast gehängt
heimfahren	du bist heimgefahren
herunterfallen	du bist heruntergefallen
hüpfen	du bist gehüpft
kennen	du hast gekannt
klauen	du hast geklaut
lachen	du hast gelacht
laufen	du bist gelaufen
läuten	du hast geläutet
lernen	du hast gelernt

losgehen	du bist losgegangen
mögen	du hast gemocht
motivieren	du hast motiviert
passieren	es ist passiert
putzen	du hast geputzt
sagen	du hast gesagt
schauen	du hast geschaut
schieben	du hast geschoben
schließen	du hast geschlossen
schmecken	du hast geschmeckt
schneiden	du hast geschnitten
sehen	du hast gesehen
seufzen	du hast geseufzt
spielen	du hast gespielt
starten	du hast gestartet
stehen	du hast gestanden
stellen	du hast gestellt
suchen	du hast gesucht
treffen	du hast getroffen
überlegen	du hast überlegt
verlieren	du hast verloren
vorstellen	du hast vorgestellt
wechseln	du hast gewechselt
zeigen	du hast gezeigt
ziehen	du hast gezogen
zugeben	du hast zugegeben

Heute – morgen – heute Morgen

Morgen كلمة مفيدة، ولكنّها مركبة نوعًا ما.

1 der Morgen

تشير الكلمة إلى فترة من الوقت في اليوم من حوالي الساعة 5 صباحًا إلى حوالي الساعة 9 صباحًا، وتشير الكلمة **der Vormittag** للوقت بين الساعة 9 صباحًا و 12 ظهرًا: في الألمانيّة ليس لدينا فقط كلمة لوصف الوقت في الظهر - بل لدينا أيضًا كلمة لوصف الوقت "قبل الظهر"، يمكننا أن نقول على سبيل المثال:

الصباح كان جميلًا.	Der Morgen war schön.
في الصباح أتناوّل وجبة الإفطار.	Am Morgen frühstücke ich.
في الصباح الباكر.	früh am Morgen.

2 morgens

... بنفس معنى كلمة **am Morgen** (في الصباح).

früh am Morgen = früh morgens

Am Morgen frühstücke ich. = Morgens frühstücke ich.

باتباع نفس النمط السابق يمكنك أيضًا أن تقول:

nachts (= in der Nacht), **abends** (= am Abend),

nachmittags (= am Nachmittag),

vormittags (= am Vormittag), **mittags** (= am Mittag).

3 morgen

... تعني غدًا.

Morgen fahre ich nach Berlin.

= غدا سأذهب إلى برلين.

تتعقّد الأمور قليلاً عندما نريد أن نقول أنّ شيئًا ما حدث **هذا الصباح** أو صباح **أمس** أو سيحدث **صباح الغد**، جملة **هذا الصباح** لا تزال سهلة:
heute Morgen

يمكننا الجمع بين heute (اليوم) و Morgen (الصباح)، سهل جدًّا، أليس كذلك؟ ولكن ربّما تمكّنت من اكتشاف المشكلة الآن، عندما أريد أن أقول **صباح الغد** بنفس الطريقة السابقة يجب أن أقول morgen **Morgen**، وبما أنّ هذا يبدو غريبًا جدًّا فلا أحد يقول ذلك، ونستبدلها بقول الجملة: morgen früh ("غدًا مبكّرًا")، يمكننا أيضًا تطبيق السابق مع **صباح أمس**: gestern früh، ونتجنّب التعقيد في جنوب ألمانيا والنمسا بعدم استخدام heute Morgen ويُستبدلها مع heute früh.

vorgestern:	gestern:	heute:	morgen:
Donnerstag	Freitag	Samstag	Sonntag

Morgens esse ich immer Müsli.

Aber heute Morgen habe ich keine Zeit: Ich trinke nur eine Tasse Kaffee.

Morgen ist Sonntag, da esse ich Kuchen.

Ein – irgendein

عن طريق إضافة irgend- إلى أدوات التنكير (ein / eine)، يمكنك قول **أي** أو **أحد**:

بيت	ein Haus
أي بيت، أحد البيوت	irgendein Haus

Irgend- تُستخدم أيضًا مع أدوات الاستفهام، وتعني أنّنا لا نعرف حقًّا أين / متى / من / كيف ...

في مكان ما	irgendwo
إلى مكان ما	irgendwohin
من مكان ما	irgendwoher
في وقت ما	irgendwann
شخص ما	irgendwer
بطريقة ما	irgendwie

على سبيل المثال:

Wo ist das Brot? – Es ist irgendwo in der Küche.

Wann kommt Jochen? – Irgendwann am Dienstag.

Ist irgendwer zu Hause?

Jochen kennt Angelika irgendwoher.

Wohin willst du fahren? – Irgendwohin.

Der Körper

الجسم

قم بتغطية الترجمة العربيّة وحاول تسمية
أجزاء جسدي بالصورة بشكل صحيح.

der Kopf, Köpfe	الرأس
das Knie, Knie	الركبة
das Ohr, Ohren	الأذن
der Hals, Hälse	الرقبة
der Arm, Arme	الذراع
die Brust, Brüste	الصدر
die Nase, Nasen	الأنف
der Mund, Münder	الفم
die Hand, Hände	اليد
der Bauch, Bäuche	البطن
der Magen, Mägen	المعدة
der Fuß, Füße	القدم
das Auge, Augen	العين
das Bein, Beine	الساق
der Rücken, Rücken	الظهر

Beim Arzt

عند الطبيب

حاول معرفة ما سيقوله الطبيب وما سيقوله المريض قبل
إلقاء نظرة على الترجمة العربيّة.

Ich habe hier Schmerzen	لدي ألم هنا.
Ich habe Bauchschmerzen.	لدي آلام في المعدة.
Ich habe Durchfall.	لدي إسهال.
Können Sie bitte Ihr Hemd ausziehen?	هل يمكنك من فضلك خلع قميصك؟
Atmen Sie ein. / Atmen Sie aus.	شهيق / زفير.
Ich muss brechen.	يجب أن أستفرغ، أي: سأستفرغ.
Sie müssen Tabletten nehmen.	يجب أن تأخذ حبوب الدواء.
Bekomme ich das in der Apotheke ohne Rezept?	هل يمكنني الحصول على هذا الدواء في الصيدليّة دون وصفة طبيّة؟
Sie haben Fieber.	لديك حمّى.
Sie müssen im Bett bleiben.	يجب عليك البقاء في السرير.
Müssen Sie oft husten?	هل تسعل كثيرا؟

1. أجب على الأسئلة.

Warum ist Jens heute zu Ines, Jochen und Beate geflogen?

Wie alt ist Jens jetzt?

Warum werden viele Spatzen nicht alt?

Warum hat Jens Jakob in letzter Zeit nicht so oft gesehen?

Wer ist Else?

Warum denkt Jens, dass etwas nicht stimmt?

Was ist mit Ines los?

Was soll sie machen?

Was erzählt Jochen?

Was ist 1953 mit der Pension von Jochens Eltern passiert?

Warum bekommt Jochen die Pension gratis?

2. Gegenteile - التضاد، حاول العثور على الكلمة المعاكسة لكل كلمة في القائمة باستخدام المفردات التي تعلّمتها سابقًا، ثمّ استخدم الكلمة مع ضدّها في جملة.

Beispiel: leben – sterben → Gesunde Menschen leben lange und sterben oft später.

leben	kommen
lang	schließen
mit	sofort
nie	jeder/jede/jedes

3. كلمات قصيرة، ولكن تُستخدم بكثرة ... استخدم كل من هذه الكلمات في جملتين مختلفتين، لا تستخدم سوى الكلمات التي تعرفها سابقًا (لا تبحث عن كلمات جديدة في القاموس).

ganz	nicht	etwas
sehr	nur	wenig
vielleicht	auch	hier
sonst	überhaupt	bald

4. تكوين الأسئلة! لم تستطيع فهم الأجزاء التي تحتها خط، اسأل عنهم واكتب السؤال.

<u>Angelika</u> redet jetzt mit der anderen Frau.

<u>Sie und Angelika</u> kennen sich schon lange.

Es war ein sehr langer Tag und ich will wirklich <u>nach Hause</u> fliegen.

<u>Als Beate von der Theaterprobe nach Hause gekommen ist</u>, ist sie sofort auf den Balkon gegangen.

In dem Moment <u>landen</u> zwei Spatzen auf dem Tisch vor Ines und Beate.

5. سؤال سريع: هل تتذكّر كل صيَغ الفعل werden؟ قلها بصوت عالٍ مرّتين.

6. استخدم الفعل المساعد المناسب بالفراغ؟

Robert _____ nicht Arzt werden, denn er _____ nicht sehen, wie Menschen sterben. Auch Lehrer _____ er nicht werden, denn dafür _____ er viel schreiben und
laut rufen, wenn die Kinder nicht hören _____. Das _____ er gar nicht.
Roberts Vater _____ ihm erklären, als was man noch arbeiten _____. Dann _____
Robert ihn alles fragen und er _____ ihm alles erklären.

7. احسب جميع الأرقام التالية بمضاعفتها.

Beispiel: Alex – sehen – zwei Spatzen. → Alex sieht vier Spatzen.

a) Die U-Bahn – fahren – in einer Minute.
b) Die Sommergrippe – dauern – eine Woche.
c) Ich – verstehen – 55 Wörter Deutsch.
d) Wir – liegen – sechs Stunden – im Bett
e) Der Arzt – aufschreiben – Lena – ein Rezept
f) Ich – erschrecken – meine Freundin – noch einmal morgen
g) Sie – sitzen – seit zwölf Minuten – im Café
h) Ihr – bekommen – jeden Tag – um fünf Uhr – Angst
i) Wer – zahlen – die drei Espresso und zwei Käsekuchen?
j) Können – du – für meine dreizehn Kollegen etwas kochen?

8. استبدل تعبيرات الوقت للكلمات المسطّرة بـ morgen / morgens / Morgen / früh / vormittags
mittags / nachmittags / abends / nachts.

*Beispiel: Am Donnerstag um 7.20 hat das Telefon geläutet. → Am Donnerstagmorgen
hat das Telefon geläutet.*

Heute ist Freitag – am Samstag besuche ich meine Eltern.
Vor dem Frühstück dusche ich.
Um 15.00 Uhr trinke ich Kaffee.
Heute habe ich keine Zeit, aber in 24 Stunden können wir uns treffen.
Wenn ich aufstehe, ist meine Frau schon in der Arbeit.
Um 19.30 Uhr kommt Peter zu Besuch.
Heute um 7.00 Uhr bin ich in die Stadt gefahren.
Gestern um 8.00 Uhr war ich in der Schule.
Heute ist Samstag: Da arbeite ich bis 19.00 Uhr. Aber ich kann am Sonntag bis
11.00 Uhr schlafen, weil ich da nicht arbeite.
Um 12.00 Uhr esse ich immer einen Salat.

145

جبال الألب النمساويّة

14

die Neuigkeit, Neuigkeiten	الخبر
größer	أكبر
die Zeit, Zeiten	الوقت
seit längerer Zeit	منذ فترة طويلة
klein	صغير
kleiner	أصغر
Veronika	اسم أنثى
das Brötchen, Brötchen	الخبز الصغير
das Fischbrötchen, Fischbrötchen	الخبز الصغير بالسمك
das Eis	المثلّجات
sodass	وبالتالي، ولذلك
das Meer, Meere	البحر
baden, du badest, du hast gebadet	يستحم، تعني هنا: يسبح
gefallen, du gefällst, du hast gefallen	يُعجِب
hinfliegen, du fliegst hin, du bist hingeflogen	يطير إلى هناك
der Kilometer, Kilometer	الكيلومتر
halt	مجرّد
ein paar	بعضًا من
Das dauert halt ein paar Tage.	ذلك يستغرق مجرّد بضعة أيام
der Mensch, Menschen	الإنسان، الشخص

„Jakob! Gut, dass ich dich treffe. Es gibt Neuigkeiten!"
Wir sitzen wieder unter den Linden, wie seit so vielen Jahren. Egal, was passiert ist – wir sind älter geworden, die Linden noch größer, aber nach wie vor treffen wir uns hier. Heute war ich zum ersten Mal seit längerer Zeit bei den Knauers, und ich will Jakob natürlich alles erzählen.
Jakob hört mir lange zu, ohne etwas zu sagen. Erst als ich über Warnemünde spreche, sagt er:
„Warnemünde! Es ist schön dort. Warnemünde ist kleiner als Berlin. Ich war mit Veronika dort, im Sommer vor ein paar Jahren. Die Leute sitzen draußen, essen Fischbrötchen und Eis, sodass immer genug für uns Spatzen bleibt. Außerdem kannst du sogar im Meer baden, wenn du keine Angst hast. Also, mir gefällt Warnemünde. Flieg doch hin, jetzt wo Jochen dort ein Haus hat!"
„Hinfliegen? Bist du verrückt? Das sind ja mehr als 200 Kilometer!"
„Ja und? Das dauert halt ein paar Tage. Du hast doch Zeit. Du bist ja kein Mensch: Du musst nicht zur Arbeit oder in die Schule – oder was die Menschen sonst so den ganzen Tag machen."
„Das schon, aber so weit fliegen ... und ich weiß gar nicht, wo die Pension von Jochen ist."

„Was will er eigentlich mit der Pension machen? Er ist doch schon zu alt, um sie selber zu führen."

„Ich weiß nicht. Ines hat zuerst Angst gehabt, dass er für die Pension viel Geld bezahlt hat. Aber er hat sie ja gar nicht gekauft."

„Jaja, die Menschen immer mit ihrem Geld. Angelika spricht mit Waltraud auch dauernd über Geld: dass alles teurer wird, dass Sabrina mehr Geld braucht ... Wer ist eigentlich Sabrina?"

„Angelikas Tochter."

„Ach ja, die Tochter von Angelika und Jochen?"

„Na, ich weiß immer noch nicht, wer der Vater von Sabrina ist ... Jochen kann es ja eigentlich nicht sein, wegen der Mauer."

„Stimmt. Aber egal, jedenfalls brauchen die Menschen dauernd mehr Geld, als sie haben ... Immer wollen sie etwas kaufen: Kleider, Möbel, Autos ..."

„Autos ... Autos! Jakob, jetzt weiß ich, wie ich nach Warnemünde komme. Ich werde nicht fliegen – ich habe eine bessere Idee!"

Obwohl es erst sieben Uhr morgens ist, ist es in der Küche schon sehr warm: Die Sonne scheint direkt durch die Fenster. Jochen sitzt am Tisch und bereitet sich Proviant für die Reise nach Warnemünde vor: zwei Scheiben Brot mit viel Butter, Schinken und Käse, eine Dose Bier und eine Tafel Schokolade. Ines kommt herein.

„Das willst du heute essen? Nur Fett und Kalorien?"

„Nein, Ines. Ich fahre zum Supermarkt, um Salat zu kaufen."

„Na gut. Das ist wenigstens ein bisschen gesünder als deine Brote und die Schokolade."

„Jetzt muss ich los. Was ist mit dir, fährst du wirklich nicht mit?"

„Nein, ich bin noch viel zu schwach, um nach Warnemünde zu fahren. Außerdem will ich Beate nach ihrer Theaterprobe treffen. Einen schönen Tag dir! Und ruf an, wenn du in Warnemünde bist."

„Danke, dir auch."

Jochen geht die drei Treppen hinunter auf die Straße. Er biegt nach links ab zu einem kleinen Parkplatz, wo ein roter Opel parkt. Auf dem Opel sitzt ein Spatz. Jochen wundert sich, warum der Spatz nicht wegfliegt, als er das Auto aufsperrt.

Er legt den Rucksack mit den Broten und der Schokolade ins Auto und holt eine Landkarte heraus. Dann geht er um das Auto herum und steigt ein. Noch einmal sieht er auf das Dach des Autos: Der Spatz ist nicht mehr da.

Jetzt ist er doch weggeflogen, denkt Jochen. Er fährt los.

148

selber	بنفسه (بالألمانيّة العاميّة)
führen, du führst, du hast geführt	يُرشد، تعني هنا: يُدير
bezahlen, du bezahlst, du hast bezahlt	يدفع (دفع الحساب)
dauernd	باستمرار
teuer	غالٍ
teurer	أغلى
wegen	بسبب
das Möbel, Möbel	الأثاث
die Idee, Ideen	الفكرة
die Sonne, Sonnen	الشمس
scheinen, du scheinst, du hast gescheint	تعني هنا: يسطع؛ معنى آخر: يبدو
direkt	مباشرة
vorbereiten, du bereitest vor, du hast vorbereitet	يحضّر، يجهّز
der Proviant, Proviant	الزاد، المؤونة
die Reise, Reisen	الرحلة
die Dose	العلبة
die Tafel, Tafeln	السبّورة
die Schokolade, Schokoladen	الشوكولا
die Tafel Schokolade	لوح الشوكولا
herein	إلى الداخل
hereinkommen, du kommst herein, du bist hereingekommen	يأتي إلى الداخل
das Fett, Fette	الدهن

Nach fünfhundert Metern bleibt er am Supermarkt stehen. Er geht hinein und kauft ein: etwas Salat (wegen Ines), Erdnüsse, eine Zeitschrift, eine Zahnbürste, Seife. Soll er noch etwas Sonnencreme kaufen? Ja, vielleicht geht er in Warnemünde an den Strand.

An der Kasse muss er nicht warten – er zahlt, bekommt eine Tüte und packt seine Sachen ein. Dann geht er wieder zum Auto. Als er die Tüte mit den Einkäufen ins Auto legen will, erschrickt er: Unter dem Sitz hört er ein komisches Geräusch! Jochen ist ganz still und wartet. Aber er hört das Geräusch nicht noch einmal. Also legt er die Tüte hinein, setzt sich ins Auto und fährt los.

die Kalorie, Kalorien	السعرات الحراريّة
der Supermarkt, Supermärkte	السوبرماركت
wenigstens	على الأقل
gesund	صحّي
gesünder	أكثر صحّيّة
Was ist mit dir?	ماذا بك؟
schwach	ضعيف
Einen schönen Tag dir!	(أتمنّى لك) يومًا سعيدًا!!
die Treppe, Treppen	الدرج
hinunter	إلى الأسفل
der Opel, Opel	ماركة سيّارات ألمانيّة
parken, du parkst, du hast geparkt	يركن؛ مثال: يركن سيّارته
sich wundern, du wunderst dich, du hast dich gewundert	يتعجّب، يذهل
wegfliegen, du fliegst weg, du bist weggeflogen	يطير بعيدًا

aufsperren, du sperrst auf, du hast aufgesperrt	يفتح القفل؛ مثال: فتح قفل السيارة
der Rucksack, Rucksäcke	شنطة الظهر
die Landkarte, Landkarten	الخريطة
um etwas herumgehen, du gehst um etwas herum, du bist um etwas herumgegangen	يتجوّل حول شيء ما
einsteigen, du steigst ein, du bist eingestiegen	يركب
das Dach, Dächer	السقف
hinein	إلى الداخل
hineingehen, du gehst hinein, du bist hineingegangen	يذهب إلى الداخل
die Erdnuss, Erdnüsse	الفول السوداني

die Zeitschrift, Zeitschriften	المجلّة
die Zahnbürste, Zahnbürsten	فرشاة الأسنان
die Seife, Seifen	الصابون
die Sonnencreme, Sonnencremes	كريم واقٍ من الشمس
der Strand, Strände	الشاطئ
die Kasse, Kassen	مكان دفع المشتريات
einpacken, du packst ein, du hast eingepackt	يحزم؛ مثال: حزمت حقائبي
die Sache, Sachen	الشيء
der Einkauf, Einkäufe	المشتريات
der Sitz, Sitze	المقعد
das Geräusch, Geräusche	الضوضاء
still	هادئ
sich setzen, du setzt dich, du hast dich gesetzt	يجلّس نفسه

بين فعلين

أخبرتك سابقًا أنّ الجمل الألمانيّة مرنة جدًّا، ممّا يعني أنّه يمكنك وضع أي معلومة بشكل أساسي في أي مكان – مع بعض الاستثناءات القليلة:

1. الفعل يكون دائمًا، دائمًا (دائمًا!) في الخانة الثانية بالجملة، أو في الخانة الأخيرة (هل نسيت ذلك؟ تحقّق من الفصل 3 و 7).

2. *Subjekt* "أي الفاعل" يوضع في خانة رقم 1، أو نضع الفاعل في الخانة رقم 3 عندما تكون الخانة الأولى مشغولة.

بالطبع يمكن لجميع المعلومات الأخرى أن تأخذ الخانات الفارغة فيما بينهم مع بعض من القواعد التي يجب أن تتذكّرها:

- يتم وضع المفعول به بالجر *Dativ* قبل المفعول به بالنصب *Akkusativ*، ولكن إذا كان المفعول به *Akkusativ* ضميرًا فسيأتي الضمير أوّلاً.

  لذلك: Ich kaufe dir **ein Eis.**

  ولكن: Ich kaufe es dir.

- *Adverbials*: بعضًا من المعلومات حول الظروف (على سبيل المثال: معلومات حول الزمان والمكان والسبب ... ولكن أيضًا الكلمات البسيطة التي تعطي الجمل "لونًا" آخر، مثل **nicht, gerne**) تأخذ الأماكن الباقية في الجملة.

دعنا نتحقّق باستخدام جمل مختلفة لمعرفة كيفيّة تطبيق القواعد السابقة عمليًا:

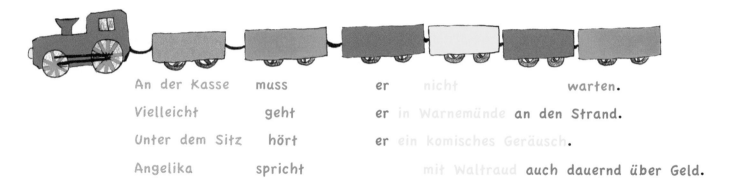

An der Kasse	muss		er	nicht		warten.
Vielleicht	geht		er	in Warnemünde	**an den Strand.**
Unter dem Sitz	hört		er	ein komisches Geräusch.
Angelika	spricht			mit Waltraud	**auch dauernd über Geld.**

ملاحظة قصيرة حول الثقافة "الستايل":

لا تقتصر كتابة اللّغة الألمانيّة الجيّدة على الكتابة الصحيحة نحويًا، ربّما لاحظت أنّه قد يكون من الصعب جدًّا فهم جملة ما عندما نجد الكثير من المعلومات بين فعلين (أو بين الأفعال القابلة للفصل)، لذلك يوصي معلّمو فن اللّغة الألمانيّة بعدم استخدام أكثر من ست كلمات بين فعلين، ويتوجّب علينا في حال مخالفة هذه النصيحة إمّا أن نحاول إنشاء جملتين مختلفتين، أو محاولة وضع جزء طويل من المعلومات في بداية الجملة لكي نقلّل من عدد الكلمات بين الأفعال، ولسوء الحظ أنّ الكثير من الألمان يتجاهلون هذه النصيحة، ولكن لا يجب عليك تجاهلها أيضًا!

مثال: Ich will heute um 19.00 Uhr mit Veronika im Meer baden.

أفضل: Heute um 19.00 Uhr will ich mit Veronika im Meer baden.

أقسى أفضل أسرع أقوى

مقارنة الأشياء أمر سهل للغاية باللّغة الألمانيّة.

كل ما علينا فعله هو إضافة -er إلى آخر الصفة، تسمّى هذه القاعدة *Komparativ*.

klein → kleiner

Warnemünde ist *kleiner* als Berlin.

Superlativ (الصيغة التي تشير إلى المفاضلة "التفضيل"، على سبيل المثال: **الأكبر والأصغر**) تكاد تكون بسهولة قاعدة المقارنة، نستخدم كلمة **am** والنهاية **sten-** في آخر الصفة.

Warnemünde ist *am kleinsten*.

فارنيموند هي الأصغر.

لاحظ أنّ كلمة **am** – ليس لها مثيل باللّغة العربيّة، ويجب علينا استخدام الكلمة **am** قبل صفة المفاضلة عندما تكون الصفة بوحدها (أي بدون اقترانها مع الكلمة التي تصفها)، وعندما نستخدم صفة المفاضلة مع الكلمة التي تصفها فلن نستخدم **am**:

Warnemünde ist *der kleinste Stadtteil* von Rostock.

يتم تصريف نهايات المقارنة والتفضيل تمامًا مثل نهايات الصفات "العاديّة"، وفقًا لنظام النهايات بجملة *Rese / Nese / Mormon*.

ein kleinere**r** Mann – eine kleinere Stadt – ein kleinere**s** Kind
der kleinst**e** Mann – die kleinst**e** Stadt – das kleinst**e** Kind

عادة ما يكون تصريف نهايات حالة التفضيل أمرًا سهلًا – فغالبًا ما تُستخدم مع أداة التعريف ال، لماذا؟ حسنًا، قد يكون هناك العديد من **العدّائين السريعين**، ولكن واحدًا منهم فقط هو **الأسرع**، على وجه التحديد لأنّه يحمل الرقم القياسي، فهو ليس عدّاءًا عادي، ولكنّه العداء الشهير الوحيد، لذلك نستخدم أداة التعريف ال وليس أداة النكرة للتفضيل.

إلى الآن تم شرح القواعد الرئيسيّة، بعض الاستثناءات / القواعد الإضافيّة التي يجب أن تعرفها:

1 نقوم بتغيير حروف العلّة للصفات القصيرة التي تحتوي على **a** أو **o** أو **u** إلى **ä** أو **ö** أو **ü**:

lang → länger

seit längerer Zeit

2 إسقاط أو إضافة **e**:

تحتوي الكثير من الصفات على **e**- وثمّ حرف ساكن بنهايتها (على سبيل المثال: **teuer: e-r**)، ونظرًا لأنّنا سنضيف **er**- بنهاية صفة المقارنة سوف نحصل على الكثير من **e**، ولتجنّب ذلك نُسقط **e**:

teurer

Alles wird teurer.

على النقيض من ذلك، عند استخدام صيغة التفضيل للصفات التي تنتهي بـ **t** أو **d**، وبعض الحروف الساكنة الأخرى سنحصل على جمل صعبة النطق، لذلك نضيف حرف **e** إلى النهاية المعتادة لحالة التفضيل، فنحصل على نهاية **esten-**:

kalt → am kält**e**sten

عندما يكون هناك اختلاف، استخدم
صيغة المقارنة مع **als**:
**Warnemünde ist
kleiner** als **Berlin.**

عندما لا يكون هناك فرق في المقارنة،
نستخدم **so** و **wie**:
Jens ist so **klein** wie
Jakob.

لسوء الحظ، هناك بعض الصفات الغير منتظمة أيضًا، سيتوجّب عليك أن تتعلّمهم عن ظهر قلب، آسف
بشأن ذلك! الحالة الغير منتظمة سابقًا التي تعلّمتها حتّى الآن هي:

gut → besser → am besten

لاحظ أنّ هناك شيئًا واحدًا لا يصح عند المقارنة، وهو المزيج من **mehr** + صفة، على غرار الطريقة التي نقول
بها باللّغة العربيّة **أكثر** + صفة.

هذه القصة أكثر إثارة للاهتمام.
Diese Geschichte ist interessanter.

um + / ohne +

um - zu كما لو أردنا أن نقول **لأجل أن** أو **لـي** في اللّغة العربيّة:
Ich fahre zum Supermarkt, um Salat zu kaufen.
أذهب إلى السوبر ماركت، لكي (أنا) أشتري السلطة.

من المهم أن تعلم أنّ هذا التركيب يُستخدم فقط إذا كان الفاعل أو الشخصان متماثلان، تخيّل مثلًا أنّ
Jochen و **Ines** يقودان معًا، ويريد **Jochen** أن يقول أنّه سيقود إلى السوبر ماركت لكي يتمكّن **Ines** من شراء
السلطة – في هذه الحالة لا يمكننا استخدام **um ... zu**، بدلاً من ذلك سنستخدم **damit** أو **sodass** ونكوّن
جملة فرعيّة أو ثانويّة – تمامًا كما في اللّغة العربيّة عندما نقول حتّى أو لكي:
Ich fahre zum Supermarkt, damit du Salat kaufen kannst.
Ich fahre zum Supermarkt, sodass du Salat kaufen kannst.
سأقود إلى السوبر ماركت حتّى/لكي (أنت) تتمكّن من شراء السلطة.

الفرق في المعنى بين **damit** و **sodass** صغير جدًّا، تعني **Damit** أنّ **Jochen** يقود إلى السوبرماركت لغرض
وهدف تمكين **Ines** من شراء السلطة، وتعني **sodass** أنّه نظرًا لأنّه سيقود إلى السوبرماركت على أي حال
سيتمكّن **Ines** من شراء السلطة هناك كنتيجة منطقيّة.

يمكننا استخدام بنية مماثلة مع **ohne ... zu**، لنقول **دون أن**، لاحظ أنّنا نستخدم صيغة المصدر (*infinitiv*
machen, schlafen, essen) باللّغة الألمانيّة:

Jakob hört mir lange zu, ohne etwas zu sagen.
جاكوب يستمع لي لفترة طويلة دون أن يقول شيئًا.

لمحّي قواعد اللّغة: لا يعد البناء بعد **um** أو **ohne** جملة كاملة لأنّه لا يحتوي على *Subjekt* أو فاعل، نسمّي
هذا التركيب *Erweiterter Infinitiv* (صيغة المصدر الموسّعة).

Mindestens / wenigstens

كلاهما يتم ترجمتهما إلى **على الأقّل**، لكن المعنى مختلف بينهم، عندما تقول **mindestens** فأنت تريد تحديد رقم معيّن يمثّل الحد الأدنى المطلق لشيء ما، في الأساس يمكنك ترجمة **mindestens** باستخدام **أو أكثر..**:

Er ist mindestens 50 Jahre alt.

عمره 50 سنة على الأقّل (أو أكثر).

wenigstens تدل على أنّك لست سعيدًا بالنتيجة، ولكن **على الأقّل** ... أفضل من لا شيء، على سبيل المثال:

Das ist wenigstens gesünder als Schokolade.

هذا على الأقّل أكثر صحّة من الشوكولاتة.

طعام Jochen ليس صحيًّا، ولكن على الأقّل السلطة أكثر صحّة من الشوكولاتة.

تذكّر: مع كلمة **mindestens** يمكنك إضافة **oder mehr** (**أو أكثر**)، لا يمكنك القيام بذلك مع **wenigstens**.

Wenigstens ist niemand verletzt.
Aber das kostet mindestens 5000 €.

Einkaufen (التسوّق)

ما المنتجات التي يمكنك شراؤها / ما المهام التي يمكنك إنجازها في المتجر؟ قارنهم مع المتجر المناسب،
في أي وقت تفتح المتاجر؟ كيف يمكنك الدفع؟

اكتب قائمة التسوّق الخاصة بك وكرّر هذا التمرين.

Beispiel: Brot kann man in der Bäckerei oder im Supermarkt kaufen. Die Bäckerei hat von Montag bis Freitag von 6 Uhr bs 17 Uhr und samstags bis 12 Uhr geöffnet. Man kann nur bar bezahlen.
Der Supermarkt ist von Montag bis Samstag von 7 Uhr bis 20 Uhr geöffnet. Man kann auch mit Kreditkarte bezahlen.

der Super-markt, Super-märkte	السوبر ماركت
die Apotheke, Apotheken	الصيدليّة
das Arznei-mittel, Arznei-mittel	الدواء
das Kaufhaus, Kaufhäuser	مركز التسوّق
(die) Kosme-tik (دائمًا مفرد)	مستحضرات التجميل
der Kiosk, Kioske	الكشك
die Zeitschrift / Zeitschriften	المجلّة
das Geschäft, Geschäfte	المحل، المتجر
das Schuhge-schäft, Schuh-geschäfte	متجر الأحذية
der Schuh, Schuhe	الحذاء
die Tankstelle, Tankstellen	محطّة الوقود
an der Tank-stelle	في محطّة الوقود
(das) Benzin (دائمًا مفرد)	البنزين
bar bezahlen / mit Kreditkar-te bezahlen	الدفع نقدًا / الدفع باستخدام بطاقة الائتمان
die Fahrkarte, Fahrkarten	التذكرة؛ للمواصلات العامّة

Brot
Benzin
Zeitschriften
Schuhe
Zeitungen
Milch
Kosmetik
Arzneimittel
Essen
Kleidung
Kuchen
Fahrkarten
Käse

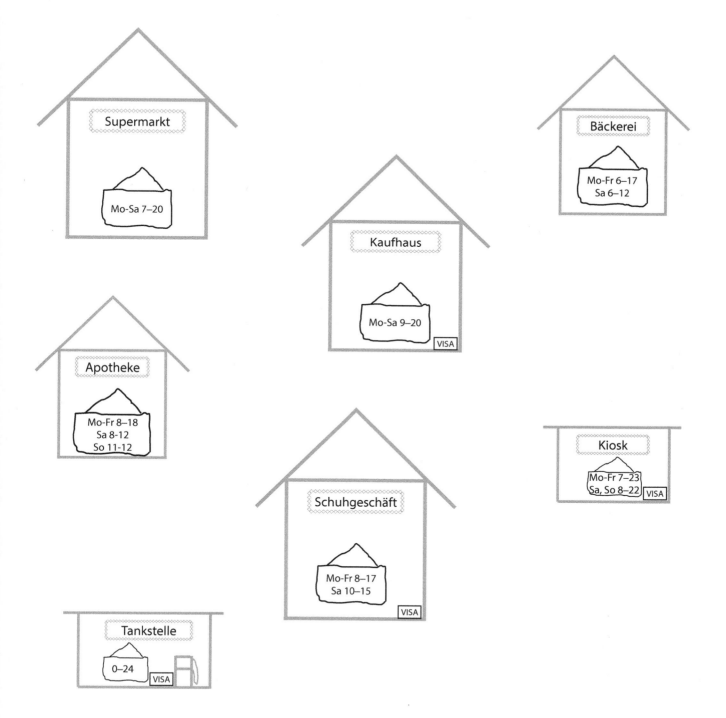

Supermarkt
Mo-Sa 7–20

Bäckerei
Mo-Fr 6–17
Sa 6–12

Kaufhaus
Mo-Sa 9–20
VISA

Apotheke
Mo-Fr 8–18
Sa 8-12
So 11-12

Kiosk
Mo-Fr 7–23
Sa, So 8–22
VISA

Schuhgeschäft
Mo-Fr 8–17
Sa 10–15
VISA

Tankstelle
0–24
VISA

1. Beantworte die Fragen.

Woher kennt Jakob Warnemünde?

Wie ist Warnemünde?

Warum will Jens nicht nach Warnemünde fliegen?

Warum brauchen die Menschen Geld?

Warum ist es in der Küche warm?

Was will Jochen essen?

Warum fährt Ines nicht nach Warnemünde?

Was kauft Jochen im Supermarkt?

Was passiert, als er wieder zum Auto geht?

Wie – denkst du – kommt Jens nach Warnemünde?

2. Wer ist wie groß?

Jochen – Beate – Jens – Ines – Andreas – Robert – Sophie – Klaus

Die größte Frau ist 1,79 m groß.

Andreas ist drei Zentimeter größer als Sophie.

Am kleinsten ist ??? mit 15 cm.

Eine Frau ist 1,65 m groß, also 1 cm größer als Ines.

Klaus ist einen Zentimeter kleiner als die größe Frau.

Jochen und ein anderer Mann sind mit 1,78 m genau gleich groß.

Am größten ist Robert mit 1,89 m.

Sophie ist größer als Klaus.

Kleiner als Ines ist nur der Spatz.

der Meter, Meter	العدّاد
m	اختصار لمتر
der Zentimeter, Zentimeter	السنتيمتر
cm	اختصار لسنتيمتر
gleich	يساوي

3. *Mindestens* oder *wenigstens*?

a) Andreas ist _____ 1,70 Meter groß.

b) Ines ist krank, aber sie hat _____ kein Fieber.

c) Es ist schon _____ 23.00 Uhr.

d) Warnemünde ist _____ 200 Kilometer von Berlin.

e) Die Apotheke ist _____ bis 18.00 Uhr offen.

f) Jochen hat nicht viel Zeit. _____ muss er an der Kasse nicht warten.

4. Wieviel kostet ... ?

Beispiel: 1 Apfel – 1,35 € → Wieviel kostet ein Apfel? – Ein Apfel kostet 1 Euro 35.

1 Brot – 2,75 €

1 Zeitung – 1,98 €

1 Käse – 3,20 €

1 Banane – 0,60 €

1 Paar Schuhe – 35,60 €

1 Zeitschrift – 9,80 €

5. Was ist teurer / billiger? (انظر إلى التمرين 4)

Beispiel: Brot / Banane → Ein Brot ist um 2,15 € teurer als eine Banane.

a) Zeitung / Zeitschrift
b) Paar Schuhe / Zeitschrift
c) Banane / Käse
d) Käse / Zeitung
e) Zeitschrift / Brot
f) Brot / Käse
g) Zeitung / Brot
h) Brot / Zeitschrift
i) Banane / Paar Schuhe
j) Zeitung / Banane

teuer	غالي
billig	رخيص

٦. تحتوي الجمل التالية على معلومات حول المدن والشخصيّات الألمانيّة / النمساويّة / السويسريّة وما إلى ذلك، تحقّق من هذه المعلومات على ويكيبيديا (باللّغة الألمانيّة بالطبع! على هذا الرابط: **https://de.wikipedia.org**، ثمّ استخدم الصفة الصحيحة بالشكل الصحيح.

*Beispiel: groß / klein → München ist **kleiner** als Berlin.*

groß / klein: Berlin ist _____ als Hamburg.

schnell / langsam: ICE-Züge sind _____ als IC-Züge.

alt / jung: Angela Merkel ist _____ als Joachim Gauck.

groß / klein: Bayern ist _____ als Sachsen.

kalt / warm: Im November ist es in München _____ als in Hamburg.

ruhig / laut: Mecklenburg-Vorpommern ist _____ als Berlin.

eng / weit: Unter den Linden in Berlin ist _____ als die Friedrichstraße.

gefährlich / sicher: München ist _____ als Frankfurt.

lange / kurz: Die Donau ist _____ als der Rhein.

groß / klein: Der Flughafen Frankfurt ist _____ als der Flughafen Zürich.

alt / jung: Basel ist _____ als München.

٧. عبّر عن تجاربك الشخصيّة مستخدمًا أسلوب التفضيل:

Beispiel: Für mich ist ... (schön, Stadt Deutschlands) → Für mich ist Regensburg die schönste Stadt Deutschlands.

Mein (gut, Freund) heißt ...

Mein (lustig, Freund) heißt ...

Mein/e (alt, Bruder / Schwester) ist ... Jahre alt.

Das (schwierig, Problem) ist / war...

Mein (gemein, Lehrer) war ...

Meine (verrückt, Idee) ist ...

Mein (schön, Tag) war ...

Meine (weit, Reise) war nach ...

Mein (groß, Zimmer) ist ...

Mein (eng, Zimmer) ist ...

8. كوّن جمل مع um zu / ohne zu.

Albert fährt nach Köln (studieren).

Jochen geht ins Café (Zeitung lesen).

Ich kann nicht arbeiten (frühstücken).

Ines fährt heim (Abendessen kochen).

Du wirst nicht Deutsch lernen (üben).

9. كوّن جمل مفيدة، مراعيًا ترتيب الكلمات الصحيح.

a) heute, mit Jochen über, ich, will, die Reise nach England, sprechen

b) am Samstag, muss, bei seiner Schwester, sein, Andreas

c) du, helfen, kannst, deiner Mutter, nicht, immer

d) ich, noch schnell, muss, duschen

e) verheiratet, meine Eltern, seit 1967, sind

f) ich, kann, zeigen, das Kino, dir

g) ich, kann, zeigen, es, dir

h) wir, bezahlen, können, nur, an der Kasse

i) warte, schon seit einer Stunde, ich, jetzt, auf dich

15

heiß	حار
die Sauna, Saunas	الساونا، حمّام البخار
zurückkommen, du kommst zurück, du bist zurückgekommen, ich kam zurück	يعود
legte (*Präteritum von* legen)	وضع
der Schreck, Schrecke	الخوف، الصدمة
vor Schreck	من الخوف
piepsen, du piepst, du hast gepiepst	يصفّر
verstand (*Präteritum von* verstehen)	فهم
die Fahrt, Fahrten	الرحلة
langweilig	ممل
hörte (*Präteritum von* hören)	سمع
der Motor, Motoren	المحرّك
sah (*Präteritum von* sehen)	رأى
fühlte (*Präteritum von* fühlen)	شَعَرَ
die Geschwindigkeit, Geschwindigkeiten	السرعة
wusste (*Präteritum von* wissen)	عرف
fuhren (*Präteritum von* fahren)	ذهب، قاد
ankommen, du kommst an, du bist angekommen, ich kam an	يصل

Es war ja keine schlechte Idee, in Jochens Auto nach Warnemünde zu fahren. Aber gefährlich war es auch: Ich war vielleicht zehn Minuten allein, als Jochen im Supermarkt war, aber das Auto wurde so heiß wie eine Sauna. Und als er zurückkam, legte er fast seine Einkäufe auf mich! Vor Schreck musste ich ganz automatisch piepsen, aber Jochen verstand zum Glück nicht, dass ich im Auto war.

Die Fahrt war langweilig, denn ich konnte nicht aus dem Fenster sehen. Ich hörte nur den Motor, sah Jochens Füße und fühlte die Geschwindigkeit ... doch ich wusste nicht, wie schnell wir fuhren.

Als wir ankamen, war ich total müde, aber ich musste vorsichtig sein: Ich

musste unbedingt aus dem Auto kommen, sobald Jochen die Tür öffnete, denn im Auto wurde es sonst viel zu heiß. Zum Glück schaffte ich das auch: Jochen war noch nicht ganz aus dem Auto, da flog ich schon, so schnell ich konnte, durch die Tür und hoch auf einen Baum. Jochen war ziemlich überrascht, dass ein Spatz aus seinem Auto fliegt, aber das war mir egal.
Er ging dann vom Auto durch eine kleine Straße mit alten, schönen weißen Häusern, bis er vor einem langen grauen Haus stehen blieb: Das musste die Pension sein.
Ich setzte mich gegenüber auf das Dach der Touristinformation, um Jochen zu beobachten.

Jochen erinnert sich: Hier war er als Kind, bis 1953 seine Eltern die Pension verloren und er nach Berlin zog. Damals sah das Haus noch viel besser aus. Es hatte nicht diese graue Farbe, sondern war weiß mit blauen Rändern. Die Fenster waren sauber, es gab kleine Tische vor dem Haus …
Jetzt ist alles grau. Eine Frau, etwa 40 Jahre alt, klein, etwas dick, mit einer blauen Schürze kommt aus dem Haus. Sie sieht Jochen kurz an, sagt leise „guten Tag" und will weitergehen, aber Jochen geht zu ihr und sagt: „Guten Tag, ich bin Jochen Knauer."
Da wird die Frau plötzlich aufmerksam. „Ach, Sie sind Herr Knauer! Schön, Sie kennen zu lernen. Weißgerber, ich bin die Verwalterin hier. Oder ich *war* die Verwalterin … ich weiß ja nicht, wie es jetzt hier weitergeht, Herr Knauer, vielleicht wollen Sie die Pension ja verkaufen …"
„Jetzt machen Sie sich keine Sorgen, Frau Weißgerber. Erst einmal sehen wir uns alles an, nicht wahr? Und dann überlegen wir uns in Ruhe, wie wir hier weitermachen."
Die beiden gehen ins Haus, Frau Weißgerber voran. Innen hat sich viel verändert: Die Möbel waren noch nicht da, als Jochen ein Kind war. Es riecht nicht besonders gut – nach Staub und Essen. Der Fußboden ist aus Holz, aber er ist ziemlich kaputt. Die Vorhänge sind grün-grau – man muss sie unbedingt waschen, oder besser gleich neue kaufen. Und am schlimmsten sind die Möbel: alt, aber nicht richtig alt, sondern nur kaputt und hässlich. Jochen öffnet einen Schrank, und sofort fällt die Tür heraus. Die Sofas sind unbequem, es ist unmöglich, einen sauberen Tisch zu finden, und die Stühle sehen auch nicht gut aus: Wahrscheinlich kann man auf ihnen nicht sicher sitzen.

sobald	فور
öffnete (*Präteritum von* öffnen)	فتح
schaffen, du schaffst, du hast geschafft	ينجز، يُنشئ
flog (*Präteritum von* fliegen)	طار
hoch	عالي
der Baum, Bäume	الشجرة
überrascht	متفاجئ
ging (*Präteritum von* gehen)	ذهب
das Haus, Häuser	البيت
blieb (*Präteritum von* bleiben)	بقى
setzte (*Präteritum von* setzen)	جلس
die Touristeninformation, Touristeninformationen	المعلومات السياحيّة
beobachten, du beobachtest, du hast beobachtet	يراقب
zog (*Präteritum von* ziehen)	سحب؛ تعني هنا: حرّك
hatte (*Präteritum von* haben)	كان لدي
die Farbe, Farben	اللّون
der Rand, Ränder	الحافّة
sauber	نظيف
gab (*Präteritum von* geben)	أعطى
die Schürze, Schürzen	المئزر، المريلة
kommen, du kommst, du bist gekommen, du kamst	يأتي، يحضر
aufmerksam	منتبه

„Wie viele Gäste kommen denn so, Frau Weißgerber?"
„Ach, seit der Wende nicht mehr so viele. Sie wissen,
die neuen Hotels ... und die Leute können jetzt auch in
den Westen fahren."
„Na, dann müssen wir mal sehen, dass die Leute aus
dem Westen zu uns fahren! Hier an der Ostsee ist es
doch viel schöner als an der Nordsee, wo das Meer
immer genau dann weg ist, wenn man baden will ..."
„Ich weiß ja nicht, Herr Knauer, aber die Leute aus
dem Westen wollen doch recht gute Zimmer ..."
„Dann müssen wir investieren! Wir brauchen neue
Möbel, einen neuen Boden und schönere Dekoration.
Das kann nicht so viel kosten."

التاريخ والطبيعة

• لماذا خسر والدا يوخن بيت
الضيافة في عام 1953؟ تحقّق
من الإجابة من خلال البحث عن
"Aktion Rose 1953" على
الإنترنت.
• لماذا قال يوخن عن
بحر الشمال:
„Das Meer ist immer
genau dann weg,
wenn man baden will"

der Herr, Herren	السيّد			
Weißgerber	اسم عائلة			
die Verwalterin, Verwalterinnen	الوكيلة، المسؤولة	**riechen, du riechst, du hast gerochen, ich roch**	يشم	
der Verwalter, Verwalter	الوكيل، المسؤول			
die Sorge, Sorgen	القلق	**der Staub**	الغبار	**die Wende, Wenden**	نقطة التحوّل؛ الثوره في ألمانيا الشرقية عام 1989
erst einmal	أوّلًا وقبل كل شيء	**der Fußboden, Fußböden**	الأرضيّة		
die Ruhe	الهدوء	**das Holz, Hölzer**	الخشب	**das Hotel, Hotels**	الفندق
weitermachen, du machst weiter, du hast weitergemacht	يستمر	**kaputt**	تالف	**der Westen**	الغرب
		der Vorhang, Vorhänge	الستارة	**die Ostsee**	بحر البلطيق
vorangehen, du gehst voran, du bist vorangegangen, ich ging	يتقدّم أوّلًا، يبدأ أوّلًا	**waschen, du wäschst, du hast gewaschen, ich wusch**	يغسل	**die Nordsee**	بحر الشمال
				investieren, du investierst, du hast investiert	يستثمر
sich verändern, du veränderst dich, du hast dich verändert	يُغيّر نفسه	**neu**	جديد	**der Boden, Böden**	الأرضيّة
		schlimm	سيّئ	**die Dekoration, Dekorationen**	الديكور، الزينة
		hässlich	قبيح	**kosten, du kostest, du hast gekostet**	يكلّف؛ مثال: كم تكلفة هذا المنتج؟
		unbequem	غير مريح		
		der Gast, Gäste	الضيف		

„Oh, Herr Knauer, da bin ich nicht so sicher. Außerdem: Bitte vergessen Sie nicht, dass wir kaum Gewinn machen."

„So? Aber es kommen doch noch Gäste?"

„Ja, aber sie zahlen nicht so viel, und alles kostet immer mehr. Wir verdienen nicht so viel Geld."

„Ach naja, das wird jetzt alles ganz anders werden. Früher war das ja ein Volkseigener Betrieb, aber ich komme aus einer alten Hotelierfamilie, ich werde das schon schaffen!"

„Wenn Sie meinen, Herr Knauer ... Haben Sie denn Erfahrung in der Gastronomie?"

„Erfahrung? Nein. Ich bin Verwaltungsoberinspektor. Aber warum brauche ich Erfahrung? Das ist alles gar nicht so schwer: Die Zimmer schön einrichten, zu den Gästen nett sein, und dann läuft der Laden!"
Frau Weißgerber antwortet nicht.

vergessen, du vergisst, du hast vergessen, ich vergaß	ينسى
der Gewinn, Gewinne	الربح
verdienen, du verdienst, du hast verdient	يستحق، يكسب
volkseigen	ممتلك عام
der Betrieb, Betriebe	المؤسّسة
der Volkseigene Betrieb	المؤسّسة المملوكة للدولة
die Hotelierfamilie, -familien	العائلة المالكة للفندق
meinen, du meinst, du hast gemeint	يعني
wenn Sie meinen	إذا كنت تعتقد ذلك
die Erfahrung, Erfahrungen	الخبرة
die Gastronomie	فن الطهو
der Verwaltungsoberinspektor, -inspektoren	كبير المفتّشين الإداريّين
einrichten, du richtest ein, du hast eingerichtet	يؤثّث
nett	لطيف
der Laden, Läden	المتجر
der Laden läuft	المتجر يجري؛ أي يجري على ما يرام

الأفعال المساعدة بمفردها

أخبرتك في الفصل الأوّل أنّ الأفعال المساعدة لا تُستخدم بمفردها، انظر إلى ما قاله يوخن:

Jetzt muss ich los.

يمكننا إسقاط الفعل الثاني في الألمانيّة العاميّة في بعض المواقف، وبالذات عندما يكون من الواضح ما هو الفعل الثاني، بناءً على سياق الجملة، عادة (ولكن ليس دائمًا) الفعل الثاني (الذي يُسقط) هو **gehen** أو **fahren**:

Jetzt muss ich los(fahren).
Willst du ins Kino (gehen)?
Ich soll einkaufen (gehen).
Ines kann nicht nach Warnemünde (fahren).

بعض الأمثلة التي لا يكون فيها الفعل الثاني **gehen** أو **fahren**:

Beate kann ein bisschen Englisch (sprechen).
Ich will einen Hund (haben).

لكن و لكن

لدينا طريقتان لكي نقول لكن: **aber** و **sondern**، إليك الطريقة الصحيحة التي تختار بها الكلمة المناسبة:

تُستخدم **Sondern** لتصحيح شيء قلته سابقًا (مقارنة لمعنى بالأخرى):
Wir nehmen nicht nur Streusel und Kirschen, sondern alles, was wir bekommen.

خطأ: ~~nur Streusel und Kirschen~~

صح: alles, was wir bekommen √

Der Kaffee kostet nicht zwei Euro, sondern drei Euro.

خطأ: ~~zwei Euro~~

صح: drei Euro √

Ich habe keinen Bruder, sondern eine Schwester.

خطأ: ~~ein Bruder~~

صح: eine Schwester √

نستخدم **aber** عندما لا نعني التصحيح، أي عندما تكون العبارة السابقة لا تزال صحيحة:

Jens schläft noch. Aber er ist nicht verletzt.

صح: nicht verletzt √

صح: schläft noch √

Ich will frühstücken. Aber ich will zuerst Jens sehen.

صح: will zuerst Jens sehen √

صح: will frühstücken √

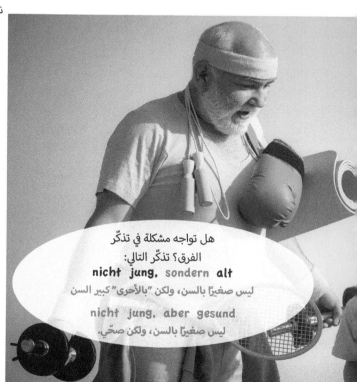

هل تواجه مشكلة في تذكّر الفرق؟ تذكّر التالي:

nicht jung, sondern alt
ليس صغيرًا بالسن، ولكن "بالأحرى" كبير السن

nicht jung, aber gesund
ليس صغيرًا بالسن، ولكن صحّي.

إعادة تفعيل الزمن الماضي: *Präteritum*

لدينا في اللّغة الألمانيّة عدّة طرق لنقول أنّ شيئًا ما حدث في الماضي، وليس تمامًا كما في اللّغة العربيّة عندما نتحدّث عن الماضي فلدينا صيغة واحدة عادة مثل (**ذهبت** ...). بالطبع يمكنك أن تقول لي: " تعلّمت من قبل كيفيّة صياغة الفعل الماضي بالألمانيّة، فلماذا أحتاج إلى تعلّم الصيغة الأخرى؟" صيغة المضارع التام *Perfekt* تُعتبر مثاليّة بالنسبة إلى اللّغة الألمانيّة المنطوقة، ومع ذلك يستخدم الألمان أيضًا في كثير من الأحيان صيغة الماضي البسيط *Präteritum*، لذلك أريد أن أريك أن هذه الصيغة لأنّك ستقرؤها وتسمعها بشكل مستمر.

(أنا) تحدّثت
Ich habe gesprochen.

نقوم بإسقاط الفعل **haben** ، ونكتب الفعل في صيغة الماضي البسيط (*Präteritum*):

(أنا) تحدّثت
Ich sprach.

كيفيّة استخدام صيغة الماضي البسيط *Präteritum*

أهم وظيفة لاستخدام *Präteritum* باللّغة الألمانيّة المكتوبة هي عند رواية قصّة حدثت في الماضي، تتم كتابة جميع الروايات الألمانيّة تقريبًا في صيغة الماضي البسيط *Präteritum*، وكذلك تقارير الصحف ومدوّنات السفر وما إلى ذلك، ولكن يمكنك أيضًا سماع الصيغة في الحالات اليوميّة وفي المحادثة الألمانيّة عند المواقف التالية:

- في شمال ألمانيا، يُستخدم عادة الفعل الماضي البسيط في اللّغة العاميّة.
- حتى في الجنوب نستخدم الماضي البسيط *Präteritum* مع **war**، كما تعلّمت سابقًا في الفصل 6.
- نستخدم الماضي البسيط *Präteritum* أيضًا غالبًا مع الأفعال المساعدة، على سبيل المثال: إذا كنت ترغب في وضع عبارة **ich muss Deutsch lernen** في صيغة الماضي، فنفضّل وضع الماضي البسيط *Präteritum* بدلًا من صيغة المضارع التام *Perfekt*، لماذا؟ لأنّه مع المضارع التام عليك إضافة فعل آخر **haben** لتكوين الجملة، لذلك سيكون لديك ثلاثة أفعال في جملتك، وهذا يجعل الجملة أطول وأقل جمالًا بالتعبير.

> Ich musste Deutsch lernen. √
> ~~Ich habe Deutsch lernen gemusst.~~

ما يجب أن تتعلّمه الآن – وما لا يجب أن تتعلّمه

بناءً على ما قلته لك للتو؛ فإنّ تعلّم الماضي البسيط يكون منطقيًّا فقط إذا كنت تشعر أنّك لم تغرق في صيغ الماضي حتّى الآن، ولديك القدرة على تعلّم المزيد، إذا كنت تشعر أنّ حالتك التامة تسير على ما يرام تمامًا، فتابع وتعلّم الماضي البسيط أيضًا، ولكن إذا كنت لا تزال تشعر بالتوتّر مع المضارع التام *Perfekt* خاصّة مع الأفعال الغير منتظمة فاقتراحي هو كما يلي:

- التزم بالمضارع التام ، باستثناء العبارات مع **war** والصيغ المركّبة المختلفة للأفعال المساعدة.

- إذا كان لديك مشاكل مع فعل غير منتظم سيمكن أن يساعدك الماضي البسيط *Präteritum* مع
war / أو فعل مساعد، على سبيل المثال: إذا كنت تريد أن تقول ذهبت إلى السينما، لكنّك لا
تتذكّر صيغة المضارع التام للفعل gehen، فيمكنك أن تقول:

Ich war im Kino.
Ich konnte ins Kino gehen. / Ich durfte ins Kino gehen.

الخياران الأخيران لا يعنيان بالضبط **ذهبت إلى السينما**، ولكن سيفهم المستمع ما تريد قوله.

ليس عليك تعلّم الماضي البسيط *Präteritum* ما لم ترغب في الكتابة (الرسميّة) حول شيء ما حدث في
الماضي (بالطبع إذا ليس لديك الرغبة بالوقت الحالي)، لذلك سنشير فقط إلى أشكال الماضي البسيط
Präteritum للأفعال الغير المنتظمة في قاموس الكلمات من الآن فصاعدًا، إضافة إلى ذلك سيكون فعل
الماضي البسيط مع الضمير ich في قاموس الكلمات، لماذا؟ نظرًا لأن الماضي البسيط غالبًا يُعتبر صيغة
مكتوبة، لذلك لا نستخدمه مع ضمير du بالعادة.

كيف تكوّن الماضي البسيط

لنبدأ بالأفعال المنتظمة:

ich wohnte
du wohntest
er wohnte / sie wohnte / es wohnte
wir wohnten
ihr wohntet
sie wohnten

> كما ترون أنّ النمط المميّز هنا (مقارنة بالفعل
> المضارع) هو إضافة -t. أو (te)- ، باستثناء
> er / sie / es ، حيث نضيف e-.

إضافة حرف -t. قد يسبّب لنا بعض المشاكل خصوصًا عندما يكون هناك بالفعل t في المكان الذي نريد
فيه إضافة حرف آخر، كما هو الحال في الفعل arbeiten، لحل هذه المشكلة نضع e- إضافيّة:

ich arbeitete
du arbeitetest
er arbeitete / sie arbeitete / es arbeitete
wir arbeiteten
ihr arbeitetet
sie arbeiteten

> أعلم أنّ werden ليس فعلًا مساعدًا بالمعنى
> الحرفي للكلمة، ولكن في صيغة الماضي البسيط
> *Präteritum* يتّسم بنفس النمط.

تتبع الأفعال المساعدة نفس النمط، نغيّر فقط حروف العلّة لبعض الأفعال:

ich wollte	ich sollte	ich durfte	ich musste	ich konnte	ich mochte	ich wurde
du wolltest	du solltest	du durftest	du musstest	du konntest	du mochtest	du wurdest
er wollte	er sollte	er durfte	er musste	er konnte	er mochte	er wurde
sie wollte	sie sollte	sie durfte	sie musste	sie konnte	sie mochte	sie wurde
es wollte	es sollte	es durfte	es musste	es konnte	es mochte	es wurde
wir wollten	wir sollten	wir durften	wir mussten	wir konnten	wir mochten	wir wurden
ihr wolltet	ihr solltet	ihr durftet	ihr musstet	ihr konntet	ihr mochtet	ihr wurdet
sie wollten	sie sollten	sie durften	sie mussten	sie konnten	sie mochten	sie wurden

ستبدأ الأمور تصبح صعبة نوعًا ما من الآن فصاعدًا، المشكلة هي أنّ الأفعال الغير منتظمة لها نموذجان مختلفان، - الغير منتظمة الضعيفة - لها نفس النهايات مثل جميع النهايات الأخرى، فقط نحتاج تغيير بعض الجذور قليلًا، عادة ما تكون هذه الأفعال - الغير منتظمة الضعيفة - منتظمة في زمن المضارع.

haben → ich hatte, du hattest, er / sie / es hatte, wir hatten, ihr hattet, sie hatten
wissen → ich wusste
nennen → ich nannte
rennen → ich rannte
kennen → ich kannte
brennen → ich brannte
denken → ich dachte
bringen → ich brachte

وبعد ذلك تأتي الأفعال غير المنتظمة (تسمّى الأفعال القويّة) تغيّر جذورها ولها نهايات مختلفة عن الأفعال العاديّة والأفعال غير المنتظمة الضعيفة:

ich sprach
du sprachst
er sprach / sie sprach / es sprach
wir sprachen
ihr spracht
sie sprachen

> النظام ليس مختلفًا كما قد يبدو للوهلة
> الأولى (بالمقارنة بنهايات صيغة المضارع)
> نقوم بإضافة -t أو -te ما عدا للضمائر ich
> و er / sie / es نضيف فقط e-

إذا كنت تتابعني باهتمام، ربّما لاحظت أنّ **war** تتبع أيضًا نفس نظام النهاية للأفعال القويّة:
ich war
du warst
er war / sie war / es war
wir waren
ihr wart
sie waren

الآن وبعد أن رأيت الحقيقة الكاملة المروّعة، لا تتردّد في العودة إلى **ما يجب أن تتعلّمه الآن – وما لا يجب أن تتعلّمه** واتّخذ قرارك، لا تربك نفسك! لست مضطرًّا إلى تعلّم جميع صيغ الماضي البسيط الآن إذا كنت تشعر أنّ الدرس جدًّا مرهق وصعب.

نستخدم عادة ...		
في شمال ألمانيا	*Präteritum*	الماضي البسيط
في جنوب ألمانيا	*Perfekt*	المضارع التام
بالألمانيّة المكتوبة	*Präteritum*	الماضي البسيط
بالألمانيّة المتحدّثة	*Perfekt*	المضارع التام
مع **war** والأفعال المساعدة	*Präteritum*	الماضي البسيط

الحديث عن أشياء نجهلها:
es و das

es

Ich weiß nicht, wie es jetzt hier weitergeht.

قالت السيّدة Weißgerber، ولكن ماذا تقصد بـ **es**؟ ...

هذا هو المقصود فعلًا – إنّها لا تعرف الاجابة، قد نخمّن أنّها تتحدّث عن العمل بشكل عام، وظيفتها، طريقة عملها، أيًّا كان ... لذلك تقول **es**، نستخدم **es** عندما نريد التحدّث عن شيء لا يمكننا تحديده بالضبط.

Es war eine gute Idee, mit dem Auto nach Warmemünde zu fahren.

نعلم بالفعل ما تعنيه **es** في هذا السياق: **mit dem Auto nach Warnemünde zu fahren**، نستخدمها هنا لأنّنا نريد الإشارة إلى جملة ثانويّة فرعيّة أو عبارة لها معنى سيأتي لاحقًا، في هذه الجملة نعني ونشير إلى (**mit dem Auto nach Warnemünde zu fahren**) وبالمناسبة؛ عادة نسقط ضمير الفاعل في اللّغة العربيّة في هذه الحالة، ولكن في اللّغة الألمانيّة يجب أن تحتوي كل جملة على فاعل:

لقد كانت (هي) فكرة جيّدة للذهاب إلى فارنميندو بالسيّارة.

Im Auto wurde es viel zu heiß.

وهنا وللمرّة الأخرى لا نعرف بالضبط ما الذي سيكون ساخنًا للغاية، الهواء؟ السيّارة نفسها؟ استخدمنا **es** لأنّنا لا نعرف من هو الفاعل المقصود، استخدام **es** معتاد لوصف الطقس أو الوقت أو للتعبير عن مكان معيّن:

Es regnet.
Es ist vier Uhr.
Es ist schön in Warnemünde.
In der Pension riecht es nicht gut.

لاحظ أيضًا أنّ الضمير **es** قد يعني شيئًا مختلفًا، أحيانًا يُستخدم بمعنى (**هناك أو يوجد**):

Es regnet viel in Warnemünde.   إنّها تمطر كثيرا في فارنيمونده.

هناك الكثير من الأمطار في فارنيمونده.

Es kommen doch noch Gäste.   لا يزال هناك ضيوف قادمون.

لدينا هنا أمر معقّد نوعًا ما، يمكنك أيضًا أن تقول: **Gäste kommen doch noch.**

استخدمنا هنا بناء الجملة مع **es** لأنّنا نتحدّث عن معلومة جديدة ونريد انتقالًا سلسًا، يناقش Jochen الأرباح مع Frau Weißgerber، لكنّه يريد التحدّث الآن عن الضيوف، استخدام **Gäste kommen doch noch** سيكون انتقال لموضوع آخر مفاجئ جدًّا ولذلك يبدأ Jochen جملته بـ **es** لتوضيح أنّه سيتحدّث عن شيء جديد، لست مضطرًّا إلى استخدام هذا البناء لأنّه متقدم لمستواك، ولكن فقط لتفهم سبب استخدامه.

على النقيض من ذلك، نستخدم **das** عندما نشير إلى شيء ذكرناه من قبل أو نشير إلى شيء ما موجود:

هذا جميل.   Das ist schön.

لاحظ أيضًا أنّ **das** ليس لها جنس معيّن، أي قد تعني هذا أو هذه.

Wir brauchen neue Möbel, einen neuen Boden und schönere Dekoration.
Das kann nicht so viel kosten.

هنا من الواضح ما الذي تعنيه **das**: **أثاث جديد، أرضيّة جديدة، وزخارف أكثر جمالًا.**

Das musste die Pension sein.   لابد أنّ هذا كان بيت الضيافة.

يصف Jens مرّة أخرى ماذا تشير إليه كلمة **das** بالجملة: **ein langes graues Haus**

راجع الأمثلة التالية واعثر عليها في النص وتحقّق ممّا تشير إليه كلمة **das.**

Das war mir egal.
Zum Glück schaffte ich das auch.
Das wird jetzt alles ganz anders werden.
Früher war das ja ein Volkseigener Betrieb.
Ich werde das schon schaffen.
Das ist alles gar nicht so schwer.

باختصار: نستخدم **es** للتحدّث عن الأشياء بشكل عام، الأشياء التي سنذكرها لاحقًا، بينما نستخدم **das** للتحدّث عن الأشياء التي ذكرناها من قبل، الفرق يشبه إلى حد ما بين كلمة **man** و **jemand**، التي نستخدمها لذكر الأشخاص (انظر الفصل 11)، لاحظ أنّ هذا الاستخدام لكلمتي **es** و **das** يختلف تمامًا عن الغرض من هاتين الكلمتين:

Das Kind hustet. Es ist krank.

- **das** كأداة تعريف الـ.
- **es** كضمير.

الأعمال المنزليّة

Hausarbeit

Sie muss …
… putzen.
… die Katze füttern.
… mit dem Kind spielen.
… Tante Hilde anrufen.
… Kleider bügeln.
… mit dem Hund Gassi gehen.
… Wäsche waschen.
… die Treppe fegen.

Was muss sie machen?

füttern, du fütterst, du hast gefüttert, du füttertest	يُطعم
die Tante, Tanten	العمّة، الخالة
bügeln, du bügelst, du hast gebügelt, du bügeltest	يكوي
der Hund, Hunde	الكلب
Gassi gehen (mit dem Hund)	الذهاب للنزهة (مع الكلب)
die Wäsche (لا يوجد جمع)	ملابس الغسيل
fegen, du fegst, du hast gefegt, du fegtest	يكنّس

Was musst du heute machen? Wann? Was machst du gerne? Was nicht?

169

1. Beantworte die Fragen.

Warum war es für Jens gefährlich, im Auto nach Warnemünde zu fahren?

Warum war die Fahrt langweilig?

Was machte Jochen, als er in Warnemünde ankam?

Wer ist Frau Weißgerber?

Wie sieht die Pension aus?

Warum kommen nicht mehr so viele Gäste?

Was will Jochen tun?

Warum denkt Jochen, dass die Ostsee schöner ist als die Nordsee?

Denkst du, dass Jochen mit der Pension wieder Gewinn machen kann?

2. اكتب جمل عن محيطك: ماذا وأين يوجد؟ استخدم الكلمات التالية:

Beispiel: U-Bahn → In Wien fahre ich mit der U-Bahn zur Arbeit.

S-Bahn	geradeaus	links	das Theater	rechts
Schule	Parkplatz	die Stadt	der Arzt	der Park
die Wohnung	abbiegen	die Kreuzung	der Kreisverkehr	

عند الانتهاء من التمرين، حاول أن تخبر معلّمك / زميلك / صديقك الخيالي عن كيفيّة الوصول إلى المسرح / المدرسة / موقف السيارات / الطبيب / المنتزه / الشقّة التالية، بدون النظر إلى الجمل التي كتبتها.

3. Was ist der Unterschied? Benutze (استخدم) Komparativ und Superlativ und Adjektive (du kennst schon sehr viele!).

Beispiel: das Kind, der Erwachsene → Das Kind ist jünger als der Erwachsene.

a) Katze, Spatz   b) Zimmer, Haus   c) Stadt, Welt

d) 1945, 2016   e) mit dem Auto, zu Fuß   f) laufen, fernsehen

g) Sommer, Winter   h) Woche, Stunde   i) Deutsch, Englisch

j) Nacht, Tag   k) Berlin nach Moskau, Berlin nach New York

l) tanzen, singen

4. Durftest, musstest, konntest ...? Benutze Modalverben im Präteritum.

a) Kinder ... nicht so lange in der Sauna bleiben.

b) Du ... nicht allein nach West-Berlin.

c) Die Spatzen ... uns auch ohne Landkarte finden.

d) Ich ... dich eigentlich früher anrufen.

e) Wir ... euch keine Probleme machen.

f) Sie ... schon weg, bevor du da warst.

g) Wir ... als Kinder nie mitten in der Nacht allein draußen sein.

h) Meine Mutter ... drei Hosen kaufen, aber sie ... nur zwei finden.

i) Ich ... eigentlich nicht so laut Musik hören, weil mein Bruder lernen ....

j) Wir ... nicht anrufen, weil das Telefon kaputt war.

k) Ich ... keine Schokolade essen, aber ich ... nicht anders.

5. Auch in Fragen gibt es Modalverben im Präteritum ...
a) ... er im Kino oft husten?
b) Warum ... ihr bei der Kreuzung nicht links abbiegen?
c) ... oder ... du es mir nicht erzählen?
d) ... sie dich etwa nicht zum Kinderarzt bringen?
e) ... wir uns wirklich mit deinem Chef treffen?
f) Weißt du nicht, warum ich das Haus nicht verkaufen ...?
g) Warum ... du mit 16 Jahren nicht nach Wien fahren, obwohl dein Bruder mit 15 Jahren nach München fahren ...?
h) Ich verstehe dich – du ... es ja nicht vorher wissen.

6. *Aber* oder *sondern*?
a) Jochen will gerne neue Dekoration, ... der Betrieb hat kein Geld dafür.
b) Wenn man frühstückt, isst man besser keine Tafel Schokolade, ... Müsli.
c) Ich möchte bitte gerne das Fischbrötchen, ... die kleine Portion.
d) Er möchte sich nicht setzen, ... lieber wegfliegen.
e) Ich sitze nicht im Opel, ... auf dem Dach.
f) Du hast aufgesperrt, ... ich komme trotzdem nicht hinein.
g) Ich habe die Tür nicht geschlossen, ... geöffnet – wie du es wolltest!
h) Er hat nicht nur eine Zahnbürste, ... auch drei Sonnencremes eingepackt.
i) Die Sonne scheint, ... es ist kalt draußen.
j) Jens fliegt nicht hoch, ... tief.
k) Sie sieht nicht anders aus, ... sie hat sich verändert.
l) Sie sieht nicht nur anders aus, ... sie hat sich auch verändert.

7. Verbinde die Sätze mit *aber* oder *sondern*.
Du willst nicht in Ost-Berlin leben. Du willst in West-Berlin leben.
Ihr wollt nicht putzen. Ihr wollt ein sauberes Wohnzimmer.
Er will ihre Reise bezahlen. Er muss noch Geld dafür verdienen.
Wir fahren nie an die Ostsee. Wir fahren immer an die Nordsee.
Sie investieren nicht in eine neue Touristeninformation. Sie investieren in Hotels.
Morgens lese ich nie die Zeitung. Ich höre Musik.

8. الجمل التالية صحيحة نحويًا بالرغم من أنّ الفعل الثاني مفقود، ما هو الفعل المناسب الذي يمكن أن يحل محل الفعل المفقود؟
Beispiel: Ich will nach Berlin. → Ich will nach Berlin fahren.
Ich will mit dir ins Kino. Kannst du morgen Abend?
Willst du noch Kaffee?
Du musst arbeiten! – Aber ich bin krank, ich kann nicht.
Dann musst du zum Arzt.
Maria muss morgen nach Frankfurt.
Darf ich heute ins Theater?

.9 تنظيم الأعمال المنزليّة: استخدم es أو das أو man أو jemand.

a) Maria, ich werde putzen. Oder willst du ... machen?

b) Nein, ich werde die Katze füttern und mit dem Kind spielen. ... ist interessanter als putzen.

c) Ich muss Tante Hilde anrufen. ... mache ich gerne.

d) Gut, dann bügle ich die Kleider und wasche danach die Wäsche. ... muss es ja machen.

e) ... kann doch erst bügeln, wenn ... die Wäsche schon gewaschen hat!

f) Ach so. Du hast Recht. ... ist gut, dass du mir ... erklärst. Ach, und ... muss noch mit dem Hund Gassi gehen.

g) ... mache ich, wenn ich die Treppe gefegt habe.

h) Sehr gut. Dann haben wir ... geschafft, oder?

.10 صف أفراد عائلتك، قارنهم مع بعض بالصفات (على سبيل المثال: من هو أصغر مِن مَن و من هو الأكبر أو الأطول ...)

16

der Lärm	الضوضاء
(لا يوجد جمع)	
einschlafen, du schläfst ein, du bist eingeschlafen, ich schlief ein	يغفو
jemanden wecken, du weckst, du hast geweckt,	إيقاظ شخص ما
die Gruppe, Gruppen	المجموعة
irgendwo	في مكان ما
herkommen, du kommst her, du bist hergekommen, ich kam her	يأتي إلى هنا
Sie müssen von irgendwo anders herkommen.	عليك أن تأتي إلى هنا من مكان آخر
die Schwierigkeit, Schwierigkeiten	الصعوبة
stecken, du steckst, du bist gesteckt	عالق
in Schwierigkeiten stecken	أن تعلق في ورطة

Ich wache plötzlich auf, weil es großen Lärm gibt. Ich bin sehr müde, und einen Moment lang verstehe ich noch nicht, wo ich bin: Ich denke, dass ich immer noch in Warnemünde bin. Aber dann sehe ich die Linden und das Café, und da erinnere ich mich: Ich bin ja gestern wieder mit Jochen nach Berlin gefahren. Er hat sich alles genau angesehen, noch ein wenig mit Frau Weißgerber gesprochen, und dann ist er wieder nach Hause gefahren. Jakob, der natürlich sehr neugierig war, wollte alles wissen, aber ich war viel zu müde, um ihm etwas zu erzählen. Ich bin sofort eingeschlafen und habe auch tief geschlafen – bis jetzt.

Der Lärm, der mich geweckt hat, kommt von einer großen Gruppe Spatzen. So viele Spatzen habe ich noch nie im Café gesehen, glaube ich. Sie sehen auch nicht aus wie Berliner Spatzen. Sie müssen von irgendwo anders herkommen.

Und dann sehe ich Jakob, der offenbar in Schwierigkeiten steckt. Neben ihm sitzt eine Spätzin, ein bisschen verlegen, und ihm gegenüber hüpft ein junger, gut trainierter Spatz hin und her. Der Spatz, mit dem er spricht – oder besser: mit dem er streitet – ist sehr aufgeregt. Ich denke, dass Jakob ein bisschen Hilfe brauchen kann, und fliege deshalb zu ihm.

Nachdem ich den Streit zwischen Jakob und dem anderen Spatz eine Minute angehört habe, verstehe ich sofort das Problem, das Jakob hat: Die Spätzin, die jetzt kein Wort sagt, ist die Freundin von dem sportlichen Spatz, mit dem Jakob streitet. Und Jakob hat offenbar mit ihr geflirtet – gar nichts Ernstes, sagt er, und ich glaube ihm das auch. Aber der andere Spatz ist trotzdem nicht begeistert. Jetzt dreht er sich von Jakob weg und schimpft mit seiner Freundin in einer Sprache, die ich nicht verstehe.

Ich nutze die Gelegenheit und nehme Jakob zur Seite.

„Was hast du denn wieder für einen Unsinn gemacht? Immer das Gleiche mit dir. Ich empfehle dir, dass du dich bei den beiden entschuldigst. Und zwar schnell."

„Ach, es war doch gar nichts! Ich habe mich nur mit Alessandra ein bisschen nett unterhalten. Und dieser Italiener macht gleich so ein Drama aus der Sache."

„Also erstens finde ich, dass du nicht besonders nett zu Alessandras Freund warst. Warum sprichst du nur mit ihr und nicht auch mit ihm? Natürlich muss er denken, dass du nur mit ihr flirten willst. Und zweitens – du sollst nicht so respektlos über Spatzen aus einem anderen Land sprechen. Du weißt gar nicht, wie das ist, wenn du in einem Land lebst, in dem du das Gefühl hast, nicht dazuzugehören. Ich weiß, was ich da sage – für mich ist es auch nicht leicht gewesen, mit Spatzen zu leben, weil ich bei Menschen groß geworden bin. Was glaubst du, wie man sich fühlt, wenn alle lachen, nur weil man etwas nicht so gut versteht wie alle anderen! Und wie oft die Berliner Spatzen hier glauben, ich bin arrogant, nur weil ich viel über Menschen weiß. Sie lassen mich manchmal fühlen, dass ich keiner von ihnen bin. Aber ich bin ein Berliner! Wie müssen sich erst die Italiener hier fühlen?"

Jakob antwortet nicht. Er ist nicht begeistert. Wahrscheinlich schämt er sich ein bisschen wegen den Dingen, die ich gesagt habe. Er fliegt weg von mir. Aber dann putzt er sich die Flügel; das macht er immer, wenn er überlegt. Das ist ein gutes Zeichen. Tatsächlich: Zwei Minuten später sehe ich, dass er Alessandra und ihren Freund zu ein paar Kirschen eingeladen hat, die er vorher gefunden hat. Er muss es ernst meinen, denn von seinen heiß geliebten Kirschen gibt Jakob sonst fast nie etwas her. Ich bin beruhigt. Endlich kann ich mir überlegen, was ich heute eigentlich zum Frühstück essen will. Ich sehe auf die Tische, auf denen das Frühstück für die Gäste steht, und überlege, wo ich etwas finden kann, das mir schmeckt. Aber da vergesse

die Spätzin, Spätzinnen	أنثى العصفور الدوري
verlegen sein	أن تكون محرجًا
trainieren, du trainierst, du hast trainiert	يتمرّن، يتدرّب
gut trainiert sein	متمرّن جيّد
streiten, du streitest, du hast gestritten, ich stritt	يتشاجر
die Hilfe, Hilfen	المساعدة
deshalb	لهذا السبب
nachdem	بعد أن
der Streit	النزاع (لا يوجد جمع)
anhören, du hörst an, du hast angehört	يستمع إلى
sportlich	رياضي
flirten, du flirtest, du hast geflirtet	يغازل
ernst	بجديّة
sich wegdrehen, du drehst dich weg, du hast dich weggedreht	ينصرف
schimpfen, du schimpfst, du hast geschimpft	يشتم
die Sprache, Sprachen	اللّغة
nutzen, du nutzt, du hast genutzt	يستخدم
die Gelegenheit, Gelegenheiten	الفرصة
die Gelegenheit nutzen	يغتنم الفرصة

ich das Frühstück schon wieder: An dem kleinen Tisch rechts neben dem Eingang, den man vom Café aus nicht sehen kann, sitzt Jochen. Was er hier wohl will? Er kommt doch nie ins Café, und dann erst recht nicht an einem Tag, an dem Angelika frei hat!

nach / nachdem

لدينا طريقتان لترجمة كلمة بعد : nach و nachdem، الفرق هو أنّه بعد nachdem دائمًا جملة فرعيّة، وبعد nach اسم فقط (ليس فعل):
Nach der Arbeit spiele ich Tennis.
Nachdem ich gearbeitet habe, spiele ich Tennis.

das Drama, Dramen	الدراما
ein Drama aus einer Sache machen	يبالغ بالأمر
respektlos	عديم الإحترام
dazugehören, du gehörst dazu, du hast dazugehört	ينتمي
leicht	تعني هنا: سهل
arrogant	متغطرس
sich schämen, du schämst dich, du hast dich geschämt	يخجل من نفسه
das Zeichen, Zeichen	العلامة
einladen, du lädst ein, du hast eingeladen, ich lud ein	يدعو، يعزم
geliebt	محبوب
heiß geliebt	محبوب جدًّا
hergeben, du gibst her, du hast hergegeben, ich gab her	يتبرّع، يتخلّى
beruhigt	مطمئن
denen	منهم (انظر إلى الشرح)
der Eingang, Eingänge	المدخل
wohl	ربّما
Was er hier wohl will?	(أود معرفة) ماذا يريد هنا؟
erst recht	أكثر من أي وقت مضى
erst recht nicht	أقل من أي وقت مضى

die Seite, Seiten	الصفحة، الجانب	**zwar**	بالتأكيد، بالفعل
jemanden zur Seite nehmen	أن يأخذ شخص ما جانبًا	**..., und zwar schnell.**	... وبسرعة
das Gleiche, Gleichen	نفس الشيء، المماثل	**Alessandra**	اسم أنثى إيطالي
empfehlen, du empfiehlst, du hast empfohlen, ich empfahl	يوصي	**sich unterhalten, du unterhältst dich, du hast dich unterhalten, ich unterhielt mich**	يتحاور، يدردش
sich entschuldigen, du entschuldigst dich, du hast dich entschuldigt	يعتذر	**der Italiener, Italiener**	الإيطالي

Den Tisch, an dem Jochen sitzt, kann man tatsächlich nur von der Straße aus sehen. Jochen hat ihn ganz bewusst gewählt, denn er will nicht, dass Waltraud ihn sehen kann. Von Klaus weiß er, dass Waltraud nicht auf der Terrasse arbeitet, sondern nur im Haus. Aber am besten ist es, wenn sie ihn überhaupt nicht sieht. Denn sie soll nicht wissen, warum Jochen ins Café gekommen ist.

„Guten Tag, was darf's denn sein?" Eine junge Kellnerin steht an Jochens Tisch.

„Einen Kaffee und ein Glas Cognac bitte", sagt er und wundert sich selbst, warum er schon am Vormittag Cognac bestellt. Naja, jetzt ist es zu spät.

„Ich habe einen Termin mit Klaus Behrendt. Können Sie ihm bitte sagen, dass ich da bin? Jochen Knauer ist mein Name."

„Gerne, ich werde es Herrn Behrendt ausrichten", sagt die junge Kellnerin und geht zurück ins Haus. Nach kurzer Zeit kommt ein Mann um die sechzig an Jochens Tisch. Er geht leicht und schnell, wie ein Mensch geht, der sein ganzes Leben lang Sport gemacht und sich viel bewegt hat. Auf dem Kopf trägt er eine Baseballmütze, auf der „Berlin-Marathon 1992" steht.

„Hallo Jochen. Schön, dich wieder zu sehen. Ich hoffe, du bist mit dem Service in meinem Café zufrieden?"

„Dankeschön, der Kaffee und der Cognac sind wunderbar, und die junge Frau, die hier bedient, ist sehr nett. Vielen Dank, dass du dir Zeit für mich nimmst."

„Gerne, Jochen. Ich bin froh, wenn ich dir helfen kann. Dann erklär mir doch bitte einmal das Problem, mit dem du nicht zurechtkommst."

von der Straße aus	من الشارع
bewusst	مدرك، واعي
wählen, du wählst, du hast gewählt	يختار
bewusst wählen	يختار بوعي
die Terrasse, Terrassen	الشرفة
am besten	الأفضل

dürfen, du darfst, du hast gedurft, ich durfte	يسمح
darf's	اختصار: darf es
Was darf's denn sein?	تعني هنا: ما الذي يمكنني إحضاره لك؟
die Kellnerin, Kellnerinnen	النادلة
der Kellner, Kellner	النادل
der Cognac	الكونياك

selbst	الذات؛ بنفسي بنفسك الخ
sich selbst wundern	تعني هنا: متفاجئ من نفسه
der Vormittag, Vormittage	قبل الظهر
spät	متأخّر
zu spät	متأخّر جدًّا
der Termin, Termine	الموعد
Behrendt	اسم عائلة
jemandem etwas ausrichten, du richtest aus, du hast ausgerichtet	ترك رسالة لشخص ما
nach kurzer Zeit	بعد وقت قصير
der Sport	الرياضة
sich bewegen, du bewegst dich, du hast dich bewegt	يحرّك نفسه
etwas tragen, du trägst, du hast getragen, ich trug	يحمل؛ تعني هنا: يرتدي
die Baseballmütze, Baseballmützen	قبّعة بيسبول
der Berlin-Marathon	ماراثون برلين
hoffen, du hoffst, du hast gehofft	يأمل
der Service	الخدمة
bedienen, du bedienst, du hast bedient	يخدم
zurechtkommen, du kommst zurecht	يدبّر أمره

ربط الجمل معًا

غالبًا ما يكون من المنطقي ربط جملتين معًا عندما نصف الأشخاص (أو الأشياء):

Jakob wollte alles wissen. Er war natürlich sehr neugierig.

→ Jakob, der natürlich sehr neugierig war, wollte alles wissen.

يمكننا باللّغة العربيّة استخدام **الذي/التي**... (أو **الذين**... وهكذا) وذلك لنعبّر عن:

أراد جاكوب **الذي** كان فضوليًّا جدًّا ...

بدأ الطفل **الذي** كان يقف ورائي ...

في الألمانيّة نستخدم أداة التعريف (**der, die, das**) للقيام بالسابق، قد يبدو الأمر بسيطًا ولكن لسوء الحظ
أنّه ليس كذلك: يجب أن نختار أداة التعريف بعناية وفقًا لنوع الجنس وعدد الأشخاص (أو الشيء) الذي نريد
وصفه، وعلينا أيضًا التفكير في حالتي النصب *Akkusativ* والجر *Dativ*، انظر إلى بعض الأمثلة الأخرى:

Der Lärm, der mich geweckt hat, kommt von einer großen Gruppe.

هذا المثال بسيط – نستخدم der ككلمة وصل (بالمناسبة؛ نسمّي هذه الحالة: *Relativpronomen* أو ضمائر
الوصل)، دعنا نغيّر الجملة قليلًا لنرى الأجناس والأعداد المختلفة:

Die Frau, die mich geweckt hat ...

Das Telefon, das mich geweckt hat ...

Die Telefone / Frauen / ..., die mich geweckt haben ...

إلى الآن الأمر بسيط، أليس كذلك؟ ولكن انظر الآن إلى الجملة التالية:

Der Spatz, mit dem er spricht, ist sehr aufgeregt.

لماذا dem وليس der؟ حسنًا، نريد وصف **der Spatz**، ولكن في الجملة الثانية يجب أن تكون كلمة **Spatz** في
حالة الجر *Dativ* لأنّها تأتي بعد كلمة **mit**، انظر ماذا يحدث عندما أقسّم الجمل مرّة أخرى:

Der Spatz ist sehr aufgeregt. Er spricht mit dem Spatz.

... والآن يمكنك أن تلاحظ سبب استخدام dem وليس der.

لذلك قسّم الجملة كلّما ارتبكت بشأن الحالة الإعرابيّة الصحيحة التي يجب استخدامها، سيكون من السهل
عليك العثور على النموذج الصحيح.

هناك استثناء صغير (كما هو الحال دائمًا مع قواعد اللّغة الألمانيّة)، كلمة الجمع المتّصلة مع حالة الجر *Dativ*
هي كلمة **denen**، وليس **den**.

Hier sind die Tische, auf denen das Frühstück für die Gäste steht.

بعد فصل الجملة:

Hier sind die Tische. Auf den Tischen steht das Frühstück für die Gäste.

لسوء الحظ، سيتعيّن عليك تذكّر هذا الاستثناء.

لن يساعدك هذا الشرح إذا كنت لا تزال تواجه
مشاكل مع حالة الجر *Dativ* والنصب *Akkusativ*
بشكل عام، إذا كنت في هذا الوضع؛ فقد حان
الوقت المناسب لتكرارها، ارجع إلى الفصول 7 و 8
و 11، يمكنك أيضًا الاطّلاع على معسكر التدريبات
الخاص بنا الذي يمكنك العثور عليه على الرابط
www.skapago.eu/jensjakob/ar/akkusativ-dativ

عندما يعني الطول القصر:
بعض الملاحظات حول الوقت

Einen Moment lang تعني **خلال وقت قصير**، كما ترون هنا أن الكلمة **lang** (التي تعني في الأساس **طويل**) كما لو نقول بالعربيّة **في وقت طويل**، لا يجب أن تعني طويل حرفيًّا، العبارة السابقة مفيدة جدًّا إذا كنت تريد التعبير عن كميّة الوقت المستغرقة لفعل شيء ما بالسابق / بالوقت الحالي / بالمستقبل، ولكن تذكّر حالة النصب *Akkusativ*.

Ich muss fünf Minuten lang warten.
Ein Jahr lang lerne ich schon Deutsch.
Einen Monat lang werde ich in Österreich leben.

إذا كنت تريد أن تقول أن شيئًا ما سيحدث في المستقبل وتريد أن تقول كم من الوقت سيستغرق حتّى يحدث، استخدم **in** مع حالة الجر *Dativ*:

In einer Woche fahre ich nach Erlangen.
In zwei Minuten fährt die S-Bahn.
In einem Monat beginnt die Schule.

على العكس عندما تعبّر عن شيء ما حدث بالسابق نستخدم **vor** مع حالة الجر *Dativ*:

Vor einer Woche bin ich nach Erlangen gefahren.
Vor zwei Minuten ist die S-Bahn gefahren.
Vor einem Monat hat die Schule begonnen.

الفرق بين **vor** و **seit** هو أنّ **seit** تشير إلى حدث بدأ منذ فترة ومستمر إلى الآن:

Seit einer Woche bin ich in Erlangen. (Ich bin immer noch in Erlangen.)
Seit zwei Minuten fahre ich mit der S-Bahn. (Ich fahre immer noch.)
Seit einem Monat bin ich in der Schule. (Ich bin immer noch dort.)

عندما تصف أنّ شيئًا ما حدث / يحدث في فترة شهر معيّن، استخدم **im** (التي تعني **in dem**):

Im Januar ist es kalt.
Im August habe ich Urlaub.
Im Oktober war ich in Hamburg.

في وقت معيّن في اليوم، استخدم **am** (التي تعني **an dem**) أو الكلمة المشابهة التي تنتهي بـ **s-** شرحت هذا النمط في الفصل 13 (**"heute Morgen"**):

Am Abend / abends gehe ich ins Kino.
Am Nachmittag / nachmittags muss ich arbeiten.
Am Vormittag / vormittags war ich einkaufen.

Was weißt du über Deutschland, Österreich und die Schweiz?

1. Was gehört *nicht* zu Österreich?
a) Osttirol
b) Südtirol
c) Nordtirol

2. Welche Stadt ist gleichzeitig ein deutsches Bundesland?
a) Köln
b) Bremen
c) München

3. Wie lange war das Saarland französisch?
a) bis 1933
b) bis 1957
c) bis 1989

4. Wieviele deutsche Jobs hängen direkt oder indirekt von der Automobilindustrie ab?
a) Jeder siebte Deutsche arbeitet für einen Autohersteller.
b) Fast 800.000 Menschen arbeiten in Deutschland in der Automobilindustrie.
c) Die Zahl ist gar nicht so hoch. Es gibt zum Beispiel fünfmal mehr Friseurinnen und Friseure.

5. Welches Bundesland ist eine Enklave in einem anderen Bundesland?
a) Hamburg
b) Berlin
c) Hessen

das Bundesland, Bundesländer	الولاية الفيدراليّة (في ألمانيا والنمسا)
Köln	كولون؛ مدينة بألمانيا
Bremen	بريمن؛ مدينة بألمانيا
München	ميونيخ؛ مدينة بألمانيا
Saarland	سارلاند؛ ولاية بألمانيا
wie viele	كم
abhängen (von), du hängst ab, du hast abgehangen, ich hing ab	تعني هنا: يعتمد على
indirekt	غير مباشر
die Industrie, Industrien	الصناعة
die Automobilindustrie, -industrien	مصنع السيّارات
der Autohersteller, -hersteller	شركة مصنع السيّارة
die Zahl, Zahlen	الرقم
der Frisör, Frisöre	مصفّف الشعر
die Enklave, Enklaven	محصور؛ بلاد محاطة بأرض أجنبيّة
Hamburg	هامبورغ؛ مدينة بألمانيا
Hessen	هسن؛ ولاية بألمانيا

Osttirol	شرق تيرول
Südtirol	جنوب تيرول
Nordtirol	شمال تيرول
welche/welcher/welches	التي / الذي
gleichzeitig	في نفس الوقت

179

6. Was stimmt *nicht*?
a) Die Melodie zur deutschen Nationalhymne kommt aus Österreich.
b) Der Text zur deutschen Nationalhymne kommt von einer englischen Insel.
c) Die deutsche Nationalhymne ist auch die Nationalhymne in Österreich.

7. Was ist die Hauptstadt der Schweiz?
a) Die Schweiz hat zwei Hauptstädte, Zürich und Bern.
b) Zürich war bis 1991 Hauptstadt, seitdem ist es Genf.
c) Die Schweiz hat keine offizielle Hauptstadt. Aber die Regierung ist in Bern. Deshalb ist Bern eine Art heimliche Hauptstadt.

8. Wo wird Deutsch *nicht* gesprochen (als offizielle Sprache)?
a) Italien
b) Belgien
c) Tschechien

9. Was haben die Brüder Grimm *nicht* geschrieben?
a) ein Kochbuch
b) ein Märchenbuch
c) ein Wörterbuch

10. Welche deutsche Republik hat den gleichen Namen wie eine Hunderasse?
a) Weimarer Republik, 1918-1933
b) Bonner Republik, 1948-1990
c) Berliner Republik, seit 1990

11. Von wo nach wo geht der kürzeste internationale Linienflug?
a) von St. Gallen-Altenrhein nach Friedrichshafen
b) von Wien nach Bratislava
c) von Köln nach Straßburg

12. Bertha Benz war die erste Frau, die in Deutschland mit dem Auto gefahren ist. Wo hat sie getankt?
a) in einem Gasthaus
b) in einer Apotheke
c) auf einem Bauernhof

13. Seit wann dürfen Frauen überall in der Schweiz wählen?
a) seit 1919
b) seit 1946
c) seit 1990

die Melodie, Melodien	اللّحن
die Natio-nalhymne, -hymnen	النشيد الوطني
der Text, Texte	النص
die Insel, Inseln	الجزيرة
die Hauptstadt, -städte	العاصمة
seitdem	منذ ذلك الحين
offiziell	رسميًّا
die Regierung, Regierungen	الحكومة
die Art, Arten	النوع، نوع ما
heimlich	سرًّا
die Brüder Grimm	الأخوان غريم؛ قصص ألمانيّة شهيرة
das Kochbuch, Kochbücher	كتاب الطبخ
das Märchen, Märchen	حكاية خرافيّة
das Märchen-buch, Märchen-bücher	كتاب قصص قصيرة خرافيّة
das Wörter-buch, Wörter-bücher	القاموس
die Republik, Republiken	الجمهوريّة
der Name, Namen	الاسم
die Rasse, Rassen	العرق، السلالة
die Hunderasse, Hunderassen	سلالة الكلب
international	دولي، عالمي
der Flug, Flüge	الرحلة الجويّة
die Linie, Linien	الخط، المسار
der Linienflug, die Linienflüge	مسار الرحلة الجويّة

14. Warum heißt Audi Audi?

a) Die Audi-Fabrik wurde in Sachsen eröffnet. Im sächsischen Dialekt wird das Wort „Auto" wie „Audi" ausgesprochen.

b) Es ist eine Abkürzung für den Mann, der Audi gegründet hat: August Diesel.

c) Der Gründer August Horch hat seine erste Autofirma verkauft. Die Rechte am Namen „Horch" blieben bei dieser Firma. Der Name „Horch" ist identisch mit dem Imperativ für **horchen**. Daher wählte August Horch für seine neue Firma die lateinische Übersetzung dafür – **audi** (von audio).

15. Wieviel Prozent von Österreich sind Berge?

a) Mehr als 62% der Fläche von Österreich sind Gebirge.

b) 34% der Fläche sind Berge. Seen machen sogar 40% der Fläche aus.

c) Die Alpen machen nur 12% der Fläche aus (weniger als die Fläche von Wien).

16. Welche Aussage über den Pro-Kopf-Konsum von Wein und Bier ist richtig?

a) In Deutschland wird weltweit am meisten Bier pro Jahr und Kopf getrunken.

b) Im Vatikan ist der Weinkonsum pro Jahr und Kopf mehr als doppelt so hoch wie in Österreich.

c) Die Schweiz ist der größte Weinproduzent in Europa.

Benz	اسم عائلة
tanken, du tankst, du hast getankt	تعبئة بنزين
das Gasthaus, die Gasthäuser	نزل، مطعم
der Bauernhof, Bauernhöfe	المزرعة
die Fabrik, Fabriken	المصنع
eröffnen, du eröffnest, du hast eröffnet	يفتتح، مثال: افتتح مطعم
sächsisch	السكسوني
der Dialekt, Dialekte	اللّهجة
aussprechen, du sprichst aus, du hast ausgesprochen, ich sprach aus	ينطق

die Abkürzung, Abkürzungen	الاختصار
der Gründer, Gründer	المؤسّس
August Diesel	اسم
August Horch	اسم
identisch	مطابق
der Imperativ, Imperative	صيغة الأمر
horchen, du horchst, du hast gehorcht	يصغي
daher	لذلك
lateinisch	لاتينيّة
die Übersetzung, Übersetzungen	الترجمة
das Prozent, Prozente	النسبة المئويّة
der Berg, Berge	الجبل
die Fläche, Flächen	السطح
das Gebirge, Gebirge	سلسة جبال
der See, Seen	البحيرة
die Alpen (فقط بالجمع)	جبال الألب
gesamt	مجمل، شامل
die Aussage, Aussagen	التصريح
pro Kopf	لكل فرد
der Konsum (فقط بالمفرد)	الاستهلاك
der Wein, Weine	النبيذ
weltweit	في جميع أنحاء العالم
am meisten	غالبًا
der Vatikan	الفاتيكان
doppelt	ضِعف، مرّتين
Europa	أوروبا

1. Fragen zum Text

Warum wacht Jens auf?

Was hat Jochen gemacht, nachdem er mit Frau Weißgerber gesprochen hat?

Warum hat Jens Jakob gestern nichts erzählt?

Warum gibt es so viel Lärm?

Welches Problem hat Jakob?

Was empfiehlt ihm Jens?

Jens sagt, er weiß, was es bedeutet, nicht dazuzugehören. Was meint er damit?

Warum – denkst du – will Jochen nicht, dass Waltraud ihn sehen kann?

Über welche Dinge – denkst du – spricht er mit Klaus?

2. Benutze Relativpronomen (*der, die, das, dem, den* ...) und mache Fragen!

Beispiel: Der Kellner spricht fünf Sprachen.

→ *Ist das der Kellner, der fünf Sprachen spricht?*

a) Diese drei Kaffees habe ich für die Gäste an Tisch 17 gemacht.

b) Das kleine Café liegt am Fluss.

c) Der Gast hat schon einen Tee bestellt.

d) Diese Torte schmeckt nach Apfel.

e) Die große Kellnerin flirtet mit den Gästen.

f) Der große, braune Hund darf nicht ins Restaurant.

g) Bei diesem Kellner hat Jochen bestellt.

h) Der Mann hat gerade mein Telefon geklaut.

i) Du musst drei junge Frauen am Bahnhof abholen.

j) Dieses Sofa kostet ungefähr 5000 €.

k) Mit diesem Mann ist Maria verheiratet.

l) Diese Arzneimittel müssen Sie nehmen.

m) Mit diesem Auge sehe ich schlecht.

n) Der Kiosk verkauft auch nachts Schokolade.

o) Diese Rechnung kannst du nicht bezahlen.

3. Welches Café oder Restaurant magst du? Wie sieht es aus? Was isst du dort gerne? Wieso magst du es so gerne?

4. استخدم صيغة الأمر Imperativ و du وقم بإنكار الجمل باستخدام nicht / kein.

Beispiel: Sitzen – Boden → Setz dich nicht auf den Boden!

a) Heute – Freunde mit nach Hause bringen!

b) Sein – so traurig – den ganzen Tag!

c) Haben – Angst – vor der Polizei!

d) Anrufen – mich – wenn du so gemein bist!

e) Sich Sorgen machen – um Beate!

f) Hängen – den Mantel an die Garderobe!

g) Sein – so streng mit den Kindern!

h) Machen – Unsinn!

i) Denken – an deinen Kollegen!

j) Überlegen – zu viel!
k) Einpacken – zu viele Sachen!

5. ضع **um / am / seit / vor / in / lang** و الكلمات في الحالة الإعرابيّة الصحيحة.
Maria und Andreas sitzen im Café. Es ist 15.30 Uhr. Sie warten auf Lukas.

Maria: Lukas wollte (15.00 Uhr) hier sein, oder? Jetzt warten wir (eine halbe Stunde)!

Andreas: Das verstehe ich auch nicht. Warum ruft er nicht an?

Maria: Vielleicht rufen wir ihn an! Hast du seine Nummer?

Andreas: Ja, er hat sie mir (zwei Wochen) gegeben. Ich rufe jetzt an, sonst sitzen wir (Abend) immer noch hier. ... Hallo Lukas! Wo bist du? Wir sind (eine halbe Stunde) ins Café gekommen, und jetzt warten wir (15.00 Uhr) auf dich.

Lukas: Was? Ich dachte, wir treffen uns erst (18.30 Uhr), also (drei Stunden)! Ich bin erst (fünf Minuten) heimgekommen. Jetzt muss ich mit der S-Bahn fahren. (Zwanzig Minuten) kann ich bei euch sein!

Andreas: Aber wir wollten doch Kaffee trinken! Das macht man (Nachmittag) und nicht am (Abend). – Naja. Wir warten auf dich. Aber nimm die richtige S-Bahn, ja? Sonst fährt die nächste erst wieder (eine halbe Stunde). Bis später!

Maria: Habe ich das richtig verstanden – Lukas kommt erst (eine halbe Stunde)?

Andreas: Ja. Du kennst ihn – er ist immer so. Gut, dass er wenigstens heute kommt und nicht erst (Mittwoch).

Maria: Weißt du noch damals, (Oktober), als wir ihn am Bahnhof abholen sollten? Wir haben (eine Stunde) gewartet, aber da war er schon (zwei Stunden) wieder in Berlin!

Andreas: Naja. Jetzt trinken wir erst einmal den Kaffee. Den hat die Kellnerin schon (20 Minuten) gebracht, er wird ja kalt. Und wenn Lukas kommt – vielleicht (eine Stunde), wer weiß – dann trinken wir noch einen Kaffee!

Maria: Genau. Ich kenne Lukas schon (drei Jahre). Es ist immer das Gleiche mit ihm. Übrigens, hast du ihm eigentlich gesagt, in welchem Café wir uns treffen?

Andreas: Oh ...

هل وقعت في حب القواعد؟

أعلم أنّ الجملة قد تبدو ساخرة، معظم الناس يكرهون القواعد النحويّة منذ المدرسة، وهذا ما يجعلهم يزحفون عندما يرون الجداول أو يسمعون تعابير لاتينيّة غريبة، أيضًا غالبًا تُقال هذه الجملة "لم نتعلّم أبدًا مهارة التحدّث، بل درسنا القواعد فقط" بالذات عندما يفكّر الشخص في اللّغات الأجنبيّة التي درسها في المدرسة أو الجامعة.

وبالتالي فقد ألغت العديد من مدارس اللّغات دراسة القواعد، واستبدلوها بما يسمّى أسلوب "نهج التواصل"، وقد يقارنون ذلك بكيفيّة تعلّم الطفل للغته الأم وكيف كان يتعلّم اللّغة بشكل طبيعي.

على الرغم أنّي أوافق أنّ هناك مبالغة في تقديس القواعد بشكل لا يصدّق في المدارس التقليديّة، إلّا أنّي مقتنع أيضًا أنّه يتم التقليل من شأنها بشكل مفاجئ في العديد من دورات اللّغة الحديثة، أعتقد بشدّة أنّه يجب أن يكون لديك معرفة نظريّة جيّدة جدًا باللّغة التي تريد تعلّمها.

من فضلك قبل أن ترمي الطماطم الفاسدة علي، دعي أوّلًا أدافع عن وجهة نظري ثمّ أخبرك كيف يمكنك أن تقع في حب القواعد (نعم، يمكنك ذلك!). الأطفال لديهم القدرة على الفهم بشكل صحيح دون دراسة القواعد، فكيف يمكن أن يكون هذا النهج خاطئًا؟ حسنًا، أوّلًا، قد لا يكون لديك الكثير من الوقت مثل طفل صغير، طفل يبلغ من العمر عامين يقضي كل يوم تقريبًا في تعلّم التحدّث، ثانيًا، يتمتّع الأطفال بقدرة لا حدود لها على التقليد، والتي تتدهور بمجرّد أن تتعلّم لغتك الأم، ستقوم بعد ذلك بمقارنة كل شيء بلغتك الأم، لذلك تبدو جميع تراكيب اللّغة الجديدة خاطئة في البداية، لذلك، إذا كنت تريد تعلّم لغة بسرعة، واستخدامها بشكل صحيح، فلا تتجنّب القواعد، إذًا كيف يمكنك تحقيق أقصى استفادة من القواعد؟

1. اعمل على سلوكك، هل تعرف أشخاصًا تعلّموا لغتك كلغة أجنبيّة بإتقان، ويتحدّثون تقريبًا دون أخطاء؟ كيف تبدو لغتهم مقارنة بأولئك الذين لم يكلّفوا أنفسهم عناء تعلّم القواعد؟ كيف تريد التحدّث باللّغة الالمانيّة؟ هل تريد أن تحظى بإعجاب الألمان؟

2. تأكّد من فهمك لأهم القواعد بشكل صحيح من بداية تعلّم اللّغة الألمانيّة، هذا يعني كل ما يتعلّق بالأفعال، وليس *Dativ* و *Akkusativ*.

3. لا تفكّر في القواعد قبل أن تتحدّث، بل بعد أن تتحدّث، تبدو الفكرة غريبة؟ لقد رأيت الكثير من الطلاب الذين لا يريدون التحدّث لأنّهم كانوا خائفين من الأخطاء، ولكن يمكنك التعلّم من الأخطاء، اطلب المساعدة من المعلّمين والأصدقاء – شجّعهم على تصحيحك، حلّل ما تقوله: لماذا كان خطأ، وكيف قاله صديقك / معلّمك؟ ما هي القواعد التي طبّقوها؟ افعلَ الشيء نفسه مع النصوص – اقرأها بعد كتابتها.

4. لا تجهد نفسك، لست في إختبار، لديك كل الوقت الذي تحتاجه لدراسة القواعد، إذا كنت لم تفهم مشكلة في قواعد اللّغة اليوم فقم بترك كتابك المدرسي، اذهب للمشي، ثمّ حاول مرّة أخرى غدًا.

حاولنا تقديم تفسيرات شاملة وممتعة في هذا الكتاب، ومع ذلك، إذا كان هناك شيء لم تفهمه، أو إذا كان لديك اقتراح حول كيفيّة تحسين تفسير أو تمرين، يرجى إرسال بريد إلكتروني إلى jensjakob@skapago.eu

worum	حول ماذا
das Gespräch, Gespräche	المحادثة
einerseits	من ناحية
sich auskennen, du kennst dich aus, du hast dich ausge- kannt, ich kann- te mich aus	ملم بالموضوع (انظر للشرح)
andererseits	من ناحية أخرى
leider	للأسف
das Folgende	التالي، ما يلي
die Einrichtung, Einrichtungen	تعني هنا: الأثاث
der Kunde, Kunden	العميل، الزبون
nämlich	تحديدًا
das Papier, die Papiere	الورقة
das Dokument, Dokumente	المستند
unterschrei- ben, du un- terschreibst, du hast unter- schrieben, ich unterschrieb	يوقّع
der Arbeitsver- trag, Arbeits- verträge	عقد العمل
das Komische	المضحك، الغريب

„Also Jens, worum ist es in dem Gespräch zwischen Klaus und Jochen gegangen?"
Wie immer ist Jakob neugierig. Und er glaubt natürlich, dass ich alles genau
weiß – einerseits, weil ich mich mit den Menschen gut auskenne, und ande-
rerseits, weil ich heute Nachmittag zu Jochen nach Hause geflogen bin, denn
ich wollte wissen, worüber er zu Hause mit Ines und Beate spricht. Aber
leider verstehe ich auch nicht ganz, worum es in dem Gespräch eigentlich
gegangen ist. Ich sage:
„Was ich sicher weiß, ist Folgendes: Jochen hat Probleme mit seiner Pension
in Warnemünde. Die Einrichtung ist wohl ziemlich alt, und vielen Kunden
gefällt das nicht. Klaus soll Jochen helfen. Aber wie er das machen soll, das
habe ich auch nicht verstanden."
„Klaus soll Jochen helfen? Ja, wie kann er ihm denn helfen?"
„Ich weiß es nicht. Ich habe zuerst gedacht, Klaus soll vielleicht bei Jochen
arbeiten. Sie haben nämlich einige Papiere angesehen, und dann haben sie
ein Dokument unterschrieben. Ich denke, das war vielleicht ein Arbeitsvertrag. Das Komische ist aber, dass sie gar nicht über das gesprochen haben,

worüber man eigentlich redet, wenn es um Arbeit geht: Lohn, Arbeitszeit und so weiter. Sie haben immer wieder ein Wort benutzt, das ich nicht verstehe: Investitionen."

„Tja, was das bedeutet, weiß ich auch nicht", antwortet Jakob. „Kann es sein, dass Jochen Geld braucht?"

„Daran habe ich auch schon gedacht. Aber erstens, glaubst du, dass Klaus mehr Geld hat als Jochen, und zweitens, warum geht Jochen nicht zu einer Bank, wenn er Geld braucht? Das machen die Menschen doch sonst immer. Woher kennt er Klaus überhaupt?"

„Wahrscheinlich über Angelika."

„Glaubst du? Aber Angelika war heute gar nicht da."

„Das muss nichts bedeuten. Sie können ja telefoniert haben."

Ich esse ein Stück von meiner Pizza. Heute gibt es nämlich Pizza. Die italienischen Spatzen haben uns aus der Pizzeria gegenüber eine ganze Pizza geklaut. Sie wollten damit den Berliner Spatzen dafür danken, dass wir ihnen geholfen haben, einen Platz zum Schlafen und gute Plätze zum Essen zu finden. Wie sie es geschafft haben, dass sie die ganze Pizza geklaut haben – ich habe keine Ahnung. Jedenfalls waren wir natürlich alle recht begeistert. Jetzt sind sie alle miteinander feiern gegangen, zum Springbrunnen auf dem Erich-Kästner-Platz – aber Jakob war zu müde, er wollte nicht mit. Er hat mit dem Essen gewartet, bis ich wieder von Jochen zurückgekommen bin. Und dann musste ich ihm erst einmal erklären, dass Pizza typisch italienisch ist. Jakob hat vorher immer gedacht, Pizza ist typisch für Berlin, und er hat sich gewundert, warum uns die italienischen Spatzen ausgerechnet Pizza besorgen!

Jetzt sagt er:

„Was hat Jochen denn nun zu Hause gesagt?"

„Das war das Komischste. Zu Hause hat er mit keinem Wort erwähnt, dass er bei Klaus war. Er hat nur erklärt, dass er jetzt einen Plan für die Pension hat, und dass alle helfen müssen, Frau Weißgerber und Ines, und sogar Beate. Sie soll in den Ferien in Warnemünde arbeiten. Sie war gar nicht begeistert."

„Naja. Es ist ja eigentlich egal, was Jochen wollte. Wir werden es schon noch erfahren. Ach schau mal, die beiden Alten quatschen schon wieder über Gott und die Welt."

Die „beiden Alten" sind Waltraud und Angelika. Sie machen gerade wieder ihre Fenster auf und fangen an, sich zu unterhalten. Ich finde, Jakob ist ganz schön respektlos – aber so ist er eben. Ein typischer Berliner Spatz. Außerdem quatschen wir auch über Gott und die Welt, und die Allerjüngsten sind wir erst recht nicht mehr.

worüber	عن ماذا
der Lohn, Löhne	الأجر، الراتب
die Arbeitszeit, Arbeitszeiten	ساعات العمل
benutzen, du benutzt, du hast benutzt	يستخدم
die Investition, Investitionen	الاستثمار
tja	أسلوب تعبير: حسنًا
daran	بهذا
erstens	أوّلًا
zweitens	ثانيًا
die Bank, Bänke	المقعد، هنا: البنك
telefonieren, du telefonierst, du hast telefoniert	يتّصل
die Pizza, Pizzen	البيتزا
italienisch	الإيطالي
die Pizzeria, Pizzerias	مطعم البيتزا
danken, du dankst, du hast gedankt	يشكر
keine Ahnung!	لا أعلم!
miteinander	سويًّا، معًا
feiern, du feierst, du hast gefeiert	يحتفل
der Springbrunnen, Springbrunnen	النافورة
mitwollen, du willst mit	يريد الانضمام (الألمانيّة العاميّة)

„Na Angelika, wie war dein freier Tag?"

„Ach, ganz gut", antwortet Angelika und zündet sich eine Zigarette an. „Ich war einkaufen, dann noch schnell bei der Bank Geld abheben, und danach bin ich zu meiner Tochter Sabrina gefahren. Außerdem war ich gerade in der Pizzeria gegenüber. Ich wollte einen Tisch für Samstag reservieren. Stell dir vor, was da passiert ist! Da saß ein junges Paar an einem Tisch auf der Terrasse, und der Kellner hat ihnen zwei Pizzen gebracht. Plötzlich kamen zwanzig, dreißig Spatzen an den Tisch, setzten sich um einen Teller, nahmen die Pizza in die Schnäbel, hoben sie hoch und flogen weg! Das ganze geschah in weniger als fünfzehn Sekunden. Es war wie in Alfred Hitchcocks Film 'Die Vögel'."

„Das ist ja unglaublich!" Waltraud nimmt einen Schluck aus ihrer Teetasse, die auf einem kleinen Tisch neben dem Fenster steht.

„Und wie geht es Sabrina jetzt, wo sie nicht mehr mit Michael zusammen ist?", will Waltraud wissen.

„Oh je. Es geht ihr nicht besonders gut. Aber entschuldige, Michael ist doch ein Idiot. Erst bekommt Sabrina ein Kind von ihm, und dann

typisch	معتاد
ausgerechnet	من بين كل الناس
besorgen, du besorgst, du hast besorgt	يعتني، يدبّر
nun	الآن
erwähnen, du erwähnst, du hast erwähnt	يذكر
der Plan, Pläne	الخطّة
die Ferien (صيغة الجمع)	الأعياد
erfahren, du erfährst, du hast erfahren, ich erfuhr	يجرّب؛ يتعرّف على المزيد من خلال التجربة
quatschen, du quatschst, du hast gequatscht	يهذي؛ يهذر كلام غير مهم

ganz schön	جميل جدًّا
eben	تعني هنا: فقط
über Gott und die Welt	عن كل شيء يمكنك أن تتخيّله (عن الإله والعالم)
aller- in: allerjüngsten	الكل، الجميع، تعني هنا: الأصغر من الكل
anzünden, du zündest an, du hast angezündet	يوقد
die Zigarette, Zigaretten	السيجارة

einkaufen, du kaufst ein, du hast eingekauft	يتسوّق
Geld abheben, du hebst ab, du hast abgehoben, ich hob ab	يسحب المال
reservieren, du reservierst, du hast reserviert	يحجز
sich vorstellen, du stellst dir vor, du hast dir vorgestellt	يتخيّل
der Schnabel, Schnäbel	المنقار
hochheben, du hebst hoch, du hast hochgehoben, ich hob hoch	يرفع
geschehen, es geschieht, es ist geschehen, es geschah	يحدث
wenig	قليل
die Sekunde, Sekunden	الثانية
der Vogel, Vögel	الطائر
unglaublich	لا يصدّق
der Schluck, Schlucke	الرشفة
die Teetasse, Teetassen	الفنجان، كوب الشاي
jetzt, wo	الآن بما أن
Oh je!	أسلوب تعبير: أوه
der Idiot, Idioten	الأحمق

erklärt er ihr, dass er eigentlich schon verheiratet ist. Sie will jedenfalls nichts mehr mit ihm zu tun haben. Aber was muss sie auch in ihrem Alter so unvernünftig sein! Ich sage noch zu ihr, Sabrina, sage ich, pass auf, dass er dich auch heiratet … Naja, die jungen Leute bekommen ja heute auch Kinder, ohne zu heiraten, und auf ihre Eltern wollen sie nicht hören. Ich muss ja zugeben, ich habe auch nie geheiratet …"

„Außerdem ist das Heiraten auch keine Sicherheit. Jedes zweite Ehepaar lässt sich doch scheiden! Nein, wenn eine Frau heute Kinder will, muss sie auch einen Beruf haben, wenn du mich fragst. Sonst ist das viel zu gefährlich. Der Mann ist plötzlich weg, und was macht man dann? Zum Glück hat Sabrina auch eine gute Ausbildung."

„Das stimmt, und sie verdient ja auch ihr eigenes Geld. Leicht wird es trotzdem nicht."

„Nein, aber sie schafft das schon. Du hast es ja auch geschafft, 1961, und deine Situation war viel schwieriger."

Angelika antwortet nicht, und Waltraud denkt, dass sie über dieses Thema lieber nicht sprechen will. Darum sagt sie:

„Etwas anderes – ich habe schon seit Monaten nichts von Jochen gehört. Hast du eine Idee, was aus ihm geworden ist? Er hat doch diese Pension bekommen."

„Ich weiß auch nichts Neues. Er ruft ja so selten bei mir an. Ich weiß nicht einmal, ob er die Pension verkaufen will oder sonst etwas. – So, jetzt muss ich aber los. Ich sehe heute eine Dokumentation über Tiere auf Island im Fernsehen. Wenn du sie dir auch anschauen möchtest, dann komm zu mir rüber."

Und Angelika macht ihr Fenster zu.

das Alter, Alter	العمر
unvernünftig	غير عقلاني
die Sicherheit, Sicherheiten	الأمان
das Ehepaar, Ehepaare	الزوجان
sich scheiden lassen, du lässt dich scheiden, du hast dich scheiden lassen, ich ließ mich scheiden	يطلّق
der Beruf, Berufe	المهنة
die Ausbildung, Ausbildungen	التدريب المهني
eigen	خاص
die Situation, Situationen	الحال، الوضع
darum	لذلك
der Monat, Monate	الشهر
werden aus (+ Dativ)	ماذا سيصبح
das Neue	الجديد
die Dokumentation, Dokumentationen	التوثيق
das Tier, Tiere	الحيوان
Island	آيسلندا
anschauen, du schaust an, du hast angeschaut	ينظر إلى
rüber (اختصار لكلمة herüber)	إلى هذا الجانب

Sich auskennen

Sich auskennen هي واحدة من تلك التعبيرات التي لا يمكنك ترجمتها 100% إلى العربيّة، تعني أنّك تعرف طريقك جيّدًا ولديك معرفة في مجال معين، يمكن أن يكون ماديًا أو شيء ملموس، على سبيل المثال مدينة ما (**Ich kenne mich in New York aus**) ولكن قد تعني أيضًا أنّك خبير في مجال فكري أو موضوع معيّن وما إلى ذلك:

Jens kennt sich mit Menschen aus.
Andreas kennt sich mit Hunden aus.
Beate kennt sich mit Theater aus.

Wozu? – Dazu!

علينا تغيير كلمات السؤال عندما ندمج أدوات الاستفهام مع حروف الجر.

عندما ترمز العبارة لأشخاص في حالتي النصب *Akkusativ* أو الجر *Dativ*:

Für wen interessierst du dich? – Für Maria / Für sie.
Mit wem fährst du nach Hamburg? – Mit Maria / Mit ihr.

لدينا قاعدة مختلفة عندما نتحدّث عن الأشياء وليس الأشخاص، حيث يمكننا الجمع بين حرف الجر والسؤال، على سبيل المثال **was** + **für** إلى **wofür**.

mit was → womit
zu was → wozu

وما إلى ذلك …

عندما يبدأ حرف الجر بحرف علّة (**i** ، **e** ، **a** ، …) نضيف **r** لتسهيل النطق:

in was → worin
auf was → worauf
an was → woran

وما إلى ذلك …

يمكننا الدمج مع حروف الجر بنفس الطريقة، على سبيل المثال **das/den/dem** + **für** إلى **dafür**.

mit dem → damit
zu dem → dazu
mit was → damit

… ومرّة أخرى نضيف حرف **r** للكلمات صعبة النطق:

in das → darin
auf das → darauf
an das → daran

وما إلى ذلك …

على سبيل المثال:

Wofür interessierst du dich? – Für Musik / Dafür.
Womit fährst du nach Hamburg? – Mit dem Zug / Damit.

النظام هذا تعلّمته سابقًا، مشابه لنظام الاستفسار عن الاتجاهات والأماكن:

Woher kommst du? – Aus Frankreich. Vom Arzt.
Wohin fährst du? – Ins Kino. Zu Maria. Nach Frankfurt.

لاحظ أنّنا نستخدم فقط **woher** / **wohin** عند الحديث عن الاتجاهات، لذلك لا نستطيع أن نقول:

~~woraus kommst du~~?

وكما ذكرت سابقًا، لا يمكننا استخدام هذه الكلمات المركّبة مع الأشخاص:

Für wen interessierst du dich? – Für Maria / Für sie. (~~dafür~~)
Mit wem fährst du nach Hamburg? – Mit Maria / Mit ihr. (~~womit~~)

إعادة تدوير الكلمات

يمكنك استخدام كلمة معيّنة لعدّة أغراض، على سبيل المثال: يمكننا أن نستخدم الأفعال كأسماء:

ein Platz zum Schlafen

Er hat mit dem Essen gewartet

نحتاج فقط المصدر من الفعل ونكتبه بحرف كبير (وهو منطقي للغاية لأنّنا حوّلنا الفعل إلى اسم، وتبدأ جميع الأسماء الألمانيّة بحرف كبير)، وملحوظة مهمّة: جميع الكلمات تحصل على الجنس محايد:

das Essen, das Schlafen, das Gehen

يمكننا استخدام نمط مشابه للصفات، ولكن سيحصلون على نهاية ‏-e المعتادة والحرف الأوّل كبير، هذا كل ما نحتاج فعله! سهل للغاية، أليس كذلك؟

das Komische

das Schöne

das Gute ...

Nämlich – zwar

معظم القواميس تترجم **nämlich** إلى كلمة **بالتحديد**، ولكنّنا نستخدم **nämlich** أكثر بكثير في الألمانيّة مقارنة باللّغة العربيّة، الغرض الكلاسيكي لاستخدام **nämlich** هو للتسمية (لإعطاء اسم لشيء ما – هذا هو أصل الكلمة باللّغة الألمانيّة):

Ins Kino gehe ich mit zwei Freunden, nämlich mit Klaus und Martin.

أذهب إلى السينما مع صديقين، (بالتحديد، اسم هؤلاء الأشخاص) كلاوس ومارتن.

ولكن هناك معنى مختلفًا لكلمة **nämlich**، يمكن أن تعني أيضًا **بسبب / لأن**، المعنى لا يختلف تمامًا عن المعنى الأصلي، ما زلنا نحدّد، ولكن في هذه الحالة نحدّد سبب وجود شيء ما، انظر إلى الأمثلة التالية:

Ich habe zuerst gedacht, Klaus soll vielleicht bei Jochen arbeiten. Sie haben nämlich einige Papiere angesehen.

اعتقدت في البداية أنّ كلاوس يعمل مع يوخن؛ لأنّهم كانوا يبحثون في بعض من الوثائق.

Ich esse ein Stück von meiner Pizza. Heute gibt es nämlich Pizza.

أنا آكل قطعة من البيتزا؛ لأنّه اليوم لدينا بيتزا.

Ich habe keine Zeit heute. Ich muss nämlich arbeiten.

ليس لدي وقت اليوم؛ لأنّني يجب أن أعمل.

zwar تستخدم للتعبير عن امتياز، بمعنى مقارب إلى **بالرغم من** أو **صحيح أن**، zwar ليست قويّة مثل عبارة **على الرغم من**، لذلك أفضّل ترجمتها إلى **صحيح أن**، كل zwar تتبعها كلمة **aber** عندما تُستخدم بهذا المعنى:

Ich bin zwar schon alt, aber immer noch gesund.

صحيح أنّني كبير بالسن، ولكن لا أزال بصحة جيدة.

Jens ist zwar ein Spatz, aber er versteht die Menschen gut.

على الرغم من أنّ ينس عصفور، إلّا أنّه يفهم الناس جيّدًا.

صحيح أنّ ينس عصفور، ولكنّه يفهم الناس جيّدًا.

ومع ذلك يختلف المعنى تمامًا عند الجمع بين **und** و **zwar**، في هذه الصيغة سيتشابه المعنى مع **nämlich**:
Ins Kino gehe ich mit zwei Freunden, und zwar mit Klaus und Martin.

Arbeit (العمل)

اقرأ ما يقوله الأشخاص بالأسفل عن عملهم، ثمّ أجب عن الأسئلة المتعلّقة بعملك الخاص.

Waltraud

Manchmal stimmt es wirklich: Wer selbständig arbeitet, arbeitet selbst und ständig. Heute zum Beispiel war eine unserer Kellnerinnen krank und ihre Kollegen haben schon unglaublich viele Überstunden. Also musste ich aushelfen. Hektisch wird es besonders am Nachmittag, wenn viele Leute Kaffee trinken wollen. So ist das eben in einem Café. Aber in den letzten Jahren ist es auch morgens voller geworden: Die Leute kommen zum Frühstücken, wenn sie frei haben. Für uns ist das gut, weil wir damit gut verdienen, aber es macht auch viel Arbeit.

Die meisten Leute denken ja, dass wir Feierabend haben, wenn wir das Café um 18.00 Uhr schließen. Aber das stimmt natürlich nicht. Wir müssen erst einmal überall sauber machen, aufräumen, den nächsten Tag vorbereiten. Dann müssen wir die Verwaltung machen: einkaufen, die Buchhaltung vorbereiten und so weiter. Oft sitzen Klaus und ich abends noch mehrere Stunden im Büro. Unsere Konditoren und Bäcker fangen dann am nächsten Tag schon um 4.30 Uhr an, damit es frische Brötchen und Kuchen gibt, wenn das Café um 8.00 Uhr öffnet.

Aber ich mag meine Arbeit. Ich spreche gerne mit den Gästen. Ob ich mit 65 in Pension gehe? Bestimmt nicht. Rente bekomme ich sowieso nicht, aber Klaus und ich haben privat vorgesorgt – zum Glück.

selbstständig	مستقل
ständig	باستمرار
die Überstunde, Überstunden	ساعة من العمل الإضافي
aushelfen, du hilfst aus, du hast ausgeholfen, ich half aus	يساعد، يعاون
aufräumen, du räumst auf, du hast aufgeräumt	يرتّب
die Verwaltung, Verwaltungen	الإدارة
mehrere	متعدّد
der Konditor, Konditoren	صانع حلويّات، حلواني
der Bäcker, Bäcker	الخبّاز
frisch	طازج
bestimmt	بالتأكيد
sowieso	على أي حال
privat	خاص
vorsorgen, du sorgst vor, du hast vorgesorgt	يُؤمّن، تعني هنا: التقاعد

Jochen

Sicherheit ist mir wichtig. Ich habe eine Familie und muss wissen, wieviel Gehalt ich am Ende des Monats bekomme. Nicht, dass am Ende des Geldes noch Monat übrig ist! Und ich muss ja auch für die Zukunft planen. Beate will studieren, das wird Geld kosten. Zum Glück konnte ich nach der Wende meine Stelle als Verwaltungsoberinspektor behalten. Ich habe ein paar nette Kollegen, und die Kantine ist wirklich gut. Ob die Arbeit interessant ist? Naja ... es geht so. Aber in ein paar Jahren gehe ich sowieso in Rente. Und außerdem bin ich ja jetzt Unternehmer. Das ist eine neue Herausforderung, auf die ich mich freue. Frau Weißgerber glaubt wohl, dass ich das nicht kann, weil ich mein Leben lang nur im Staatsdienst gearbeitet habe. So ein Unsinn. Was soll denn da so schwer sein? Vielleicht kann ich die nächsten Jahre in Teilzeit arbeiten, denn wenn ich Vollzeit arbeite, habe ich nicht so viel Zeit für die Pension. Ob das funktioniert, hängt davon ab, wieviel Gewinn die Pension machen wird. Denn natürlich bekomme ich weniger Lohn, wenn ich weniger arbeite.

das Gehalt, Gehälter	الراتب
übrig sein	الفائض
die Zukunft	المستقبل
planen, du planst, du hast geplant	يخطّط
die Stelle, Stellen	المنصب
behalten, du behältst, du hast behalten, ich behielt	يحتفظ
die Kantine, Kantinen	المقصف
der Unternehmer, Unternehmer	صاحب العمل
die Herausforderung, Herausforderungen	التحدّي
sich freuen, du freust dich, du hast dich gefreut	يفرح
der Staatsdienst	الخدمة المدنيّة
die Teilzeit-Arbeit, *kurz*: Teilzeit	العمل بدوام جزئي
funktionieren, du funktionierst, du hast funktioniert	يعمل، مثال: الكمبيوتر يعمل
flexibel	مرن

Jens

Natürlich muss ich arbeiten, aber ganz anders als die Menschen: Ich habe flexible Arbeitszeiten und keinen Chef ... Gut, selbstverständlich habe ich auch weder Gehalt noch Urlaub. Ich muss mich um alles selbst kümmern: zum Beispiel, dass ich genug Nahrung habe. Ich muss meine Federn selbst putzen und kann sie nicht in die Waschmaschine geben! Da machen es sich die Menschen ganz schön einfach. Außerdem muss ich jeden Abend einen warmen Platz finden, an dem ich sicher schlafen kann. Oft ist das alles ganz schön stressig. Aber ob ich mit den Menschen tauschen will? Nie im Leben!

selbstverständlich	بديهي
weder – noch	لا هذا ولا ذاك
der Urlaub, Urlaube	العطلة، الإجازة
sich kümmern, du kümmerst dich, du hast dich gekümmert	يعتني
die Nahrung	الغذاء
die Waschmaschine, Waschmaschinen	غسّالة الملابس
stressig	مُجهد
tauschen, du tauschst, du hast getauscht	يستبدل

Welchen Beruf hast du / willst du lernen? Warum?
Was gefällt dir an deinem Beruf? Was gefällt dir nicht so gut?
Was ist dein Traumberuf?
Warum?

حفل الزفاف والمعرفة

Albert und Barbara wollen heiraten.
Setze kennen, können und wissen in der richtigen Form ein.

Albert: _____ du meinen Freund Anton?

Barbara: Nein, ich _____ nicht, wen du meinst.

Albert: _____ du nicht mehr, dass wir letzte Woche verzweifelt einen DJ für die Hochzeit gesucht haben? Ich _____ niemanden, der so gut Musik spielen _____ wie er.

Barbara: Ich _____ mich zwar nicht an ihn erinnern, aber wie viel kostet er als DJ? _____ du, ob er das schon einmal gemacht hat?

Albert: Ich _____ seinen normalen Preis nicht, aber wir _____ ihn einfach fragen. Ich _____, dass Julia und Martin 900 € für ihn bezahlt haben und sehr zufrieden mit ihm waren.

Barbara: Das _____ du doch nicht ernst meinen! Das _____ doch jeder, ein bisschen Musik spielen. Ich _____ sicher jemanden, der das billiger macht und gleich gut _____. 900€ – darüber _____ ich mich nur ärgern!

"Ein bisschen Musik spielen, das kann doch jeder!"

Albert: Du _____ doch gar nicht, was man da alles _____ muss. Ich _____ dich ja gar nicht so wütend.

Barbara: Ich bin nicht wütend, ich bin frustriert. Ich _____ nicht, dass Heiraten so teuer ist.

Albert: Ich _____ es aber nicht ändern, dass es so teuer ist. Sei nicht böse – du _____ mich, ich werde traurig und unsicher, wenn wir streiten.

Barbara: Und ein bisschen eifersüchtig _____ man auch werden, wenn du so verliebt bist in diesen Anton und seine Arbeit.

Albert: So schlecht gelaunt _____ ich dich gar nicht! Du _____ gerne einen anderen DJ finden und ihn bezahlen, wenn du einen _____, der lustig und gut ist.

Barbara: Ich _____ ja nicht einmal, wo ich suchen soll. Tut mir leid, dass ich so zickig und böse war.

Albert: Schon gut, ich _____ das. Manchmal _____ man nicht, was man gegen die schlechte Laune tun _____.

Barbara: Ich _____ die Antwort ... heiraten!

verzweifelt	يائس
der DJ, DJs	الدي جي
die Hochzeit, Hochzeiten	الزفاف
der Preis, Preise	السعر
sich ärgern, du ärgerst dich, du hast dich geärgert	يتضايق
wütend	غضبان
frustriert	محبط
traurig	حزين
unsicher	غير متأكّد
eifersüchtig	غيران
schlecht gelaunt sein	في مزاج سيّء
tut mir leid	أنا آسف
zickig	متقلّب المزاج
böse	شرّير
schon gut	لا بأس، أوكيه
die schlechte Laune, Launen	المزاج السيّئ
heiraten, du heiratest, du hast geheiratet	يتزوّج
wiederholen, du wiederholst, du hast wiederholt	يكرّر
Sinn machen	منطقي

1. Fragen zum Text

Warum ist Jens zu Ines und Jochen geflogen?

Warum dachte Jens zuerst, dass Jochen und Klaus einen Arbeitsvertrag machen wollten?

Wie soll Klaus Jochen helfen?

Warum – denkst du – geht Jochen nicht zur Bank?

Warum gibt es heute Pizza?

Warum – denkst du – hat Jochen seiner Familie nicht erzählt, dass er sich mit Klaus getroffen hat?

Warum ist Beate nicht begeistert?

Wer ist Michael?

Was für ein Problem gibt es zwischen Michael und Sabrina?

Waltraud sagt: "Das Heiraten ist keine Sicherheit". Was meint sie damit?

Waltraud sagt zu Angelika: "Deine Situation war 1961 viel schwieriger." Was meint sie (vielleicht)?

2. استخدم wo + حرف الجر، اسأل عن الكلمات التي تحتها خط.

Beispiel: Ich arbeite für wenig Geld. → Wofür arbeitest du?

a) Wir haben über deinen Betrieb gesprochen.

b) In meinem neuen Job geht es um kaputte Kaffeemaschinen.

c) Ich habe gar nicht an den Termin heute Abend gedacht.

d) Auf den schnellen Bus will ich nicht warten.

e) Ich war gerade bei der Arbeit, als das Telefon geläutet hat.

f) Butter wird aus Milch gemacht.

g) Ich bin gegen einen zweiten Tisch in unserer Küche.

h) Mein Bruder fährt morgen nach Berlin.

i) Du hast mich bei der Arbeit überrascht.

j) Er hat schon dreimal nach der Apotheke gefragt.

k) Unser neuer Kollege kommt aus dem Westen.

l) Ich arbeite viel mit alten Häusern.

3. ضع ... wo, woher, womit, wofür تحتاج بعض الأفعال لحرف جر معيّن، ابحث عنها في القاموس.

a) Er hatte Angelikas Telefonnummer verloren, _____ er sich später ärgerte.

b) Kann sie denn erklären, _____ sie schon wieder ein neues Auto braucht?

c) Wieso wartest du nicht dort, _____ wir uns immer treffen?

d) Jens kann Jakob nicht erklären, _____ er weiß, dass Pizza italienisch ist.

e) Wir können euch nicht sagen, _____ die anderen sich so freuen.

f) Kann Jürgen wissen, _____ Jochen das Geld braucht?

g) Weißt du, _____ ganz Berlin meine Telefonnummer hat?

h) Weißt du schon, _____ du mich bezahlen wirst?

i) Ich habe keine Ahnung, _____ ich das Geld für dein Gehalt nehmen soll.

4. Setze die Wörter in Klammern in der richtigen Form (evt. Akkusativ, Dativ) ein. Manchmal brauchst du noch einen Artikel (ein, eine / der, die ...)!

Beispiel: Ich gehe zu _____ (mein, Arzt) → Ich gehe zu meinem Arzt.
Der Arzt fragt _____, was _____ fehlt. *(ich, ich)*
Ich zeige _____ *(Doktor, mein, linker Arm)*
Er weiß nicht, wie lange ich schon _____, _____ und _____ habe. *(Husten, Schnupfen, Halsschmerzen)*
Wenn du ausatmest, tut_____ dann die Brust weh? *(du)*
Hast du dich an _____ verletzt? *(Kopf)*
Nach _____ konnte sie kaum gehen und stehen. *(Sommergrippe)*
Die Ärztin gibt _____ ein _____ für ein _____, das ich in _____ hole. *(ich, Rezept, Arzneimittel, Apotheke)*
Obwohl wir _____ nehmen, abwarten und Tee trinken, dauert es lange, bis wir wieder in _____ gehen können. *(Tabletten, Schule)*
Sie hatten _____, aber ein bisschen _____ und Fieber. *(kein, Bauchschmerzen, Durchfall)*
Müsst ihr oft husten, wenn ihr _____ putzt? *(ihr, Auto)*
Bei Fieber sollte jeder in _____ bleiben. *(sein Bett)*

5. التعبيرات المجازيّة مع أجزاء الجسم: صل العبارات التالية بشرحها المناسب باللّغة العربيّة، ثمّ حاول أن تكوّن جملة واحدة على الأقّل مع كل عبارة.

jemanden auf den Arm nehmen	الوقوف دون أي هدف / الوقوف في طابور الانتظار
sich die Augen aus dem Kopf weinen	عندما يسأم الشخص من شيء ما
mit beiden Beinen fest am Boden stehen	أن نكوّم (نُقارَن) مع شخص / شيء ما
einen Fuß in der Tür haben	عندما يتّهم شخص ما بقول شيء لم يقله
etwas oder jemanden am Hals haben	أن يكون لديك تأثير لا يمكن تجاهله
eine Hand wäscht die andere	أن تكون تحت ضغط
jemandem etwas in den Mund legen	دعنا نساعد بعضنا البعض
die Nase voll haben	أن تسخر من شخص ما
viel um die Ohren haben	عندما تبكي كثيرًا
sich die Beine in den Bauch stehen	أن تكون واقعيًّا

6. Was machst du wie oft? Finde ein passendes Verb und mache Sätze. Denke an Akkusativ und Dativ!

Beispiel: jeder Tag – Straßenbahn → Ich fahre jeden Tag mit der Straßenbahn.
dreimal am Tag – Seife
nie – Zug
sehr selten – Kreditkarte
selten – Auto
einmal in der Woche – Bus
vor jeder Reise – mein Rucksack
oft – U-Bahn

dreimal in der Woche – Sport
Sommer, jeder Nachmittag – Terrasse
Samstag – Freundin
Freitagabend – Kino
zweiter Samstag im Monat – meine ganze Wohnung
einmal, Monat – Rechnungen

7. *Nämlich* oder *zwar*? Wiederhole (كرّر) gleichzeitig *haben* und *sein*.

a) Ich _____ _____ viel Geld, _____ aber nicht glücklich.

b) Sie _____ es nicht leicht; ihre Freundin _____ _____ gestern gestorben.

c) Er _____ _____ kein Auto mehr, es fehlt ihm aber nicht. Er _____ _____ einen U-Bahnhof direkt vor dem Haus.

d) Wir _____ unser Zimmer _____ geputzt, aber unsere Personalausweise _____ wir nicht gefunden. – Ich glaube, ihr _____ _____ gesucht, aber nicht genau genug. Eure Brüder _____ die Ausweise _____ nach zwei Minuten gefunden.

8. Laura und Martina wollen diese Woche einmal ins Café, einmal in eine Bar und einmal ins Museum gehen. Wann haben beide Zeit UND wann hat das Café / das Museum / die Bar auch offen? Hilf ihnen, Termine zu finden.

> Café: jeden Tag 9.00-18.00 Uhr
> Bar: jeden Abend
> Museum: Mittwoch bis Samstag 8.00-16.00 Uhr

Martina kann abends eigentlich immer. Donnerstagmittags und am frühen Nachmittag arbeitet Laura mit einem Freund zusammen im Schuhgeschäft. Immer dienstags ist Martina in der Schule. Jeden Montag-, Mittwoch- und Freitagabend hat Laura Theaterprobe. Martina will sich früh am Morgen nicht gerne treffen, da sie schon wochenlang nachts nicht gut schläft. Laura findet Treffen spät abends schwierig, trifft sich aber gerne am frühen Abend mit Freunden. Am Donnerstagabend trifft Laura ihre Großeltern zum Abendessen. Am Samstag und am Sonntag schlafen beide den ganzen Morgen und Vormittag lang. Montagmittags und am Nachmittag donnerstags hilft Martina ihrem Bruder, weil er in eine neue Wohnung zieht.

Am Donnerstag telefoniert Laura mit Martina :

Laura: Sag mal, hast du morgen Zeit?

Martina: Ja, aber du kannst freitags doch nie?

Laura: Am Abend habe ich Theaterprobe, aber vormittags, am Mittag und nachmittags habe ich Zeit.

Martina: Morgen Nachmittag habe ich schon einen Termin und vormittags hat mich meine Tante eingeladen. Dann hätten wir mittags nur wenig Zeit. Hast du am Samstag Zeit?

Laura: Ja, aber nur abends. Wir wollten doch ins Museum. Hat das auch abends offen?

18

Berlin-Tiergarten, 12. April 2016

Ich kann gar nicht glauben, dass ich jetzt schon 26 Jahre alt bin. 26 Jahre! Es ist ein schöner Tag – der erste schöne Tag des Jahres – und Jakob und ich wollten eigentlich einen Ausflug in den Grunewald machen. Berlin ist ja ganz nett, aber je älter wir werden, desto öfter müssen wir auch aufs Land. Die Ruhe dort ist wichtig für uns. Es ist ja überhaupt erstaunlich, wie alt wir geworden sind. Die meisten Spatzen werden leider nur ein paar Jahre alt ... Ich frage mich selbst oft, warum gerade wir zwei so alt geworden sind. Wahrscheinlich hat es etwas damit zu tun, dass ich bei Menschen aufgewachsen bin und so viel über Menschen weiß. Ich habe ganz früh gelernt, wie gefährlich Autos sind, dass man sich vor Katzen schützen muss und so weiter. Das alles hat dann später Jakob von mir gelernt – so wie ich von ihm fliegen gelernt habe. Jakob macht sich zwar oft über mich und mein Wissen über die Menschen lustig, aber es hat ihm schon oft das Leben gerettet. Und so gehören wir heute zu den ältesten Spatzen der Welt. Ältere Spatzen

Tiergarten	حديقة حيوانات، منطقة في برلين
der Ausflug, Ausflüge	النزهة، الجولة
Grunewald	غابة في برلين
je – desto (je früher, desto besser)	كلّما ... كان (كلّما بكّرنا كان أفضل)
erstaunlich	مدهش، رائع
aufwachsen, du wächst auf, du bist aufgewachsen, ich wuchs auf	يكبر، يترعرع
schützen, du schützt, du hast geschützt (vor)	يحمي
retten, du rettest, du hast gerettet	ينقذ
zu etwas / jemandem gehören, du gehörst, du hast gehört	ينتمي إلى شيء / شخص ما

199

als uns gibt es wohl nur bei den Menschen, in Zoos.

In unserem Alter ist es nicht ungewöhnlich, über den Tod nachzudenken.
Habe ich Angst davor? Eigentlich nicht. Ich habe ein reiches Leben gehabt.
Ich habe mehr erlebt als praktisch alle Vögel, die ich kenne. Irgendwann
müssen wir alle akzeptieren, dass unsere Zeit auf der Welt begrenzt ist. Aber
bis es so weit ist, will ich jeden Tag genießen.

Selbstverständlich habe ich immer noch viel Kontakt zur Familie Knauer;
irgendwie ist es mir jetzt, wo ich alt bin, noch wichtiger als früher, mit ihnen
in Verbindung zu bleiben, denn ich habe meine ganze Kindheit bei ihnen
verbracht.

Aber was wird jetzt wohl aus ihnen werden?

Ich hätte ein schlechtes Gewissen, wenn ich in dieser für sie so schweren Zeit
mit Jakob den Frühling im Grunewald genießen würde. Jakob war auch sofort einverstanden, dass wir nur in den Tiergarten fliegen, um nachmittags
gleich wieder bei den Knauers sein zu können. Klar, wir können nicht viel
tun. Aber ich will jetzt wenigstens bei ihnen sein.

Und es ist irgendwie komisch: Gerade heute geht mir dieses Gespräch zwischen Jochen und Klaus vor 20 Jahren nicht aus dem Kopf. Was wollte Jochen damals? Ich glaube, er hat seiner Familie nie davon erzählt. Jakob sagt:
Das sind alles alte Geschichten, und wahrscheinlich war es nur irgendeine
Kleinigkeit. Ich wäre sehr glücklich, wenn er Recht hätte. Denn ich habe ein
schlechtes Gefühl, das ich mir nicht erklären kann. Warum erinnere ich mich
ausgerechnet jetzt an dieses Gespräch vor so langer Zeit?

München, 12. April 2016

Die Glocke läutet.

Ein älterer Mann, ungefähr 75 Jahre alt, mit einem karierten Jackett
und einer Cordhose kommt in den Laden. „Grüß Gott", sagt er zu
Beate und sieht sich dann die Reiseführer gleich rechts neben der Tür
an. Beate wartet einige Minuten, dann fragt sie den Mann:
„Kann ich Ihnen helfen?"
„Nein danke, ich will mich nur umsehen."
Umsehen. Alle wollen sich nur umsehen, aber niemand kauft etwas.
Beate versteht selbst nicht ganz, warum das so ist. Hatten die Leute
früher mehr Geld? Oder bestellen heute alle im Internet?
Tatsächlich: Der ältere Mann legt das Buch zurück, das er in die Hand
genommen hat, geht zur Tür, lächelt Beate noch einmal zu und ver-
schwindet.

der Zoo, Zoos	حديقة حيوانات
ungewöhnlich	غير مألوف
der Tod, Tode	الموت
nachdenken, du denkst nach, du hast nachgedacht, ich dachte nach	يتأمّل، يتدبّر، يمعن التفكير
reich	غني
erleben, du erlebst, du hast erlebt	يشهد، يعيش التجربة
praktisch	عملي
akzeptieren, du akzeptierst, du hast akzeptiert	يقبل
begrenzen, du begrenzt, du hast begrenzt	يحد، يحصر
genießen, du genießt, du hast genossen, ich genoss	يستمتع
der Kontakt, Kontakte	جهة اتصال
die Verbindung, Verbindungen	الاتصال
die Kindheit, Kindheiten	الطفولة
verbringen, du verbringst, du hast verbracht, ich verbrachte	يقضي، يمضي وقته
zuhören, du hörst zu, du hast zugehört	ينصت، يصغي
ich hätte	أود أن لدي (انظر إلى الشرح)
das Gewissen	الضمير
der Frühling	الربيع
würde	أود أن يصبح (انظر إلى الشرح)

Beate kann eins und eins zusammenzählen: Diesen Job wird sie nicht mehr lange haben. Sie fragt sich schon lange, wie der Buchhändler, bei dem sie arbeitet, die Miete zahlen kann. München ist schließlich die teuerste Stadt Deutschlands und das Gärtnerplatzviertel ist wiederum eins der teuersten in München.
Aber Beate ist Zukunftssorgen gewöhnt. Sie sind ein Teil ihres Lebens geworden, seit sie ihr Studium der Germanistik und Theaterwissenschaften abgeschlossen hat.
Klar, das Studium war ein Kompromiss gewesen. Eigentlich wollte sie Schauspielerin werden, denn das Theater war ihre echte Leidenschaft. Aber die Aufnahmeprüfung für die Schauspielschule hat sie nicht geschafft und einen klassischen Beruf, in dem man viel Geld verdienen konnte, wollte sie auch nicht lernen. Also hat sie Germanistik und Theaterwissenschaften studiert, um ihren Träumen wenigstens ein bisschen zu folgen.
Schon während des Studiums musste sie unbezahlte Praktika machen und nicht überall hat sie etwas gelernt. Manchmal durfte sie wochen-

wiederum	مجدّدًا، من ناحية أخرى
die Zukunftssorge, Zukunftssorgen	القلق بشأن المستقبل
der Teil, Teile	الجزء
das Leben, Leben	الحياة
das Studium, Studien	الدراسة
(die) Germanistik	دراسات ألمانيّة (أدب، اللّغة، الثقافة)
(die) Theaterwissenschaft, -wissenschaften	علوم المسرح
abschließen, du schließt ab, du hast abgeschlossen, ich schloss ab	يُنهي، تعني أيضًا: يُقفل
der Kompromiss, Kompromisse	حل وسط
die Schauspielerin, Schauspielerinnen	الممثّلة
echt	حقًّا
die Leidenschaft, Leidenschaften	الشغف
die Aufnahmeprüfung, Aufnahmeprüfungen	امتحان القبول
klassisch	كلاسيكي
der Traum, die Träume	الحلم
während	بينما
unbezahlt	غير مدفوع
das Praktikum, Praktika	التدريب العملي
wochenlang	لعدّة أسابيع

einverstanden sein	أن يوافق
die Geschichte, Geschichten	القصّة
die Kleinigkeit, Kleinigkeiten	التفاصيل الصغيرة
wäre	أود أن يكون (انظر إلى الشرح)
die Glocke, Glocken	الجرس
kariert	نقش ذو مربّعات
das Jackett, Jacketts	الجاكيت
die Cordhose, Cordhosen	نوع من البنطال المخطط
der Reiseführer, Reiseführer	دليل السفر
das Internet	الانترنت
das Buch, Bücher	الكتاب

lächeln, du lächelst, du hast gelächelt	يبتسم
verschwinden, du verschwindest, du bist verschwunden, ich verschwand	يختفي
eins und eins zusammenzählen	يستنتج، حرفيًّا: يضع واحد وواحد معًا
der Buchhändler, Buchhändler	بائع الكتب
die Miete, Mieten	الإيجار
schließlich	أخيرًا، تعني هنا: ختامًا للسابق
das Viertel, Viertel	الحي
Gärtnerplatzviertel	حي في وسط ميونيخ

lang nur Kaffee kochen und Dokumente kopieren.

Am Ende des Studiums ist zuerst alles gut gegangen. Sie fand eine Stelle als Lektorin in einem großen Verlag in Regensburg. Sie ist zwar etwas unsicher gewesen, denn sie wusste nicht, ob sie nach Bayern umziehen wollte. Aber die Stadt Regensburg hat ihr gut gefallen wegen ihrer mittelalterlichen kleinen Straßen und die Arbeit hat Spaß gemacht und war gut bezahlt.

Aber nach wenigen Jahren musste der Verlag schließen, weil sich seine Bücher nicht mehr gut verkauften. Beate verlor ihre Arbeit und eine feste Stelle hat sie seitdem nie wieder gefunden. Alles war immer befristet auf ein paar Monate, manche Aufträge waren freiberuflich, manche waren schlecht bezahlt. Vor acht Monaten hat sie dann die Stellenanzeige einer kleinen Buchhandlung in München gesehen und obwohl man für die Arbeit nicht besonders qualifiziert sein musste, hat sie sich beworben. Die Stelle ist auf ein Jahr befristet und Beate kann sich nicht vorstellen, dass sie nochmal verlängert wird. Außerdem kann man von dem niedrigen Lohn in München kaum leben. Manchmal denkt Beate, dass ihr Vater doch Recht hatte, als er immer sagte: „Es gibt zwei Arten von Berufen – solche, die Spaß machen, und solche, von denen man leben kann."

Aber vielleicht wird ja jetzt alles anders?

Beate schaut auf die Uhr: Noch zwanzig Minuten bis Ladenschluss. Dann wird sie direkt zum Hauptbahnhof gehen und eine Fahrkarte nach Berlin kaufen.

Selbstverständlich ist sie traurig. Aber sie ist auch ein bisschen glücklich, wenn sie an das denkt, was sie erwartet.

إذًا... ما الذي سيحدث لينس ويعقوب وعائلة كناور؟
إذا كنت تريد معرفة ذلك - استمر في تعلّم اللّغة الألمانيّة!
سيكون Jens و Jakob - الجزء 2 - متاحًا اعتبارًا من 2018.
سيكون رقم ISBN / ردمك ISBN 978-3-945174-08-1.
ترقّبوا: www.skapago.eu/jensjakob/bonus

kopieren, du kopierst, du hast kopiert	ينسخ
der/die Lektor/in, Lektoren/-innen	المحاضر
der Verlag, Verlage	دار النشر
Regensburg	مدينة في بافاريا

Bayern	بافاريا (ولاية في ألمانيا)
umziehen, du ziehst um, du bist umgezogen, ich zog um	ينتقل لبيت آخر، تعني أيضًا: sich umziehen) = يغيّر ملابسه)
mittelalterlich	القرون الوسطى
der Spaß, Späße	المرح
fest	ثبات، إصرار
befristet	مؤقّت
manch, mancher, manche, manches	بعض
der Auftrag, Aufträge	التعيين، المهام
freiberuflich	مهنة حرّة
die Stellenanzeige, Stellenanzeigen	الإعلان عن الوظيفة
die Buchhandlung, Buchhandlungen	محل بيع الكتب
qualifiziert	مؤهّل
sich bewerben, du bewirbst dich, du hast dich beworben, ich bewarb mich	يتقدّم بطلب وظيفة
verlängern, du verlängerst, du hast verlängert	يمدّد
außer	باستثناء، سوى
niedrig	منخفض
solch, solcher, solche, solches	مثل هذا، كهذا
der Ladenschluss, Ladenschlüsse	وقت إغلاق المحل
der Hauptbahnhof, Hauptbahnhöfe	محطّة القطار الرئيسيّة

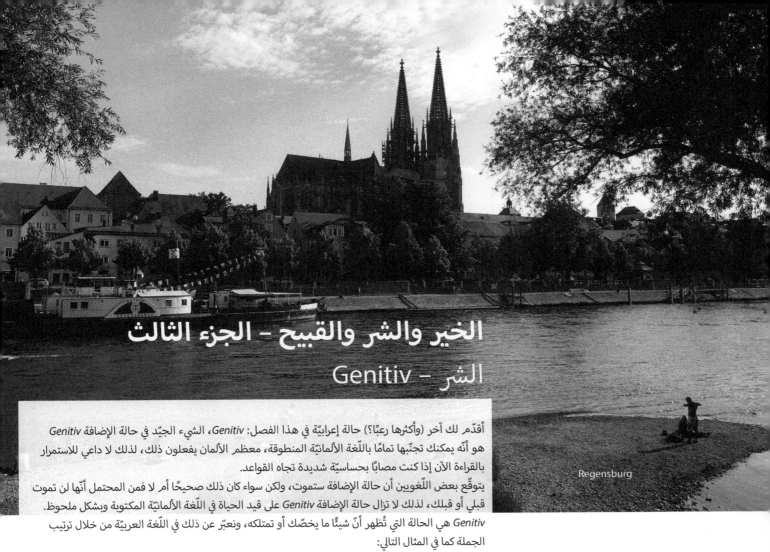

Regensburg

الخير والشر والقبيح - الجزء الثالث
الشر – Genitiv

أقدّم لك آخر (وأكثرها رعبًا) حالة إعرابيّة في هذا الفصل: Genitiv، الشيء الجيّد في حالة الإضافة Genitiv هو أنّه يمكنك تجنّبها تمامًا باللّغة الألمانيّة المنطوقة، معظم الألمان يفعلون ذلك، لذلك لا داعي للاستمرار بالقراءة الآن إذا كنت مصابًا بحساسيّة شديدة تجاه القواعد.

يتوقّع بعض اللّغويين أن حالة الإضافة ستموت، ولكن سواء كان ذلك صحيحًا أم لا فمن المحتمل أنّها لن تموت قبلي أو قبلك، لذلك لا تزال حالة الإضافة Genitiv على قيد الحياة في اللّغة الألمانيّة المكتوبة وبشكل ملحوظ.

Genitiv هي الحالة التي تُظهر أنّ شيئًا ما يخصّك أو تمتلكه، ونعبّر عن ذلك في اللّغة العربيّة من خلال ترتيب الجملة كما في المثال التالي:

سيّارة ماريو
Marias Auto

نضيف الحرف s- لنهاية الأسماء والكلمات لتكوين صيغة الإضافة Genitiv، قاعدة بسيطة، لا داعي للقلق، ولكن تصبح القاعدة أكثر تعقيدًا عندما نستخدم حالة الإضافة Genitiv مع اسم + أداة التعريف ال:

```
das Auto des Mannes
das Auto der Frau
das Auto des Kindes
das Auto der Männer / Frauen / Kinder
```

والآن سنضيف صفة للجمل السابقة:

```
das Auto des jungen Mannes
das Auto der jungen Frau
das Auto des jungen Kindes
das Auto der jungen Männer / Frauen / Kinder
```

يمكنك ملاحظة أنّ الصفة تحصل دائمًا على نهاية en- ولا تتغيّر أبدًا، قاعدة سهلة، الشيء الصعب حقًّا في حالة الإضافة Genitiv هو أنّك ستقوم أيضًا بتغيير الاسم، تذكّر: لا نفعل ذلك في الحالات الأخرى، باستثناء "Dativ الجمع يا صديقي، ينتهي بـ n- يا عزيزي!"

نقوم بتغيير الأسماء المذكّرة والمحايدة في حالة الإضافة (ونادرًا الأسماء المؤنّثة)، وعادة تنتهي بحرف (s-)، لا تقلق بشأن هذه النهايات في الوقت الحالي نظرًا لأنّه لا يتعيّن عليك استخدام حالة الإضافة Genitiv بشكل نشط في مستواك الحالي.

ضمائر الملكيّة لها نفس نهاية أدوات التعريف في المثال أعلاه:

```
das Auto meines Mannes
das Auto meiner Frau
das Auto meines Kindes
das Auto meiner Männer / Frauen / Kinder
```

كيفيّة تجنّب حالة الإضافة

يمكنك دائمًا استخدام Dativ + von بالنسبة للأسماء:

```
Marias Auto = das Auto von Maria
```

يمكنك تطبيق السابق مع الأسماء / أدوات التعريف / الضمائر ولكن تذكّر حالة الجر Dativ:

```
das Auto von dem jungen Mann
```

... وهكذا.

هذه القاعدة الأخيرة على وجه الخصوص غير مقبولة في اللّغة الألمانيّة المكتوبة، وذلك ببساطة لأن كتابة العبارة des jungen Mannes أقصر وبالتالي أكثر أناقة كأسلوب كتابي، ومع ذلك، استخدام حالة الجر Dativ بدلاً من حالة الإضافة Genitiv بالنسبة إلى رسالة البريد الإلكتروني غير الرسمي أمر مقبول ومعتاد.

لاحظ أيضًا أنّ هناك عددًا قليلًا من حروف الجر التي تتطلّب حالة الإضافة Genitiv، أكثرها شيوعًا هي wegen:

```
Wegen des Regens konnten wir nicht zu Fuß gehen.
```

من الشائع هنا استبدال حالة الإضافة Genitiv بحالة الجر Dativ:

```
Wegen dem Regen ...
```

نُستخدم باللّغة الألمانيّة العاميّة، ولكن تجنّبها عند الكتابة.

الأشياء التي لن تحدث أبدًا
(ومع ذلك تريد التحدّث عنها): *Konditional*

"لو كنت مليونيرًا، لكنت أعيش في أستراليا" ... جمل مثل هذا النمط تسمّى جمل شرطيّة (*Konditional*)
بالألمانيّة) لأنّها واقعيّة فقط في ظل ظروف معيّنة (هنا، لن أنتقل إلى أستراليا إلّا إذا أصبحت مليونيرًا)، توجد
بالألمانيّة طريقتان لإنشاء هذه الصيغة الافتراضيّة، وفي هذا الكتاب سأشرح النسخة الأسهل والأقل جمالًا
لغويًّا: *Konditional*، وستتعلّم البديل الأكثر تعقيدًا والأجمل في التعبير في الكتاب الثاني: *Konjunktiv*.

تعمل الجمل الشرطيّة *Konditional* ببساطة عن طريق استخدام الفعل **würden** *:

ich würde	wir würden
du würdest	ihr würdet
er würde	sie würden
sie würde	
es würde	

In ihrer Situation würde ich nicht allein sein wollen.

Jens في الواقع ليس في وضعها، لذا فإنّ الجملة بأكملها شرطيّة (أو في الواقع قد نقول غير واقعيّة)، لذلك
نصنع جملة شرطيّة مع الفعل **würden**، هذا كل ما في الأمر، سهل جدًّا، لاحظ أنّه لا يمكننا أبدًا إنشاء جمل
بصيغة الماضي في هذه المواقف، كما يمكننا أن نفعل باللغة العربيّة:

لو تزوّجت رجلا آخر، ماذا ستفعل؟
Wenn ich einen anderen Mann heiraten würde, was würdest du tun?

يمكنك ملاحظة المشكلة في هذه الجملة مع الحالة الشرطيّة *Konditional*: استخدمنا الفعل **würden** عدّة مرّات
في النص، ولذلك نفضّل صيغة الاحتمال *Konjunktiv* بشكل عام في العديد من المواقف كونها أجمل في التعبير،
ولكن نظرًا لأنّ القاعدة صعبة بعض الشيء فسوف أشرح صيغ الاحتمال *Konjunktiv* لفعلين فقط، والتي يمكن
من خلالهم أن تكوّن العديد من الجمل:

sein → **wären**		**haben** → **hätten**	
ich wäre	wir wären	ich hätte	wir hätten
du wärst	ihr wärt	du hättest	ihr hättet
er wäre	sie wären	er hätte	sie hätten
sie wäre		sie hätte	
es wäre		es hätte	

Wenn ich in Berlin wäre, würde ich jeden Tag Jens und Jakob treffen.

لو كنت في برلين، كنت سألتقي ينس وجاكوب كل يوم.

لاحظ أنّه يمكننا المزج بين الجملة الشرطيّة *Konditional* وجملة الاحتمال *Konjunktiv* دون أي مشكلة.

---

* ملاحظة لمحبّي الإعراب: في الواقع **würden** ليس فعلًا في حد ذاته - إنّه صيغة
الاحتمال *Konjunktiv* من الفعل **werden**.

Das Wetter (الطقس)

Temperatur = درجة الحرارة

نستخدم الدرجة المئويّة:

Heute hat es 15 Grad.
Heute ist es 15 Grad warm.

يمكننا أن نقول سالب 5 درجة مئويّة أو زائد 5 درجة مئويّة لتجنّب
سوء الفهم:

-5° = minus 5 Grad
+5° = plus 5 Grad.

(die) Temperatur	درجة الحرارة
(das) Grad	درجة

Wind = رياح

كتبنا الكلمات المختلفة للريّاح من الضعيفة إلى القويّة في الجدول.

der Wind	الرياح
die Brise	النسيم
der Sturm, Stürme	العاصفة
der Orkan	الإعصار

Niederschlag = هطول أي ماء من السماء (المطر / الثلج / البرد ...)

der Niederschlag, Niederschläge	أي ماء يهطل من السماء
der Nebel	الضباب
der Regen	المطر
der Nieselregen	الرذاذ
der Schauer	مطر غزير
der Schnee	الثلج
das Glatteis	الجليد

Bewölkung = غائم

احذر من كلمة heiter، تعني في الواقع **البهجة**، ولكن تعني **صافي**
قليلًا في سياق الحديث عن الطقس.

die Bewölkung	الغطاء السحابي
bewölkt	غائم
leicht bewölkt	غائم قليلًا
heiter	شبه صافي
wolkig	غائم
klar	صافي
wolkenlos	خالي من الغيوم

الشّهور والأحداث المهمّة

ما هذه الفوضى! كل المواعيد في التقويم خاطئة، هل
يمكنك إعادة الأحداث إلى الأشهر التي ينتمون إليها؟

Januar	Sommerferien
Februar	Weihnachten
März	
April	Neujahr
Mai	Karneval (in Westdeutschland), Fasching (in Süddeutschland
Juni	
Juli	Ostern
August	3. August: Tag der Deutschen Einheit
September	
Oktober	Oktoberfest (in München)
November	Pfingsten
Dezember	Reformationstag

تذكّر: جميع الأشهر مذكّرة (مثل der April)،
لقول في أي شهر حدث شيء ما نجمع im +
الشهر، على سبيل المثال im April.

Ausbildung (التعليم)

Jens und Jakob sprechen über Ausbildung. Setze die Wörter ein, die fehlen:

Arbeit	Ausbildung	erklärt
Grundschule	Gymnasium	Handwerkerin
Hauptschule	Lehre	Realschule
Rechnen	Schulpflicht	studieren
Universität	Universitätsabschluss	

Jakob: Jens, ich verstehe das nicht: Warum jammert Beate über ihren Job?

Jens: Naja, ihre _1_ ist nicht so optimal, weißt du.

Jakob: Was bedeutet das?

Jens: Sie hat Theaterwissenschaften und Germanistik studiert. Da ist es schwierig, einen Job zu bekommen.

Jakob: Komisch, Jens. Jetzt war Beate mehr als 20 Jahre in der Schale, und jetzt hat sie immer noch keinen vernünftigen Job?

Jens: Schule, Jakob. Nicht Schale. Ach, weißt du, wenn man lange in der Schule war, bedeutet das nicht, dass man auch eine gute _2_ bekommt.

Jakob: Warum gehen die Menschen dann hin, wenn es sowieso nichts bringt? Spaß macht es ihnen ja scheinbar nicht.

Jens: Ich weiß nicht recht. Manche Leute gehen, glaube ich, ganz gerne in die Schule. Außerdem muss man in Deutschland in die Schule gehen, wenn man zwischen 6 und 16 Jahre alt ist. Man nennt das _3_ .

Jakob: Wirklich? Das ist ja furchtbar! Gut, dass ich ein Spatz bin. Und was lernt man dann so in einer Schule?

Jens: Alles Mögliche. Lesen, Schreiben, _4_ , Englisch, andere Sprachen, Chemie, Physik ... ganz viele Sachen.

Jakob: Wie funktioniert denn das?

Jens: Naja, da gibt es viele Zimmer. In jedem Zimmer sitzen ein Lehrer und ganz viele Schüler, und der Lehrer _5_ ihnen dann die ganzen Sachen.

Jakob: Gibt es denn eigentlich verschiedene Schulen oder sind alle Schulen gleich?

Jens: Oh, es gibt ganz viele verschiedene Schulen. Und in Deutschland ist es auch noch in jedem Bundesland anders. Kinder gehen erst einmal auf die _6_ , das dauert vier Jahre. Vorher gehen viele in den Kindergarten oder sogar in die KiTa.

Jakob: Und danach?

Jens: Danach können die Kinder in den meisten Bundesländern wählen, wohin sie gehen wollen: fünf Jahre auf die _7_ , sechs Jahre auf die _8_ oder neun Jahre aufs _9_ . Wenn man aufs Gymnasium geht, kann man nachher _10_

---

das Wort, Worte/Wörter	الكلمة
die Grundschule, Grundschulen	المدرسة الابتدائيّة
die Hauptschule, Hauptschulen	المدرسة العامّة (بين السن 10 و 15)
die Universität, Universitäten	الجامعة
die Lehre, Lehren	نظريّة، تعني هنا: فترة التدريب المهني
das Gymnasium, Gymnasien	المدرسة الثانويّة
die Schulpflicht (صيغة المفرد)	التعليم الإلزامي
der Universitätsabschluss, -abschlüsse	شهادة جامعيّة
der Handwerker, Handwerker	الحرفي
die Realschule, Realschulen	مدرسة ثانويّة متخصصة
jammern, du jammerst, du hast gejammert	يتذمّر
optimal	الأمثل
die Schale, Schalen	الوعاء
vernünftig	معقول، وجيه
nennen, du nennst, du hast genannt, ich nannte	يُسمّي
alles Mögliche	جميع الإمكانيّات

> Lehrer sind Menschen, die uns helfen, Probleme zu lösen, die wir ohne sie nicht hätten!

schreiben, du schreibst, du hast geschrieben, ich schrieb	يكتب
die Chemie (صيغة المفرد)	الكيمياء
die Physik (صيغة المفرد)	الفيزياء
der Lehrer, Lehrer	المعلّم
der Schüler, Schüler	الطالب
verschieden	مختلفين
der Kindergarten, -gärten	رياض الأطفال
die KiTa, KiTas (اختصار لكلمة Kindertagesstätte)	حضانة الأطفال
nachher	بعد ذلك
deswegen	لهذا السبب
dorthin	إلى هناك
jahrelang	لسنوات عديدة
würde	أود لو (انظر للشرح)
wäre (*Konjunktiv*)	أود لو (انظر للشرح)
der Schreiner, Schreiner	النجّار
der Klempner, Klempner	السبّاك
der KFZ-Mechaniker, KFZ-Mechaniker	ميكانيكي السيّارات
der Maler, Maler	الرسام
spinnen, du spinnst, du hast gesponnen, ich spann	يغزل النسيج، تعني هنا: ينجن، مجنون

– deswegen wollen auch die meisten Eltern, dass ihre Kinder dorthin gehen.

Jakob: Du meinst, man kann an der ⟨11⟩ studieren? So wie Beate?

Jens: Ja, aber es ist oft gar nicht so toll, wenn man einen ⟨12⟩ hat. Das siehst du ja bei Beate. Sie hat jahrelang studiert und kann kaum von ihrer Arbeit leben. Wenn sie eine ⟨13⟩ machen würde und ⟨14⟩ wäre, dann würde sie viel mehr verdienen.

Jakob: Handwerker? Was ist das?

Jens: Alle Leute, die mit ihren Händen arbeiten: Schreiner, Klempner, KfZ-Mechaniker, Maler ... Diese Leute braucht man immer und viele von ihnen verdienen gar nicht so schlecht. In den großen Städten wie Berlin ist es heute schwierig, gute Handwerker zu bekommen.

Jakob: Warum wollen dann alle Leute an die Universität?

Jens: Was weiß ich. Manchmal ist es wirklich schwer, die Menschen zu verstehen. Sogar für mich.

Jakob: Die spinnen, die Menschen. Ich bin jedenfalls froh, dass ich ein Spatz bin.

Fragen:
- Wie lange bist du in die Schule gegangen?
- Bist du gerne in die Schule gegangen?
- Was hat dir in der Schule Spaß gemacht und was nicht?
- Was für eine Ausbildung hast du?
- Was für eine Ausbildung würdest du gerne haben?
- Hast du studiert?
- Was würdest du gerne studieren?
- Wie funktioniert das Schulsystem in deinem Land?
- Was sind Unterschiede zwischen dem Schulsystem in deinem Land und in Deutschland?

Jahreszeiten (فصول السنة)

صِف الطقس المعتاد في ألمانيا وفي بلدك الأُم خلال الفصول التالية:

Frühling	الربيع
Sommer	الصيف
Herbst	الخريف
Winter	الشتاء

نصيحة نحويّة: جميع الفصول مذكّرة، ونستخدم التعبيرات التالية:

im Frühling	في الربيع
diesen Frühling	ربيع هذا العام

Bank, Post, Polizei ...

Es ist 15.30 Uhr. Erna hat viel zu tun. Was soll sie zuerst machen? Kannst du ihr helfen?

die Post	البريد
zurückbringen, du bringst zurück, du hast zurückgebracht, ich brachte zurück	يُرجع، يعيد إرجاع
die Bibliothek, Bibliotheken	المكتبة
ausleihen, du leihst aus, du hast ausgeliehen, ich lieh aus	يستعير
das Paket, Pakete	الحزمة، الطرد
die Briefmarke, Briefmarken	طابع البريد
der Brief, Briefe	رسالة البريد
das Fahrrad, Fahrräder	الدرّاجة
stehlen, du stiehlst, du hast gestohlen, ich stahl	يسرق
die Anzeige, Anzeigen	الإعلان، تعني هنا: إعلان عن شكوى
erstatten, du erstattest, du hast erstattet	يسترد، هنا: يبلّغ
Anzeige erstatten	يبلّغ عن شكوى
das Konto, Konten	الحساب
der Nachbar, Nachbarn	الجار
umtauschen, du tauschst um, du hast umgetauscht	يستبدل
das Kilo, Kilos	كيلوغرام
zunehmen, du nimmst zu, du hast zugenommen, ich nahm zu	يزيد، تعني هنا: يزيد بالوزن

a) Erna muss ein Buch zurückbringen, das sie in der Bibliothek ausgeliehen hat. Aber die Bibliothek macht heute um 16.00 zu.
b) Sie muss ein Paket auf der Post abholen. Aber sie kann das Paket nicht vor 17.00 holen. Sie muss auch Briefmarken kaufen, um zwei Briefe schreiben zu können.
c) Jemand hat ihr Fahrrad gestohlen und sie will bei der Polizei Anzeige erstatten.
d) Sie will auf der Bank ein Konto eröffnen. Die Bank schließt heute um 17.00 Uhr.
e) Ihr Nachbar hat sie gefragt, ob sie nicht sein Kind um 17.30 Uhr vom Kindergarten abholen kann.
f) Sie will eine Hose umtauschen, die sie gekauft hat. Sie ist nämlich zu eng, denn Erna hat seit Weihnachten 5 Kilo zugenommen. Sie will eine neue Hose kaufen, die passt. Das Geschäft schließt um 18.00 Uhr.
g) Sie will ihre Freundin Cornelia besuchen. Das kann sie machen, wann sie will – Cornelia ist immer zu Hause.

Kleidung

die Mütze, Mützen	الطاقيّة
die Bluse, Blusen	البلوزة
der BH, BHs	حمّالة الصدر
die Jacke, Jacken	الجاكيت
der Pullover, Pullover	كنزة الصوف
das Hemd, Hemden	القميص
das T-Shirt, T-Shirts	التيشرت
der Handschuh, Handschuhe	القفّاز
die Socke, Socken	الجوارب
der Schuh, Schuhe	الحذاء
die Unterhose, Unterhosen	الملابس الداخليّة
das Unterhemd, Unterhemden	الفنيلة

Beschreibe die Kleidung der Personen.
قم بوصف ملابس الأشخاص.
... ,Beispiel: Die Frau trägt ein rosa T-Shirt

1. Fragen zum Text

Was ist gefährlich für Spatzen?
Hat Jens Angst zu sterben?
Was – denkst du – ist bei den Knauers passiert?
Warum macht sich Jens Sorgen?
Wobei hätte er ein schlechtes Gewissen?
Was macht der Mann in Beates Laden?
Was hat Beate studiert? Warum hat sie es studiert?
Welche Zukunftssorgen hat Beate?
Wo lebt und arbeitet Beate heute?
Was bedeutet die Aussage von Jochen („Es gibt zwei Arten von Berufen ...")?
Was – denkst du – ist Beates Plan, wenn die Buchhandlung schließt?

2. الكلمات القصيرة التي تستخدم غالبًا ... استخدم كل من هذه الكلمات في جملتين مختلفتين، استخدم عبارات من قائمة الكلمات الخاصّة بك.

| jetzt | wirklich | denn | nichts |
| dann | heute | schlecht | ohne |

3. خمّن وابحث عمّا تعنيه هذه التعبيرات.

Tomaten auf den Augen haben = ?
grün hinter den Ohren sein = ?
die Schnauze voll haben = ?

4. Kannst du einen Stadtplan von meiner Stadt machen?

Ich stehe beim Hauptbahnhof und schaue nach Norden, direkt zum Schuhgeschäft. Rechts neben dem Schuhgeschäft kann ich Milch, Brot, Wurst, Käse und
viel mehr einkaufen. In der Straße links vom Bahnhof liegen vier Geschäfte, im
zweiten von links ist der Arzt. Arzneimittel und Kosmetik bekommt man im Nord-
westen der Stadt. Fahrkarten und Zeitschriften kaufe ich direkt südlich hinter dem
Bahnhof, in einer Straße, die von Westen nach Osten drei Geschäfte hat. Tanken
kann man in der gleichen Straße, in der das Schuhgeschäft und der Hauptbahnhof sind. Wenn man vom Hauptbahnhof nach Norden an zwei Geschäften vorbei
und dann nach rechts (Osten) geht, kommt man zum Café. Die Apotheke und die
Touristeninformation liegen in der gleichen Straße. In der südlichsten Straße kann
man im Buchladen und im Kiosk einkaufen oder im Hotel schlafen. Zwischen dem
Arzt und dem Buchladen liegt die Touristeninformation. Vom Hotel geradeaus
nach Norden liegt das Kaufhaus. Südlich vom Kaufhaus kann man schlafen. Jeans,
andere Kleidung und CDs kann man in einem Laden südlich vom Supermarkt
kaufen.

$$
\begin{array}{ccc}
 & \textbf{Norden} & \\
 & \wedge & \\
\textbf{Westen} \quad \leftarrow & \textbf{Hauptbahnhof} & \rightarrow \quad \textbf{Osten} \\
 & \vee & \\
 & \textbf{Süden} & \\
\end{array}
$$

5. Benutze *mindestens* oder *wenigstens*.

Warst du _____ schon einmal am Strand? Nein, ich war aber dafür _____ fünfmal in Städten im Sommer. Für mich muss es _____ 34 Grad haben, dann genieße ich die Sonne richtig. Letztes Jahr kosteten alle Reisen, die mir gefielen, _____ 1500 €, also blieb ich zu Hause. Dort war es _____ auch die ganze Zeit schön. Ich fahre _____ zwanzig Mal im Jahr für den Beruf mit dem Zug durch Deutschland, deshalb will ich _____ einmal im Jahr privat weit weg fahren.

٦. حوّل حالة الإضافة Genitiv إلى حالة الجر Dativ.

Beispiel: die Idee eines Kindskopfes → die Idee von einem Kindskopf

die Grenze Deutschlands
die Geräusche des Meeres
das Eis des kleinen Jungen
die Probleme seines langweiligen Jobs
der Lärm der gut gelaunten Gruppe
die Jugendlichen der großen Stadt

das Bild der sauberen Küche
der Mut meines jungen Kollegen
der Personalausweis des Großvaters
das Arzneimittel unserer Großmutter
der Hund eurer Tante
das Problem der billigen Wohnung

٧. كوّن جمل مراعيًا الأفعال المنفصلة.

Beispiel: Er, gestern, aufwachen, 6 Uhr → Er ist gestern um 6 Uhr aufgewacht.

Thomas, weitergehen
zugeben, er, dass er Unsinn gemacht hat?
müssen, wir, schon, aufstehen?
ich, ansehen, mir, die alten Fotos
du, anziehen sollen, Mantel, weil, kalt sein
Wann, du, ausziehen, aus deiner Wohnung?
können, du dir, vorstellen, in Berlin zu leben?
du, heimfahren, um 18 Uhr?
wir, fernsehen, nicht gerne
ich, essen, schon vor einer Stunde
Wann, wir, anfangen? – es, gleich losgehen
Können, du, abholen, die Kinder von der Schule?
Sie, abbiegen, an der dritten Kreuzung!
das Glas, sein, kaputt, weil, herunterfallen
Keine Angst: wir, aufpassen
Martin, holen, ein Bier, aus dem Kühlschrank
das, aussehen, nicht gut
mir, wehtun, das linke Auge
was, Theresa, machen? – Sie, vorbereiten, den Ausflug
einsteigen, du! Die S-Bahn, fahren, gleich.
Beate, hineingehen, ins Kaufhaus, vor 5 Minuten
wann, Beate, zurückkommen?
Du, sein, krank. Du, können, nicht weitermachen.

فهرس المفردات

215

German	Arabic	#
aufräumen, du räumst auf, du hast aufgeräumt	يرتّب	17
aufschneiden, du schneidest auf, du hast aufgeschnitten, ich schnitt auf	يقطّع لشرائح	10
aufsperren, du sperrst auf, du hast aufgesperrt	فتح القفل؛ مثال: فتح قفل السيارة	14
aufstehen, du stehst auf, du bist aufgestanden, ich stand auf	يستيقظ	3
Auftrag, der, Aufträge	التعيين، المهام	18
aufwachen, du wachst auf, du bist aufgewacht	يصحى	3
aufwachsen, du wächst auf, du bist aufgewachsen, ich wuchs auf	يكبر، يترعرع	18
Auge, das, Augen	العين	13
August Diesel	اسم	16
August Horch	اسم	16
aus	من	1
ausatmen, du atmest aus, du hast ausgeatmet	زفير	13
Ausbildung, die, Ausbildungen	التدريب المهني	17
Ausfahrt, die, Ausfahrten	مخرج السيّارات	12
Ausflug, der, Ausflüge	النزهة، الجولة	18
ausgerechnet	من بين كل الناس	17
aushelfen, du hilfst aus, du hast ausgeholfen, ich half aus	يساعد، يعاون	17
ausleihen, du leihst aus, du hast ausgeliehen, ich lieh aus	يستعير	18
ausrichten: jemandem etwas ausrichten, du richtest aus, du hast ausgerichtet	ترك رسالة لشخص ما	16
Aussage, die, Aussagen	التصريح	16
aussehen, du siehst aus, du hast ausgesehen, ich sah aus	يظهر، يبدو؛ مثال: مظهري أنيق	13
aussprechen, du sprichst aus, du hast ausgesprochen, ich sprach aus	ينطق	16
ausziehen, du ziehst aus, du hast ausgezogen, ich zog aus	يخلع (ملابسه)	7
außer	باستثناء، سوى	18
außerdem	بالإضافة إلى ذلك	13
ausstellen, du stellst aus, du hast ausgestellt	يعرض، يصدر	13
ein Rezept ausstellen	إصدار وصفة طبيّة	13
Auto, das, Autos	السيّارة	4
Autohersteller, der, -hersteller	شركة مصنع السيّارة	16
automatisch	تلقائيًّا	11
Automobilindustrie, die, -industrien	مصنع السيّارات	16
Bach, der, Bäche	الجدول المائي، نهر صغير	11
Bäcker, der, Bäcker	الخبّاز	17
baden, du badest, du hast gebadet	يستحم، تعني هنا: يسبح	14
Bahnhof, der, Bahnhöfe	محطّة القطار	4
bald	قريبًا	3
Balkon, der, Balkone	الشرفة، البلكونة	11
Banane, die, Bananen	الموز	3
Bank, die, Banken	مقعد، هنا: البنك	17
Baseballmütze, die, Baseballmützen	قبّعة بيسبول	16
Bauch, der, Bäuche	البطن	13
Bauchschmerzen, Ich habe Bauchschmerzen.	لدي آلام في المعدة	13
Bauernhof, der, Bauernhöfe	المزرعة	16
Baum, der, Bäume	الشجرة	15
Bayern	بافاريا (ولاية في ألمانيا)	18
Beate	اسم فتاة	2
bedeuten, du bedeutest, du hast bedeutet	يعني	1
bedienen, du bedienst, du hast bedient	يخدم	16
befristet	مؤقّت	18
begeistert	بسعادة غامرة	5
beginnen, du beginnst, du hast begonnen, ich begann	يبدأ	3
begrenzen, du begrenzt, du hast begrenzt	يحد، يحصر	18
behalten, du behältst, du hast behalten, ich behielt	يحتفظ	17
Behrendt	اسم عائلة	16
beide	كلاهما	10
Bein, das, Beine	الساق	13
Beispiel, das, Beispiele	المثال	4
zum Beispiel	على سبيل المثال	4
bekommen, du bekommst, du hast bekommen, ich bekam	يحصل	5
benutzen, du benutzt, du hast benutzt	يستخدم	17
Benz	اسم عائلة	16
Benzin, (das), (دائمًا مفرد)	البنزين	14
beobachten, du beobachtest, du hast beobachtet	يراقب	15
Berg, der, Berge	الجبل	16
Berlin	برلين (عاصمة ألمانيا)	1
Berlin-Marathon, der	ماراثون برلين	16
Beruf, der, Berufe	المهنة	17
beruhigt	مطمئن	16
besonders	خاصّةً	8
besorgen, du besorgst, du hast besorgt	يعتني، يدبّر	17
besser	أفضل	3
beste(r/s), am besten	الأفضل	16
bestellen, du bestellst, du hast bestellt	يطلب	8
bestimmt	بالتأكيد	17
Besuch, der, Besuche	الزائر	10
besuchen, du besuchst, du hast besucht	يزور	10
Betrieb, der, Betriebe	المؤسّسة	15
Bett, das, Betten	السرير	9
Sie müssen im Bett bleiben.	يجب عليك البقاء في السرير	13
ins Bett gehen	يذهب إلى السرير	9
bewegen: sich bewegen, du bewegst dich, du hast dich bewegt	يحرّك نفسه	16
bewölkt	غائم	18
Bewölkung, (die)	الغطاء السحابي	18
bewusst	مدرك، واعي	16
bewusst wählen	يختار بوعي	16
bezahlen, du bezahlst, du hast bezahlt	يدفع (دفع الحساب)	14
bar bezahlen/mit Kreditkarte bezahlen	الدفع نقدًا/ الدفع باستخدام بطاقة الائتمان	14
Bibliothek, die, Bibliotheken	المكتبة	18

German	Arabic	No.
Bier, (das)	البيرة	10
Bild, das, Bilder	الصورة	10
billig	رخيص	14
bis	إلى أن	8
bisher	حتّى الآن	13
bisschen	قليلًا	4
bitte	رجاءًا	6
blau	أزرق	10
bleiben, du bleibst, du bist geblieben, ich blieb	يبقى	12
Boden, der, Böden	الأرضيّة	15
böse	شرّير	17
brauchen, du brauchst, du hast gebraucht	يحتاج	2
braun	بنّي	10
brechen, du brichst, du hast gebrochen, ich brach	يستفرغ	13
Ich muss brechen.	يجب أن أستفرغ، أي: سأستفرغ.	13
Bremen	بريمن؛ مدينة بألمانيا	16
Brief, der, Briefe	رسالة البريد	18
Briefmarke, die, Briefmarken	طابع البريد	18
bringen, du bringst, du hast gebracht, ich brachte	يجلب، يُحضر	8
Brise, die, Brisen	النسيم	18
Brot, das, Brote	الخبز	3
Brötchen, das, Brötchen	الخبز الصغير	3
Bruder, der, Brüder	الأخ	5
Brüder Grimm, die	الأخوان غريم؛ قصص ألمانيّة شهيرة	16
Brust, die, Brüste	الصدر	13
Buch, das, Bücher	الكتاب	18
Buchhändler, der, Buchhändler	بائع الكتب	18
Buchhandlung, die, Buchhandlungen	محل بيع الكتب	18
bügeln, du bügelst, du hast gebügelt	يكوي	15
Bundesland, das, Bundesländer	الولاية الفيدراليّة (في ألمانيا والنمسا)	16
Büro, das, Büros	المكتب	9
Bus, der, Busse	الحافلة	4

German	Arabic	No.
Butter, (die)	الزبدة	3
Café, das, Cafés	المقهى	6
CD, die, CDs	القرص المضغوط	5
CD-Player, der, CD-Player	مشغّل السي دي	7
Chef, der, Chefs	الرئيس	12
Chemie, die, (صيغة المفرد)	الكيمياء	18
Cognac, der, /	الكونياك	16
Comic, das/der, Comics	مجلّة الكوميك	5
Computer, der, Computer	الكمبيوتر	10
cool	رائع	7
Cordhose, die, Cordhosen	نوع من البنطال المخطط	18
da	هنا	4
Dach, das, Dächer	السقف	14
dafür	لذلك	8
dagegen	ضد ذلك	8
Ich habe nichts dagegen	أنا لدي لا شيء ضدّه، بمعنى: أنا لا أمانع	8
daher	لذلك	16
damals	آنذاك	13
Dame, die, Damen	السيّدة	8
damit	مع ذلك	9
danach	بعد ذلك	1
daneben	بجانب ذلك	6
Daniel	اسم ذكر	7
danke	شكرًا	4
danken, du dankst, du hast gedankt	يشكر	17
dankeschön	شكرًا جزيلًا	6
dann	ثمّ	4
Danzig	غدانسك؛ مدينة في بولندا	5
daran	بهذا	17
darf's	اختصار: darf es	16
darum	لذلك	17
das	تعني هنا؛ هذا	1
das	ذلك	2
dass	أنّ (أعترف أنّي فضولي)	10
dauern, es dauert, es hat gedauert	يستغرق	13
dauernd	باستمرار	14
dazugehören, du gehörst dazu, du hast dazu gehört	ينتمي	16

German	Arabic	No.
dein	لك، ضمير ملكيّة منصوب	7
Dekoration, die, Dekorationen	الديكور	15
denen	منهم (انظر إلى الشرح)	16
denken, du denkst, du hast gedacht, ich dachte	يفكّر	1
denn	لأن	3
deshalb	لهذا السبب	16
deswegen	لهذا السبب	18
deutsch	ألماني	1
Dezember	ديسمبر	11
Dialekt, der, Dialekte	اللّهجة	16
dick	سميك، متين	11
Dienstag	الثلاثاء	9
diese, dieser, dieses	هذه	11
Ding, das, Dinge	الشيء	11
so ein Ding	كشيء ما	11
direkt	مباشرة	14
DJ, der, DJs	الدي جي	17
doch	بلى	3
doch	بلى، هنا بمعنى: لكن	11
Doktor, der, Doktoren	الطبيب	13
Dokument, das, Dokumente	المستند	17
Dokumentation, die, Dokumentationen	التوثيق	17
Donnerstag	الخميس	9
doppelt	ضعف، مرّتين	16
dort	هناك	4
dorthin	إلى هناك	6
Dose, die, Dosen	العلبة	14
Drama, das, Dramen	الدراما	16
ein Drama aus einer Sache machen	يبالغ بالأمر	16
draußen	في الخارج	11
dritte(r/s)	الثالث	6
drüben	هناك	4
drüben, da drüben	هاهناك	4
du	أنت	1
dunkel, dunkle	الظلام	13

217

Deutsch	العربية	#
durch	خلال	6
Durchfall, der	لدي إسهال	13
durchs	من خلال الـ	9
dürfen, du darfst, du hast gedurft, ich durfte	يُسمح	2
Was darf's denn sein?	تعني هنا: ما الذي يمكنني إحضاره لك؟	16
duschen, du duschst, du hast geduscht	يترَوْش	9
eben	تعني هنا: فقط	17
echt	حقًّا	18
egal	لا يهم	5
Ehepaar, das, Ehepaare	الزوجان	17
Ei, das, Eier	البيضة	3
eifersüchtig	غيران	17
eigen	خاص	17
eigentlich	في الحقيقة	4
ein paar	بعضًا من	14
ein(e) andere(r/s)	واحد آخر	6
einatmen, du atmest ein, du hast eingeatmet	يستنشق	9
Einen schönen Tag dir!	(أتمنّى لك) يومًا سعيدًا	14
einerseits	من ناحية	17
einfach	ببساطة	4
Eingang, der, Eingänge	المدخل	16
einige	بعض	9
einige Zeit	بعض الوقت	9
Einkauf, der, Einkäufe	المشتريات	14
einkaufen, du kaufst ein, du hast eingekauft	يتسوّق	17
einladen, du lädst ein, du hast eingeladen, ich lud ein	يدعو، يعزم	16
einpacken, du packst ein, du hast eingepackt	يحزم؛ مثال: حزمت حقائبي	14
einrichten, du richtest ein, du hast eingerichtet	يؤثّث	15
Einrichtung, die, Einrichtungen	تعني هنا: الأثاث	17
eins und eins zusammenzählen	يستنتج، حرفيًّا: يضع واحد وواحد معًا	18
einschlafen, du schläfst ein, du bist eingeschlafen, ich schlief ein	يغفو	16
einsteigen, du steigst ein, du bist eingestiegen, ich stieg ein	يركب	14
einverstanden sein	أن يوافق	18
Eis, das	المُثلّجات	14
elegant	أنيق	11
Elisa	اسم أنثى	7
Elisabeth	اسم أنثى	5
Else	اسم أنثى	13
Emma	اسم أنثى	7
empfehlen, du empfiehlst, du hast empfohlen, ich empfahl	يوصي	16
Ende, das, Enden	النهاية	11
zu Ende	انتهى، الخاتمة	11
endlich	أخيرًا	6
eng	ضيّق	6
zu eng	ضيّق جدًّا	6
Enklave, die, Enklaven	محصور؛ بلاد محاطة بأرض أجنبيّة	16
entlang	في محاذاة	11
entschuldigen: sich entschuldigen, du entschuldigst dich, du hast dich entschuldigt	يعتذر	16
Entschuldigung, die, Entschuldigungen	الاعتذار	8
Entschuldigung!	عذرًا	8
enttäuscht	خيبة أمل	7
er	هو	1
Erdnuss, die, Erdnüsse	الفول السوداني	14
erfahren, du erfährst, du hast erfahren, ich erfuhr	يجرّب؛ يتعرّف على المزيد من خلال التجربة	17
Erfahrung, die, Erfahrungen	الخبرة	15
erinnern: sich erinnern, du erinnerst dich, du hast dich erinnert	يتذكّر	13
erklären, du erklärst, du hast erklärt	يشرح	11
erleben, du erlebst, du hast erlebt	يشهد، يعيش التجربة	18
ernst	بجديّة	16
eröffnen, du eröffnest, du hast eröffnet	يفتتح، مثال: افتتح مطعم	16
erschöpft	مُنهك	11
erschrecken, du erschrickst, du bist erschrocken, ich erschrak	يخيف	9
erst	أوّلًا، هنا بمعنى فقط	5
erst recht	أكثر من أي وقت مضى	16
erst recht nicht	أقل من أي وقت مضى	16
erstatten, du erstattest, du hast erstattet	يسترد، هنا: يبلّغ	18
erstaunlich	مدهش، رائع	18
erste, erster, erstes	الأوّل	12
erstens	أوّلًا	17
erwachsen	شخص بالغ، شخص كبير	13
erwähnen, du erwähnst, du hast erwähnt	يذكر	17
erzählen, du hast erzählt	يسرد	13
es	هو؛ ضمير غائب محايد	1
Espresso, der, Espresso	الاسبرسو	8
Essen, das, Essen	الغذاء، الطعام	11
essen, du isst, du hast gegessen, ich aß	يأكل	2
etwa	حوالي، تقريبًا	10
etwas	شيء	1
etwas anderes	شيء آخر	5
Europa	أوروبا	16
extra	إضافي	8
Fabrik, die, Fabriken	المصنع	16
fahren, du fährst, du bist gefahren, ich fuhr	يذهب، يقود (باستخدام وسيلة مواصلات)	4
Fahrkarte, die, Fahrkarten	التذكرة؛ للمواصلات العامّة	14
Fahrrad, das, Fahrräder	الدرّاجة	18
Fahrt, die, Fahrten	الرحلة	15
Fall, der, Fälle	الحال	5
auf jeden Fall	على أي حال	5
Familie, die, Familien	الأسرة	5
Farbe, die Farben	اللّون	15
fast	تقريبًا	8
Feder, die, Federn	الريشة	11
fegen, du fegst, du hast gefegt	يكنّس	15

Deutsch	العربية	
fehlen, du fehlst, du hast gefehlt	ينقص	13
Was fehlt Ihnen denn?	ماذا ينقصك إذًا؟	13
Feierabend, der, Feierabende	وقت بعد نهاية العمل	11
Feierabend!	يكفي هذا لليوم	11
feiern, du feierst, du hast gefeiert	يحتفل	17
Fenster, das, Fenster	النافذة	5
Ferien, die (صيغة الجمع)	الأعياد	17
fernsehen, du siehst fern, du hast ferngesehen, ich sah fern	يشاهد التلفاز	9
Fernseher, der, Fernseher	التلفاز	10
fertig	جاهز، انتهى	3
fest	بثبات، إصرار	18
Fett, das, Fette	الدهن	14
Fieber, das (نادر ما تستخدم)	الحمّى	13
Sie haben Fieber.	لديك حمّ	13
finden, du findest, du hast gefunden, ich fand	يجد	6
ich finde	أنا أجد، بمعنى: أعتقد	8
Fischbrötchen, das, Fischbrötchen	الخبز الصغير بالسمك	14
fit	لائق بدنيًّا	13
Fläche, die, Flächen	السطح	16
flexibel	مرن	17
fliegen, du fliegst, du bist geflogen, ich flog	يطير	4
flirten, du flirtest, du hast geflirtet	يغازل	16
Flug, der, Flüge	الرحلة الجويّة	16
Flügel, der, Flügel	الجناح	4
Fluss, der, Flüsse	النهر	11
flüstern, du flüsterst, du hast geflüstert	يهمس	11
folgen, du folgst, du hast/bist gefolgt +Dat.	يتبع	11
Folgende, das	التالي، ما يلي	17
Foto, das, Fotos	الصورة	8
fragen, du fragst, du hast gefragt	يسأل	1
französisch	فرنسي	8
Frau, die, Frauen	المرأة	8
frei	فارغ، خالي، حُر	8
frei haben	لدي فراغ؛ لدي وقت خالي من العمل	8
freiberuflich	مهنة حرّة	18
Freitag	الجمعة	9
fressen, du frisst, du hast gefressen, ich fraß	يأكل؛ للحيوانات	5
Freund, der, Freunde	الصديق	9
Freundin, die, Freundinnen	الصديقة	9
frisch	طازج	17
Frisör, der, Frisöre	مصفف الشعر	16
froh	مسرور	13
früh	في وقت مبكّر	13
früher	في وقت سابق	11
Frühling, der, Frühlinge	الربيع	18
frühstücken, du frühstückst, du hast gefrühstückt	يفطر	3
frustriert	محبط	17
fühlen, du fühlst, du hast gefühlt	يشعر	13
führen, du führst, du hast geführt	يُرشد، تعني هنا: يُدير	14
fünfzig	خمسون	5
funktionieren, du funktionierst, du hast funktioniert	يعمل، مثال: الكمبيوتر يعمل	17
für	لأجل	4
furchtbar	مريع	9
Fuß, der, Füße	القدم	5
Ich gehe zu Fuß.	يذهب مشيًا	4
Fußboden, der, Fußböden	الأرضيّة	15
füttern, du fütterst, du hast gefüttert	يُطعم	15
Gabriel	اسم ذكر	7
ganz	جميع، كل	1
ganz schön	جميل جدًّا	17
den ganzen Nachmittag	فترة بعد الظهر كاملة	9
gar nicht	ليس على الإطلاق	3
Garderobe, die, Garderoben	خزانة الملابس	10
Gärtnerplatzviertel	حي في وسط ميونخ	18
Gasse, die, Gassen	الزقاق	11
Gassi gehen (mit dem Hund gehen)	الذهاب للنزهة (مع الكلب)	15
Gast, der, Gäste	الضيف	15
Gasthaus, das, Gasthäuser	نزل، مطعم	16
Gastronomie, die, /	فن الطهو	15
geben, du gibst, du hast gegeben, ich gab	يعطي	8
es gibt	يوجد (انظر الشرح)	8
es muss doch ... geben!	... يجب أن يكون هنالك	11
Gebirge, das, Gebirge	سلسلة جبال	16
geboren sein	أن يولد	5
Gefahr, die, Gefahren	الخطر	13
gefährlich	خطير	11
gefallen, du gefällst, du hast gefallen, ich gefiel	يُعجب	14
Gefühl, das, Gefühle	الشعور	5
gegen	ضد	13
Gegenteil, das, Gegenteile	العكس	13
gegenüber + Dat.	معاكس لـ	11
schräg gegenüber	معاكس للخط القطري	11
Gehalt, das, Gehälter	الراتب	17
gehen, du gehst, du bist gegangen, ich ging	يذهب، يمشي	3
gehören, du gehörst, du hast gehört + Dativ	ينتمي إلى شيء / شخص ما	18
gelb	أصفر	10
Geld, das, /	المال	7
Geld abheben, du hebst ab, du hast abgehoben, ich hob ab	يسحب المال	17
Gelegenheit, die, Gelegenheiten	الفرصة	16
die Gelegenheit nutzen	يغتنم الفرصة	16
geliebt	محبوب	16
gemein	لئيم	7
gemeinsam	مع بعض	13
genau	بالضبط	6
genießen, du genießt, du hast genossen, ich genoss	يستمتع	18
genug	كاف، يكفي	8
gerade	تمامًا، مستقيم	4
gerade noch	على وشك	4
geradeaus	مباشرة إلى الأمام	12

219

Deutsch	Arabisch	Nr.	Deutsch	Arabisch	Nr.	Deutsch	Arabisch	Nr.
Geräusch, das, Geräusche	الضوضاء	14	Um Gottes Willen!	في سبيل الله	13	Hand, die, Hände	يد	1
Germanistik	دراسات ألمانيّة (أدب، اللّغة والثقافة)	18	Grad, das, Grade	درجة	18	Handwerker, der, Handwerker	الحرفي	18
gerne	بكل سرور	6	40 Grad, Grade	٤٠ درجة	13	hängen, du hängst, du bist gehangen, ich hing	يعلّق	10
gesamt	مجمل، شامل	16	gratis	مجّانًا	13	hässlich	قبيح	15
Geschäft, das, Geschäfte	المحل	6	grau	رمادي	10	Hauptbahnhof, der, Hauptbahnhöfe	محطّة القطار الرئيسيّة	18
geschehen, es geschieht, es ist geschehen, es geschah	يحدث	17	Grenze, die, Grenzen	الحد	6	Hauptschule, die, Hauptschulen	المدرسة العامّة (بين السن ١٠ و ١٥)	18
Geschichte, die, Geschichten	القصّة	18	Grimm, die Brüder Grimm	الأخوان غريم؛ قصص ألمانيّة شهيرة	16	Hauptstadt, die, Hauptstädte	العاصمة	16
geschlossen	مغلق	8	Grippe, die, Grippen	الانفلونزا	13	Haus, das, Häuser	المنزل	7
Geschwindigkeit, die, Geschwindigkeiten	السرعة	15	groß	كبير	1	zu Hause	في المنزل	7
Gespräch, das, Gespräche	المحادثة	17	größer	أكبر	14	heim	منزل	9
gestern	أمس	3	Großeltern, die (دائمًا جمع)	الأجداد	5	heimfahren, du fährst heim, du bist heimgefahren, ich fuhr heim	يذهب للمنزل	9
gestern früh	صباح أمس المبكّر	13	Großvater, der, Großväter	الجد	5	heimlich	سرًّا	16
gestresst	قلق	8	grüezi	مرحبًا؛ في سويسرا	3	heiraten, du heiratest, du hast geheiratet	يتزوّج	17
gesund	صحّي	3	grün	أخضر	10	heiß	حار	15
gesünder	أكثر صحّيّة	14	Gründer, der, Gründer	المؤسّس	16	heiß geliebt	محبوب جدًّا	16
Gesundheit, die, (صيغة المفرد)	الصحّة	13	Grundschule, die, Grundschulen	المدرسة الابتدائيّة	18	heißen, du heißt, du hast geheißen, ich hieß	يسمّى	1
geteilt durch :	مقسوم على	6	Grunewald	غابة في برلين	18	heiter	شبه صافٍ	18
getrennt	كل على حدة، منفصل	8	Gruppe, die, Gruppen	المجموعة	16	hektisch	صاخب	8
Gewinn, der, Gewinne	الربح	15	grüß Gott	مرحبًا؛ في جنوب ألمانيا	3	helfen, du hilfst, du hast geholfen, ich half	يساعد	6
Gewissen, das, Gewissen	الضمير	18	gucken, du guckst, du hast geguckt	ينظر	4	Hemd, das, Hemden	القميص	13
gewöhnen, sich gewöhnen; du gewöhnst dich, du hast dich gewöhnt	يعتاد	12	gut	جيّد	4	Können Sie bitte Ihr Hemd ausziehen?	هل يمكنك من فضلك خلع قميصك؟	13
gewöhnt sein an	للتعوّد على	12	guten Abend!	مساء الخير	3	heraus	إلى الخارج	7
Glas, das, Gläser	الزجاج	8	guten Morgen!	صباح الخير	3	Herausforderung, die, Herausforderungen	التحدّي	17
Glatteis, (das)	الجليد	18	guten Tag!	يوم جيّد	3	herausholen, du holst heraus, du hast herausgeholt	يُخرج	13
glauben, du glaubst, du hast geglaubt	يصدّق	4	Güte, die, (صيغة المفرد)	الجودة، الخير	13	Herbst, der, Herbste	الخريف	18
gleich	يساوي	14	meine Güte!	بمعنى: يا للهول	13	Herd, der, Herde	الموقد	10
das Gleiche	نفس الشيء، المماثل	16	Gymnasium, das, Gymnasien	المدرسة الثانويّة	18	herein	إلى الداخل	14
gleichzeitig	في نفس الوقت	16	Haar, das, Haare	الشعر	11	hereinkommen, du kommst herein, du bist hereingekommen, ich kam herein	يأتي إلى الداخل	14
Glocke, die, Glocken	الجرس	18	haben, du hast, du hast gehabt, ich hatte	لدي، عندي	1			
Glück, (das), /	الحظ	5	halb	نصف	7			
zum Glück	لحسن الحظ	5	hallo	مرحبًا	1			
glücklich	سعيد	1	Hals, der, Hälse	الرقبة	13			
Gott: über Gott und die Welt	عن كل شيء يمكنك أن تتخيّله (عن الإله والعالم)	17	Halsschmerzen, die, Halsschmerzen	التهاب الحلق	13			
			halt	مجرّد	14			
			Hamburg	هامبورغ؛ مدينة بشمال ألمانيا	5			

221

Deutsch	العربية	Nr.
Jugendliche, der/die, Jugendliche	المراهق	6
jung	صغير السن	1
Junge, der, Jungen	الصبي، الولد	11
KaDeWe, das	مجمّع في غرب برلين	6
Kaffee, (der), /	القهوة	3
Kaffeemaschine, die, Kaffeemaschinen	آلة القهوة	10
Kalorie, die, Kalorien	السعرات الحراريّة	14
kalt	برد	1
Kantine, die, Kantinen	المقصف	17
kaputt	تالف	15
kariert	نقش ذو مريّعات	18
Karte, die, Karten	البطاقة	8
Käse, (der)	الجبن	3
Käsekuchen, der, Käsekuchen	كعكة الجبن	8
Kasse, die, Kassen	مكان دفع المشتريات	14
Katze, die, Katzen	القطّة	13
kaufen, du kaufst, du hast gekauft	يشتري	6
Kaufhaus, das, Kaufhäuser	مركز التسوّق	14
kaum	بالكاد	13
kein	لا	4
Kellner, der, Kellner	النادل	16
Kellnerin, die, Kellnerinnen	النادلة	16
kennen, du kennst, du hast gekannt, ich kannte	يعرف (انظر للشرح)	8
Kerl, der, Kerle	الرجل؛ صيغة عاميّة	13
KFZ-Mechaniker, der, KFZ-Mechaniker	ميكانيكي السيارات	18
Kiel	كيل؛ مدينة بشمال ألمانيا	5
Kilo, das, Kilos	الكيلو	18
Kilometer, der, Kilometer	الكيلومتر	14
Kind, das, Kinder	الطفل	5
Kinderarzt, der, Kinderärzte	طبيب الأطفال	5
Kindergarten, der, Kindergärten	رياض الأطفال	18
Kindheit, die, Kindheiten	الطفولة	18
Kindskopf, der, Kindsköpfe	رأس الطفل	13
Kino, das, Kinos	السينما	12
Kiosk, der, Kioske	الكشك	14
Kirsche, die, Kirschen	الكرز	11
KiTa, die, KiTas (Kindertagesstätte) (اختصار لكلمة)	حضانة الأطفال	18
klappen, es klappt, es hat geklappt	يتم؛ مثال: كل شيئ تم بنجاح	13
klar	واضح	6
klar	صاف	18
alles klar	تمام، كل شيء واضح	6
Klasse, die, Klassen	الصف	7
in der Klasse	في الصف	7
klassisch	كلاسيكي	18
klauen, du klaust, du hast geklaut	يسرق (عاميّة)، ينزع	11
Klaus	اسم ذكر	7
Kleider, die (دائمًا جمع)	ملابس	5
Kleidung, die, (Kleidungen)	الملابس	6
klein	صغير	7
kleiner	أصغر	14
Kleinigkeit, die, Kleinigkeiten	التفاصيل الصغيرة	18
Klempner, der, Klempner	السبّاك	18
Knauer	اسم عائلة	13
Knie, das, Knie	الركبة	13
Kochbuch, das, Kochbücher	كتاب طبخ	16
kochen, du kochst, du hast gekocht	يطبخ	13
Koffer, der, Koffer	الحقيبة	13
Kollege, der, Kollegen	الزميل	9
Köln	كولون؛ مدينة بألمانيا	16
komisch	غريب	5
Komische, das, /	المضحك، الغريب	17
kommen, du kommst, du bist gekommen, ich kam	يأتي	1
Kommunist, der, Kommunisten	الشيوعي	13
Kompromiss, der, Kompromisse	حل وسط	18
Konditor, der, Konditoren	صانع حلويّات، حلواني	17
können, du kannst, du hast gekonnt, ich konnte	يستطيع، يقدر، يتمكّن	1
nicht mehr können	لا يستطيع الاستمرار	7
Konsum, der, (فقط بالمفرد)	الاستهلاك	16
Kontakt, der, Kontakte	جهة اتصال	18
Konto, das, Konten	الحساب	18
Konzentration, (die)	التركيز	4
Kopf, der, Köpfe	الرأس	13
pro Kopf	لكل فرد	16
kopieren, du kopierst, du hast kopiert	ينسخ	18
Kosmetik, (die) (دائمًا مفرد)	مستحضرات التجميل	14
kosten, du kostest, du hast gekostet	يكلّف؛ مثال: كم تكلفة هذا المنتج؟	15
krank	مريض	13
Krankheit, die, Krankheiten	المرض	13
Kreisverkehr, der, Kreisverkehre	الدوّار	12
Kreuzung, die, Kreuzungen	مفترق الطريق، التقاطع	11
Küche, die, Küchen	المطبخ	3
Kuchen, der, Kuchen	الكعكة	8
Kühlschrank, der, Kühlschränke	الثلّاجة	10
kümmern: sich kümmern, du kümmerst dich, du hast dich gekümmert	يعتني	17
Kunde, der, Kunden	العميل، الزبون	17
kurz	قصير، موجز	1
lächeln, du lächelst, du hast gelächelt	يبتسم	18
lachen, du lachst, du hast gelacht	يضحك	7
Laden, der, Läden	المتجر	15
der Laden läuft	المتجر يجري؛ أي يجري على ما يرام	15
Ladenschluss, der, Ladenschlüsse	وقت إغلاق المحل	18
Lampe, die, Lampen	المصباح	10
Land, das, Länder	الدولة	1
landen, du landest, du bist gelandet	يهبط	4
Landkarte, die, Landkarten	الخريطة	14
lang	طويل	8
lange	طويل	4
langsam	بطء	13
langweilig	ممل	15
Lärm, der (لا يوجد جمع)	الضوضاء	16
lassen, du lässt, du hast gelassen, ich ließ	يترك، يدع	13

German	Arabic	№
lateinisch	لاتينيّة	16
laufen, du läufst, du bist gelaufen, ich lief	يركض، المعنى هنا: يشتغّل	7
Laune, (die), Launen	المزاج	8
gute Laune haben	لتكون في مزاج جيّد	8
laut	بصوت عالٍ	7
läuten, du läutest, du hast geläutet	يرن	9
Leben, das, Leben	الحياة	18
leben, du lebst, du hast gelebt	يعيش	1
legen, du legst, du hast gelegt	يضع	13
Lehre, die, Lehren	نظريّة، تعني هنا: فترة التدريب المهني	18
Lehrer, der, Lehrer	المعلّم	18
Lehrerin, die, Lehrerinnen	المعلّمة	5
leicht	تعني هنا: سهل	16
leicht bewölkt	غائم قليلًا	18
Leid, (das), /	المعاناة	7
Das tut mir leid.	أنا آسف، حرفيًّا: ذلك يسبّب لي المعاناة	7
tut mir leid	أنا آسف	17
Leidenschaft, die, Leiden-schaften	الشغف	18
leider	للأسف	17
leise	خافت، صمت	13
Lektor/in, der/die, Lekto-ren/-innen	المحاضر	18
Lena	اسم أنثى	7
lernen, du lernst, du hast gelernt	يتعلّم	7
lesen, du liest, du hast gelesen, ich las	يقرأ	3
letzter /letzte / letztes	الأخير	11
Leute, die	الناس (دائمًا جمع)	5
lieber	أفضّل	3
liegen, du liegst, du bist gelegen, ich lag	يستلقي	1
Linde, die, Linden	شجرة الزيزفون	11
Linie, die, Linien	الخط، المسار	16
Linienflug, der, Linienflüge	مسار الرحلة الجويّة	16
links	يسار	10
Lohn, der, Löhne	الأجر، الراتب	17
los sein	حرفيًّا: يكون مرخي، بمعنى: يحدث، يجري	8
die Hölle ist los	الجحيم يجري، بمعنى: جدًّا مزدحم	8
Was ist los?	ما الذي يحدث؟	1
losgehen, du gehst los, du bist losgegangen, ich ging los	ينطلق	11
Es kann losgehen.	بمعنى: أنا جاهز، نحن جاهزون	11
loslaufen, du läufst los, du bist losgelaufen, ich lief los	يبدأ الركض	4
Luise	اسم أنثى	8
Lukas	اسم ذكر	7
lustig	مضحك	7
machen, du machst, du hast gemacht	يفعل	2
das macht …	بمعنى: هذا يجعل … هذا سعره	8
Magen, der, Mägen	المعدة	13
mal = einmal	مرّة	7
mal x	ضرب	6
Maler, der, Maler	الرسام	18
Mama, die, Mamas	ماما	3
Mami	ماما	12
man	شخص (انظر للشرح)	11
manch, mancher, manche, manches	بعض	18
manchmal	أحيانًا	4
Mann, der, Männer	الرجل	8
Mantel, der, Mäntel	المعطف	10
Märchen, das, Märchen	حكاية خرافيّة	16
Märchenbuch, das, Mär-chenbücher	كتاب قصص قصيرة خرافيّة	16
Maria	اسم أنثى	7
Marianne	اسم أنثى	7
Marmelade, (die), Marme-laden	المربّى	3
Mathiesen	اسم عائلة	13
Mauer, die, Mauern	الجدار	5
Meer, das, Meere	البحر	14
mehr	أكثر	4
mehrere	متعدّد	17
mein	لي؛ مثال: طاولتي (ضمير ملكيّة)	3
meinen, du meinst, du hast gemeint	يعني	15
wenn Sie meinen	إذا كنت تقصد ذلك	15
Meister, der, Meister	الخبير	7
Übung macht den Meister.	الممارسة تصنع الخبير (التكرار يعلّم الشطّار)	7
Melodie, die, Melodien	اللّحن	16
Mensch, der, Menschen	البشر	1
Mercedes, der	المرسيدس	11
merken, du merkst, du hast gemerkt	يلاحظ	3
Meter, der, Meter	المتر	11
Meter, m	اختصار لمتر	14
Miete, die, Mieten	الإيجار	18
Milch, (die), /	الحليب	3
minus -	ناقص	6
Minute, die, Minuten	الدقيقة	5
miteinander	سويًّا، معًا	17
Mittag, der	الظهر	9
Mittagspause, die, Mittags-pausen	استراحة الغداء	9
mittelalterlich	القرون الوسطى	18
mitten	منتصف	2
mit	مع	3
Mittwoch	الأربعاء	9
mitwollen, du willst mit, du hast mitgewollt	يريد الانضمام (الألمانيّة العاميّة)	17
Möbel, das, Möbel	الأثاث	14
möchten, du möchtest, du hast gemocht, ich mochte	يريد	8
mögen, du magst, du hast gemocht, ich mochte	يعجب (انظر للشرح)	11
moin	مرحبًا؛ في شمال ألمانيا	3
Moment, der, Momente	اللّحظة	7
einen Moment lang	لحظة	8
im Moment	في الوقت الحالي	7
Monat, der, Monate	الشهر	17
Montag	الإثنين	9
Morgen, der, Morgen	الصباح	3

224

Deutsch	Arabisch	Nr.
Pizzeria, die, Pizzerias	مطعم البيتزا	17
Plan, der, Pläne	الخطّة	17
planen, du planst, du hast geplant	يُخطّط	17
Platz, der, Plätze	المكان	4
plötzlich	فجأة	1
plus +	زائد	6
Polen	بولندا	5
Polizei, die (صيغة المفرد دائمًا)	الشرطة	12
Polizist, der, Polizisten	الشرطي	6
Portion, die, Portionen	الجزء	11
Post, die, /	البريد	18
Praktikum, das, Praktika	التدريب العملي	18
praktisch	عملي	18
Preis, der, Preise	السعر	17
privat	خاص	17
pro Kopf	لكل فرد	16
Probe, die, Proben	تمرين قبل العرض، البروفة	10
probieren, du probierst, du hast probiert	يجرّب	6
Problem, das, Probleme	المشكلة	4
Proviant, der	الزاد، المؤونة	14
Prozent, das, Prozente	النسبة المئويّة	16
putzen, du putzt, du hast geputzt	ينظّف	11
qualifiziert	مؤهّل	18
quatschen, du quatschst, du hast gequatscht	يهذي؛ يهذر كلام	17
quer	بالعرض	11
quer über	بالعرض عبر	11
Rand, der, Ränder	الحافّة	15
Rasse, die, Rassen	العرق، السلالة	16
raus	إلى الخارج (لغة عاميّة)	8
ich will raus	أريد الخروج	8
reagieren, du reagierst, du hast reagiert	يستجيب	3
Realität, die	الواقع	8
Realschule, die, Realschulen	مدرسة ثانويّة متخصّصة	18
Rechnung, die, Rechnungen	الفاتورة	8

Deutsch	Arabisch	Nr.
Recht, (das), Rechte	الحق	7
Recht haben	أن تكون على حق	7
rechts	يمين	10
reden, du redest, du hast geredet	يتكلّم	5
Regal, das, Regale	الرف	10
Regen, (der)	المطر	18
Regensburg	مدينة في بافاريا	18
Regierung, die, Regierungen	الحكومة	16
reich	غني	18
Reise, die, Reisen	الرحلة	11
Reiseführer, der, Reiseführer	دليل السفر	18
reisen, du reist, du bist gereist	يسافر	13
Rente, in Rente sein	متقاعد	5
Republik, die, Republiken	الجمهوريّة	16
reservieren, du reservierst, du hast reserviert	يحجز	17
Respekt, (der)	الاحترام	8
respektlos	عديم الاحترام	16
Restaurant, das, Restaurants	المطعم	12
retten, du rettest, du hast gerettet	ينقذ	18
Rezept, das, Rezepte	الوصفة	13
Bekomme ich das in der Apotheke ohne Rezept?	هل يمكنني الحصول على هذا في الصيدليّة دون وصفة طبيّة؟	13
ein Rezept ausstellen	إصدار وصفة طبيّة	13
richtig	صحيح	13
riechen, du riechst, du hast gerochen, ich roch	يشم	15
Robert	اسم ذكر	5
rot	أحمر	10
rüber (herüber اختصار لكلمة)	إلى هذا الجانب	17
Rücken, der, Rücken	الظهر	13
Rucksack, der, Rucksäcke	شنطة الظهر	14
rufen, du rufst, du hast gerufen, ich rief	ينادي	1
Ruhe, (die)	الهدوء	15
ruhig	هادئ	1

Deutsch	Arabisch	Nr.
rund	دائري	10
S-Bahn, die, S-Bahnen	قطار للضواحي	4
Saarland	سارلاند؛ ولاية بألمانيا	16
Sabrina	اسم أنثى	12
Sache, die, Sachen	الشيء	14
Sachertorte, die, Sachertorten	كعكة شوكولا شهيرة في فيينا	8
sächsisch	السكسوني	16
Saft, der, Säfte	العصير	8
sagen, du sagst, du hast gesagt	يقول	9
sag mal	حرفيًّا: قل مرّة، بمعنى: قل لي	7
Salat, der, Salate	السلطة	8
Samstag	السبت	9
satt	شبعان	11
sauber	نظيف	15
Sauna, die, Saunas	الساونا، حمّام البخار	15
schaffen, du schaffst, du hast geschafft	ينجز، يُنشئ	15
Schale, die, Schalen	الوعاء	18
schämen: sich schämen, du schämst dich, du hast dich geschämt	يخجل من نفسه	16
schauen, du schaust, du hast geschaut	يشاهد	11
Schauer, der, Schauer	هطول المطر	18
Schauspielerin, die, Schauspielerinnen	الممثّلة	18
Scheibe, die, Scheiben	الشريحة	3
scheiden: sich scheiden lassen, du lässt dich scheiden, du hast dich scheiden lassen, ich ließ mich scheiden	يطلّق	17
scheinbar	على ما يبدو	11
scheinen, du scheinst, du hast geschienen, ich schien	تعني هنا: يسطع؛ معنى آخر: يبدو	14
schieben, du schiebst, du hast geschoben, ich schob	يدفع؛ مثلًا: يدفع الباب	11
schimpfen, du schimpfst, du hast geschimpft	يشتم	16
Schinken, (der)	لحم الخنزير	3
schlafen, du schläfst, du hast geschlafen, ich schlief	ينام	1

Deutsch	العربية		Deutsch	العربية		Deutsch	العربية	
sonst	خلاف ذلك	2	sterben, du stirbst, du bist gestorben, ich starb	يموت	1	tanken, du tankst, du hast getankt	تعبئة بنزين	16
Sophie	اسم أنثى	7	still	هادئ	14	Tankstelle, die, Tankstellen	محطّة الوقود	14
Sorge, die, Sorgen	القلق	15	stimmen, es stimmt, es hat gestimmt	يوافق، يناسب	13	an der Tankstelle	في محطّة الوقود	14
sowieso	على أي حال	17	Stock, der, Stöcke	الطابق	6	Tante, die, Tanten	العمّة، الخالة	15
Spaß, der, Späße	المرح	18	im ersten Stock	في الطابق الأول	6	tanzen, du tanzt, du hast getanzt	يرقص	1
spät	متأخّر	16	stolz	فخور	7	Tasse, die, Tassen	الكأس	11
später	لاحقًا	10	Strand, der, Strände	الشاطئ	14	tatsächlich	بالفعل	4
Spatz, der, Spatzen	عصفور دوري	2	Straße, die, Straßen	الشارع	1	tauschen, du tauschst, du hast getauscht	يستبدل	17
Spätzin, die, Spätzinnen	أنثى العصفور الدوري	16	auf der Straße	في الشارع	1	Tee, (der), /	الشاي	3
Spiegel, der, Spiegel	المرآة	7	Straßenbahn, die, Straßen-bahnen	الترام	4	Teetasse, die, Teetassen	الفنجان، كوب الشاي	17
im Spiegel	في المرآة	7	Streit, (der)	النزاع (لا يوجد جمع)	16	Teil, der, Teile	الجزء	18
sie sieht sich im Spiegel an	هي تنظر إلى نفسها في المرآة	7	streiten, du streitest, du hast gestritten, ich stritt	يتشاجر	16	Teilzeit-Arbeit, die (kurz: Teilzeit)	العمل بدوام جزئي	17
spielen, du spielst, du hast gespielt	يلعب	9	streng	صارم	4	Telefon, das, Telefone	الهاتف	2
spinnen, du spinnst, du hast gesponnen, ich spann	يغزل النسيج، تعني هنا: ينجن، مجنون	18	stressig	مُجهد	17	telefonieren, du telefo-nierst, du hast telefoniert	يتّصل	17
Sport, (der)	الرياضة	16	Streusel (صيغة الجمع)	الفتات على الكعكة	11	Telefonnummer, die, Tele-fonnummern	رقم الهاتف	2
sportlich	رياضي	16	Streuselkuchen, der, Streu-selkuchen	كعكة بفتات	11	Teller, der, Teller	الصحن	11
Sprache, die, Sprachen	اللّغة	16	Stück, das, Stücke	القطعة	8	Temperatur, die, Tempe-raturen	درجة الحرارة	18
sprechen, du sprichst, du hast gesprochen, ich sprach	يتحدّث	1	studieren, du studierst, du hast studiert	يدرس	5	Tennis, (das)	التنس	9
Springbrunnen, der, Springbrunnen	النافورة	17	Studium, das, Studien	الدراسة	18	Termin, der, Termine	الموعد	16
Spüle, die, Spülen	حوض الغسيل	10	Stuhl, der, Stühle	الكرسي	4	Terrasse, die, Terrassen	الشرفة	16
Staatsdienst, der, Staats-dienste	الخدمة المدنيّة	17	Stunde, die, Stunden	الساعة؛ وحدة زمن	9	teuer	غالي	14
Stadt, die, Städte	المدينة	7	Sturm, der, Stürme	العاصفة	18	teurer	أغلى	14
ständig	باستمرار	17	suchen, du suchst, du hast gesucht	يبحث	11	Text, der, Texte	النص	16
starten, du startest, du hast/bist gestartet	يبدأ	11	Südtirol	جنوب تيرول	16	Theater, das, Theater	المسرح	10
stattdessen	بدلًا من	7	Supermarkt, der, Super-märkte	السوبرماركت	14	Theaterprobe, die, Theater-proben	بروفة المسرحيّة	12
Staub, (der)	الغبار	15	Suppe, die, Suppen	الحساء	10	Theaterwissenschaft, die, -wissenschaften	علوم المسرح	18
stecken, du steckst, du hast gesteckt	عالق	16	süß	حلو، هنا بمعنى: جميل	11	Thema, das, Themen	الموضوع	10
stehen, du stehst, du bist gestanden, ich stand	يقف	10	Tablette, die, Tabletten	قرص الدواء	13	tief	عميق	9
stehlen, du stiehlst, du hast gestohlen, ich stahl	يسرق	18	Sie müssen Tabletten nehmen.	يجب أن تأخذ حبوب الدواء	13	Tier, das, Tiere	الحيوان	17
Stelle, die, Stellen	المنصب	17	Tafel, die, Tafeln	السبّورة	14	Tiergarten, der, Tiergärten	حديقة حيوانات، منطقة في برلين	18
stellen, du stellst, du hast gestellt	يضع	10	Tafel Schokolade	لوح الشوكولا	14	Tipp, der, Tipps	النصيحة	4
Stellenanzeige, die, Stellen-anzeigen	الإعلان عن الوظيفة	18	Tag, der, Tage	اليوم؛ أيام الأسبوع	6	Tisch, der, Tische	الطاولة	3
			Einen schönen Tag dir!	(أتمنّى لك) يومًا سعيدًا	14	tja	أسلوب تعبير؛ حسنًا	17

German	Arabic	№
Tochter, die, Töchter	الابنة	5
Tod, der, Tode	الموت	18
toll: na toll	أوه عظيم	2
Topf, der, Töpfe	القدر؛ للطبخ	10
Torte, die, Torten	الكعكة (مع الكريمة)	8
total	تمامًا	5
Tourist, der, Touristen	السائح	8
Touristeninformation, die, Touristeninformationen	المعلومات السياحيّة	15
tragen, du trägst, du hast getragen, ich trug	يحمل؛ تعني هنا: يرتدي	16
trainieren, du trainierst, du hast trainiert	يتمرّن، يتدرّب	16
gut trainiert sein	متمرّن جيّد	16
Traum, der, Träume	الحلم	18
traurig	حزين	12
treffen, du triffst, du hast getroffen, ich traf	يقابل	9
Treppe, die, Treppen	الدرج	14
trinken, du trinkst, du hast getrunken, ich trank	يشرب	5
trotzdem	مع ذلك	11
Tschüss!	وداعًا	1
tun, du tust, du hast getan, ich tat	يفعل	13
Tür, die, Türen	الباب	5
tut mir leid	أنا آسف	17
Tüte, die, Tüten	الحقيبة	7
typisch	معتاد	17
U-Bahn, die, U-Bahnen	المترو	4
üben, du übst, du hast geübt	يمارس	4
über	فوق	1
überall	في كل مكان	8
Überblick, der, /	النظرة العامة	13
überhaupt	إطلاقًا	3
überlegen, du überlegst, du hast überlegt	يتفكر، يتدبّر	9
überrascht	متفاجئ	15
Übersetzung, die, Übersetzungen	الترجمة	16
Überstunde, die, Überstunden	ساعة من العمل الإضافي	17
übrig sein	الفائض	17
übrigens	على فكرة	5
Übung, die, Übungen	التمرين	7
Übung macht den Meister	التكرار يعلّم الشطّار	7
Uhr, die, Uhren	الساعة؛ مثل ساعة الحائط	11
umgekehrt	بالعكس	8
umsehen, du siehst dich um, du hast dich umgesehen, ich sah mich um	ينظر حول	6
wir wollen uns umsehen	نحن نريد أن ننظر حولنا	6
umtauschen, du tauschst um, du hast umgetauscht	يستبدل	18
umziehen, du ziehst um, du bist umgezogen, ich zog um	ينتقل لبيت آخر، تعني (sich umziehen): أيضًا = يغيّر ملابسه)	18
unbedingt	بالتأكيد	5
unbequem	غير مريح	15
unbezahlt	غير مدفوع	18
und	و	2
Unfall, der, Unfälle	الحادث	11
ungefähr	حوالي	11
ungewöhnlich	غير مألوف	18
unglaublich	لا يصدّق	17
Universität, die, Universitäten	الجامعة	18
Universitätsabschluss, der, -abschlüsse	شهادة جامعيّة	18
unmöglich	مستحيل	12
unsicher	غير متأكّد	17
Unsinn, der	(صيغة المفرد) الهراء	11
unter	تحت	11
Unter den Linden	تحت أشجار الزيزفون؛ شارع شهير ببرلين	11
unterhalten: sich unterhalten, du unterhältst dich, du hast dich unterhalten, ich unterhielt mich	يتحاور، يدردش	16
Unternehmer, der, Unternehmer	صاحب العمل	17
Unterschied, der, Unterschiede	الفرق	5
unterschreiben, du unterschreibst, du hast unterschrieben, ich unterschrieb	يُوقّع	17
unvernünftig	غير عقلاني	17
Urlaub, der, Urlaube	العطلة، الإجازة	17
Valentin	اسم ذكر	7
Vater, der, Väter	الأب	3
Vatikan, der	الفاتيكان	16
verändern, (sich) verändern, du veränderst (dich), du hast (dich) verändert	يُغيّر نفسه	15
Verbindung, die, Verbindungen	الاتصال	18
verbringen, du verbringst, du hast verbracht, ich verbrachte	يقضي، يمضي وقته	18
verdienen, du verdienst, du hast verdient	يستحق، يكسب	15
vergessen, du vergisst, du hast vergessen, ich vergaß	ينسى	15
verheiratet	متزوّج	5
verkaufen, du verkaufst, du hast verkauft	يبيع	6
Verkäufer, der, Verkäufer	البائع	6
Verlag, der, Verlage	دار النشر	18
verlängern, du verlängerst, du hast verlängert	يمدّد	18
verlegen sein	أن تكون محرجًا	16
verletzt	مجروح	3
verlieben: sich verlieben, du verliebst dich, du hast dich verliebt	يقع في الحب	13
verlieren, du verlierst, du hast verloren, ich verlor	يخسر	11
vernünftig	معقول، وجيه	18
Veronika	اسم أنثى	14
verrückt	مجنون	9
verschieden	مختلفين	18
verschwinden, du verschwindest, du bist verschwunden, ich verschwand	يختفي	18
verstehen, du verstehst, du hast verstanden, ich verstand	يفهم	1
versuchen, du versuchst, du hast versucht	يحاول	4
Verwalter, der, Verwalter	الوكيل، المسؤول	15

Deutsch	العربية	
Verwalterin, die, Verwalterinnen	الوكيلة، المسؤولة	15
Verwaltung, die, Verwaltungen	الإدارة	17
Verwaltungsoberinspektor, der, -inspektoren	كبير المفتّشين الإداريّين	15
verzweifelt	يائس	17
viel	كثيرًا	3
viele	كثيرًا	6
vielen Dank	شكرًا جزيلًا	10
vielleicht	ربّما	2
vier	أربعة	3
viertel	ربع	7
Viertel, das, Viertel	الحي	18
Vogel, der, Vögel	الطائر	17
volkseigen	ممتلك عام	15
Volkseigener Betrieb, der	المؤسّسة المملوكة للدولة	15
voll	كامل؛ ممتلئ	6
vom = von dem	من الـ	11
von	مِن	3
vor ...	... قبل	8
vor Schreck	من الخوف	15
vorangehen, du gehst voran, du bist vorangegangen, ich ging voran	يتقدّم أوّلًا، يبدأ أوّلًا	15
vorbei	مرورًا، مجاور	6
am Café vorbei	مرورًا بجوار المقهى	6
vorbereiten, du bereitest vor, du hast vorbereitet	يحضّر، يجهّز	14
Vorhang, der, Vorhänge	الستارة	15
vorher	سابقًا	7
Vormittag, der, Vormittage	قبل الظهر	16
vormittags	قبل الظهر	7
vorsichtig	حذر	13
vorsorgen, du sorgst vor, du hast vorgesorgt	يُؤمّن، تعني هنا: التقاعد	17
vorstellen, du stellst vor, du hast vorgestellt	يعرض، هنا بمعنى: يتخيّل	9
Das kann ich mir vorstellen.	أستطيع أن أتخيّل ذلك	9
sich vorstellen	يتخيّل	17

Deutsch	العربية	
wählen, du wählst, du hast gewählt	يختار	16
wahr	حقيقي	13
Nicht wahr?	أليست الحقيقة؟	13
während	بينما	18
wahrscheinlich	من المحتمل	7
Waltraud	اسم أنثى	12
Wand, die, Wände	الجدار (جدار داخل المبنى)	10
wann	متى؟	2
war	كان (انظر لشرح القواعد)	7
wäre (Konjunktiv)	أود أن يكون (انظر إلى الشرح)	18
warm	دافئ	1
Warnemünde	منطقة سياحيّة بشمال ألمانيا	13
warten, du wartest, du hast gewartet	ينتظر	6
warum	لماذا؟	2
was	ما، ماذا	1
was	ماذا؟	2
Was ist mit dir?	ماذا بك؟	14
Was soll das?	ماذا يعني هذا؟	8
Wäsche, die (لا يوجد جمع)	ملابس الغسيل	15
waschen, du wäschst, du hast gewaschen, ich wusch	يغسل	15
Waschmaschine, die, Waschmaschinen	غسّالة الملابس	17
Wasser, (das)	ماء	2
wechseln, du wechselst, du hast gewechselt	يبدّل	10
wecken: jemanden wecken, du weckst, du hast geweckt	إيقاظ شخص ما	16
weder - noch	لا هذا ولا ذاك	17
weg	بعيدًا	5
wegdrehen: sich wegdrehen, du drehst dich weg, du hast dich weggedreht	ينصرف	16
wegen	بسبب	14
wegfliegen, du fliegst weg, du bist weggeflogen, ich flog weg	يطير بعيدًا	14
wegnehmen, du nimmst weg, du hast weggenommen, ich nahm weg	يسلب	13

Deutsch	العربية	
wehtun, es tut weh, es hat weh getan, es tat weh	يضر، يؤلم	13
Weihnachten (صيغة الجمع)	كريسمس	10
weil	لأن	12
Wein, der, Weine	النبيذ	16
weiß	أبيض	10
Weißgerber	اسم عائلة	15
weißt du ...	... تعرف	4
weißt du was	هل تعلم؟	6
weit	يبعد	5
weit	وسيع	6
weiter	استمر	6
weitergehen, du gehst weiter, du bist weiter gegangen, ich ging weiter	يستمر بالذهاب	6
weitermachen, du machst weiter, du hast weitergemacht	يستمر	15
welche/welcher/welches	التي / الذي	16
Welt, die, Welten	العالم	1
über Gott und die Welt	عن الله والعالم	17
weltweit	في جميع أنحاء العالم	16
Wende, die, Wenden	نقطة التحوّل؛ الثوره في ألمانيا الشرقيّة عام ١٩٨٩	15
wenig	قليل	1
wenigstens	على الأقل	14
wenn	عندما، إذا	9
wer	مَن	1
werden (aus), du wirst, du bist geworden, ich wurde	ماذا سيصبح	17
West-	غرب	5
Westen, der, /	الغرب	15
wichtig	مهم	5
wie	كيف؟	2
wie viele	كم	16
wieder	مجدّدًا	4
wiederbekommen, du bekommst wieder, du hast wiederbekommen, ich bekam wieder	يسترجع مجدّدًا	13
wiederholen, du wiederholst, du hast wiederholt	يكرّر	17

German	Arabic	No.
wiedersehen, du siehst wieder, du hast wiedergesehen, ich sah wieder	أراك مجدّدًا	10
wiederum	مجدّدًا، من ناحية أخرى	18
wieso	لماذا	13
willkommen	أهلًا وسهلًا	10
Wind, der, Winde	الرياح	18
Winter, der, Winter	الشتاء	11
den ganzen Winter	طوال فصل الشتاء	11
wir	نحن	1
wirklich	حقًّا	10
wissen, du weißt, du hast gewusst, ich wusste	يعرف	2
wo	أين	1
Woche, die, Wochen	الأسبوع	5
wochenlang	لعدّة أسابيع	18
woher	مِن أين؟	1
wohin	إلى أين؟	2
wohl	ربّما	16
Was er hier wohl will?	(أود معرفة) ماذا يريد هنا؟	16
wohnen, du wohnst, du hast gewohnt	يعيش	1
Wohnung, die, Wohnungen	الشقّة	10
Wohnzimmer, das, Wohnzimmer	غرفة المعيشة	9
wolkenlos	خالي من الغيوم	18
wolkig	غائم	18
wollen, du willst, du hast gewollt, ich wollte	يريد، يرغب	1
Wort, das, Wörter/Worte	الكلمة	5
Wörterbuch, das, Wörterbücher	القاموس	16
worüber	عن ماذا	17
worum	حول ماذا	17
wunderbar	رائع	10
wundern: sich wundern, du wunderst dich, du hast dich gewundert	يتعجّب، يندهل	14
sich selbst wundern	تعني هنا: متفاجِئٌ من نفسه	16
würde	أود أن يصبح (انظر إلى الشرح)	18

German	Arabic	No.
Wurst, die, Würste	النقانق	3
wütend	غضبان	17
Zahl, die, Zahlen	الرقم	16
zahlen, du zahlst, du hast gezahlt	يدفع؛ يدفع المال	8
Zahnbürste, die, Zahnbürsten	فرشاة الأسنان	14
Zeichen, das, Zeichen	العلامة	16
zeigen auf, du zeigst auf, du hast auf etw./jmd. gezeigt	يشير على	7
Zeit, die, Zeiten	الوقت	7
nach kurzer Zeit	بعد وقت قصير	16
seit längerer Zeit	منذ فترة طويلة	14
Zeitschrift, die, Zeitschriften	المجلة	14
Zeitung, die, Zeitungen	الجريدة	3
Zentimeter, der, Zentimeter	السنتيمتر	14
Zentimeter, cm	اختصار لسنتيمتر	14
zickig	متقلّب المزاج	17
ziehen, du ziehst, du hast gezogen, ich zog	يسحب	7
ziemlich	إلى حد كبير	8
Zigarette, die, Zigaretten	السيجارة	17
Zimmer, das, Zimmer	الغرفة	10
Zimtschnecke, die, Zimtschnecken	كعكة القرفة	3
Zitrone, die, Zitronen	الليمون	8
Zoo, der, Zoos	حديقة الحيوان	18
zu	إلى	2
zu spät	متأخّر جدًّا	16
Zucker, (der)	السكّر	8
zuerst	أوّلًا	3
zufrieden	راض	4
Zug, der, Züge	القطار	4
zugeben, du gibst zu, du hast zugegeben, ich gab zu	يعترف	10
zuhören, du hörst zu, du hast zugehört	ينصت، يصغي	18
Zukunft, die	المستقبل	17
Zukunftssorge, die, Zukunftssorgen	القلق بشأن المستقبل	18
zum ersten Mal	لأوّل مرّة	10
zumindest	على الأقل	7

German	Arabic	No.
zunehmen, du nimmst zu, du hast zugenommen, ich nahm zu	يزيد، تعني هنا: يزيد بالوزن	18
zurechtkommen, du kommst zurecht, du bist zurechtgekommen, ich kam zurecht	يدبّر أمره	16
zurück	إلى الوراء	8
zurückbringen, du bringst zurück, du hast zurückgebracht, ich brachte zurück	يُرجع، يعيد إرجاع	18
zurückkommen, du kommst zurück, du bist zurückgekommen, ich kam zurück	يعود	15
zusammen	معًا	8
zuschließen, du schließt zu, du hast zugeschlossen, ich schloss zu	يقفُل	11
zwanzig	عشرون	6
zwar	بالتأكيد، بالفعل	16
..., und zwar schnell.	وبسرعة ...	16
zwei	اثنان	5
zweite, zweiter, zweites	الثاني	12
zweitens	ثانيًا	17
zwischen	بين	5

مفتاح التمارين (الإجابات)

1

1 على سبيل المثال:
Die Menschen sind ruhig.
Die Menschen sind auf der Straße.
Die Menschen sind glücklich.
Jens ist ruhig.
Jens liegt auf der Straße.
Jens will leben.
Du hast eine große Hand.
Du tanzt auf der Straße.
Er kann nicht antworten.
Die Hand ist ruhig.
Jens ist glücklich.
Er tanzt auf der Straße.
Du hast Schmerzen.
Es ist ruhig.

2

Die ganze Welt **ist** glücklich.
Jens liegt auf der **Straße**.
Er **hat** Schmerzen.
Er will **leben**.
Der **Mensch** nimmt mich in die Hand.
Die Hand **ist** warm und groß.

3 على سبيل المثال:
sein
Ich bin glücklich.
Du bist glücklich.
Er/sie/es ist glücklich.
Wir sind glücklich.
Ihr seid glücklich.
Sie sind glücklich.

haben
Ich habe Schmerzen.
Du hast Schmerzen.
Er/sie/es hat Schmerzen.
Wir haben Schmerzen.
Ihr habt Schmerzen.
Sie haben Schmerzen.
...

4

Ich muss schlafen.
Du musst schlafen.
Er/sie/es muss schlafen.
Wir müssen schlafen.
Ihr müsst schlafen.
Sie müssen schlafen.

Du kannst antworten.
Ich kann antworten.
Er/sie/es kann antworten.
Wir können antworten.
Ihr könnt antworten.
Sie können antworten.

Er tanzt auf der Straße.
Ich tanze auf der Straße.
Du tanzt auf der Straße.
Wir tanzen auf der Straße.
Ihr tanzt auf der Straße.
Sie tanzen auf der Straße.

Wir sind jung.
Ich bin jung.
Du bist jung.
Er/sie/es ist jung.
Ihr seid jung.
Sie sind jung.

Sie haben Schmerzen.
Ich habe Schmerzen.
Du hast Schmerzen.
Er/sie/es hat Schmerzen.
Wir haben Schmerzen.
Ihr habt Schmerzen.

Ich bin glücklich.
Du bist glücklich.
Er/sie/es ist glücklich.
Wir sind glücklich.
Ihr seid glücklich.
Sie sind glücklich.

Du hast eine sehr große Hand.
Ich habe eine sehr große Hand.

Er/sie/es hat eine sehr große Hand.
Wir haben eine sehr große Hand.
Ihr habt eine sehr große Hand.
Sie haben eine sehr große Hand.

Sie kann nicht antworten.
Ich kann nicht antworten.
Du kannst nicht antworten.
Wir können nicht antworten.
Ihr könnt nicht antworten.
Sie können nicht antworten.

Ihr wollt leben.
Ich will leben.
Du willst leben.
Er/sie/es will leben.
Wir wollen leben.
Sie wollen leben.

2

1

Was ist das?
Was braucht er?
Wo soll er leben?
Wie heißt du? / Wie heißen Sie?
Woher kommst du? / Woher kommen Sie?
Wo wohnst du? / Wo wohnen Sie?
Was bedeutet "Wasser" auf Englisch?
Wohin fährst du? / Wohin fahren Sie?
Wer heißt Jens?

2

Der Spatz **braucht** Wasser und **etwas** zu essen.
Wo sind seine **Eltern**? Beate weiß es **nicht**.
Wo soll **er** leben? Er muss **hier** leben.

3

Doch, Beate wohnt in Berlin.
Doch, ich kann Englisch sprechen.
Doch, das ist ein Spatz.
Ja, Jens kommt aus Berlin.
Doch, ich verstehe Deutsch.
Ja, ich komme aus Berlin.

4

a) Sie kommen aus Berlin.
b) Können Sie Englisch sprechen?
c) Warum singst du?
d) Warum sind Sie nicht glücklich?
e) Wie heißt du?
f) Wann wollen Sie essen?
g) Wo wohnst du?
h) Wer sind Sie?
i) Woher kommst du?
j) Was antworten Sie?

3

1

a) Der Mensch hat eine große Hand.
b) Der Vater liest die Zeitung.
c) Sie isst Müsli und eine Banane.
d) Jens ist nicht verletzt.

2

Wo sitzt der Vater?
Was hat sie?
Wann beginnt die Schule?
Wer geht in die Küche?
Was isst Jochen?
Wo tanzen sie?
Wer isst ein Brötchen mit Marmelade?
Wann wachst du auf? / Wann wachen Sie auf?

3

Doch, ich will frühstücken.
Ja, ich will eine Scheibe Brot haben.
Ja, die Schule beginnt bald.
Doch, ich muss schlafen.

6

Sie kommt in die Küche.
Er isst Brot mit Käse und Wurst.
Er will schlafen.
Wir leben hier.
Es ist glücklich.
Sie singen auf der Straße.
Sie nimmt Jens in die Hand.
Ihr tanzt auf der Straße.
Er ist allein.
Sie braucht Wasser.

7

Wir wachen auf.

Ihr seid allein.
Wo sind sie?
Du musst aufstehen.
Sie gehen in die Küche.
Wir lesen die Zeitung.
Sie wollen Jens sehen.
Du schläfst.
Er/sie will frühstücken.
Er/sie isst nur Müsli.
Willst du gesund leben?
Wir essen lieber nicht so viel Schinken.

4

1

Beate **fährt** mit der U-Bahn in die Schule.
Ines **geht** in die Küche.
Sie **fährt** mit dem Auto nach Hamburg. (*Singular*) / **fahren** (*Plural*)
Sie **fährt** mit dem Bus zum Alexanderplatz und **geht** zu Fuß zur Mauer. (*singular*) / **fahren - gehen** (*plural*)

2

a) der Mensch - er   b) ein Stuhl - er
c) ein Tisch - er   d) eine U-Bahn - sie
e) eine Mauer - sie   f) der Schinken - er
g) eine Nacht - sie   h) das Auto - es
i) das Brot - es   j) die Hand - sie
k) die Schule - sie   l) eine Küche - sie

3

a) Dort oben sitzt kein Spatz.
b) Sie kann nicht auf den Stuhl fliegen.
c) Sie isst keine Banane.
d) Sie haben keine Schmerzen.
e) Das ist kein Problem
f) Die Zeitung ist nicht interessant.
g) Jens sitzt nicht dort.
h) Beate hat keine Angst.

4

a) Kannst du in die Küche gehen? / Können Sie in die Küche gehen?
b) Kannst du es noch einmal versuchen? / Können Sie es noch einmal versuchen?
c) Kannst du das Wasser trinken? / Können Sie das Wasser trinken?
d) Kannst du die Zeitung nehmen? /Können-

Sie die Zeitung nehmen?
e) Kannst du ein bisschen üben? / Können Sie ein bisschen üben?
f) Kannst du das Fenster öffnen? / Können Sie das Fenster öffnen?

5

(العلامة – تعني لا نستخدم ال التعريف)
Die Mutter wacht auf und geht in **die** Küche. Sie isst eine Zimtschnecke, (**ein**) Müsli mit - Milch und **ein** Brötchen mit - Butter. Beate will zuerst Jens sehen. **Der** Spatz hat - Schmerzen. Beate hat - Angst. Dann frühstückt Beate: - Wasser und **eine** Scheibe Brot mit - Marmelade.

7

Fliegen ist **schwierig**. Jens versucht es **seit** heute Morgen. Plötzlich **merkt** er: Er ist **nicht** allein. Da sitzt **ein** Spatz. Er **heißt** Jakob. Jens **muss** viel üben. Aber Jens will eigentlich eine Pause machen. Jens glaubt: Jakob **ist** sehr streng.

5

1

a) Mamas Müsli, das Müsli von Mama
b) Ines' Zeitung, die Zeitung von Ines
c) Ines' Familie, die Familie von Ines
d) Beates Spatz, der Spatz von Beate
e) Jochens Hose, die Hose von Jochen
f) Beates Apfel, der Apfel von Beate
g) Jens' Flügel, der Flügel von Jens (*Singular*) / die Flügel von Jens (*Plural*)
h) Jakobs Platz, der Platz von Jakob
i) Vaters Hand, die Hand von Vater
j) Roberts Tipp, der Tipp von Robert

2

a) ihr Auto   b) sein Vater
c) dein Stuhl   d) ihre Hand
e) euer Telefon   f) meine Zeitung
g) mein Brot   h) seine Nummer
i) dein Kind   j) ihre Kleidung
k) seine Küche   l) sein Tisch
m) unsere Zimtschnecke   n) seine Banane
o) ihr Bruder   p) ihre Schule

3

a) Ist das ihre Kleidung? - Nein, das ist seine Kleidung.
b) Sind das deine Comics? - Nein, das sind unsere Comics.
c) Ist das eure Mutter? - Nein, das ist meine Mutter.
d) Ist das sein Auto? - Nein, das ist ihr Auto.
e) Ist das unser Spatz? - Nein, das ist ihr Spatz.
f) Ist das dein Tisch? - Nein, das ist ihr Tisch.
g) Ist das mein Brötchen? - Nein, das ist dein Brötchen.
h) Sind das ihre Bananen? - Nein, das sind unsere Bananen.
i) Sind das seine Stühle? - Nein, das sind ihre Stühle.

4

a) Du läufst nach Hause.
b) Du liest die Zeitung.
c) Du sprichst deutsch.
d) Du stirbst noch nicht.
e) Du siehst das Problem.
f) Du nimmst die U-Bahn.
g) Du schläfst nicht gut.
h) Du isst manchmal Käse.
i) Du hast eine Alternative.
j) Du bist zufrieden.

6

2

a) Unsere Straße ist kurz.
b) Seine Äpfel sind gut.
c) Seine Zeitung ist interessant.
d) Seine Telefonnummer ist 09975 736.
e) Ihr Platz ist ruhig.
f) Ihre Tür ist offen.
g) Eure Schule ist schwierig.
h) Seine Mutter ist neugierig.
i) Ihre Zeitung ist interessant.
j) Dein Tisch ist groß.
k) Seine Tür ist offen.
l) Meine Schmerzen sind besser.

4

a) Drei mal vier ist zwölf.
b) Neununddreißig geteilt durch drei ist dreizehn.
c) Sechzehn mal vier ist vierundsechzig.

d) Einhundertacht geteilt durch zwei ist vierundfünfzig.
e) Elf mal zwölf ist einhundertzweiunddreißig.
f) Zwölf plus acht ist zwanzig.
g) Vierhundertsiebenundzwanzig minus fünfzehn ist vierhundertzwölf.
h) Sechsunddreißig durch drei ist zwölf.
i) Einundzwanzig minus sechs ist fünfzehn.
j) Sechsundfünfzig geteilt durch sieben ist acht.
k) Zweiunddreißig geteilt durch zwei ist sechzehn.
l) Acht mal zwei ist sechzehn.
m) Achtzehn minus acht ist zehn.
n) Achtzehn mal fünf ist neunzig.
o) Siebzig geteilt durch zwei ist fünfunddreißig.
p) Vierzehn plus sieben ist einundzwanzig.
q) Zwölf plus fünf ist siebzehn.
r) Elf mal zwei ist zweiundzwanzig.
s) Drei mal siebzehn ist einundfünfzig.
t) (Ein)tausend durch zehn ist (ein)hundert.

5

a) Ich habe eine Hose gefunden.
b) Wir sind mit der U-Bahn ins KaDeWe gefahren.
c) Du hast ein Café gesehen.
d) Er hat Jochen verstanden.
e) Er hat die Zeitung gelesen.
f) Hast du die Marmelade probiert?
g) Die Hose hat nicht gepasst.
h) Wir sind am Café vorbeigegangen.
i) Ich habe ein Brötchen genommen.
j) Was haben Sie gemacht?
k) Sie hat die Hose verkauft.
l) Ihr habt Deutsch gelernt.

6 على سبيل المثال:
a) Ich heiße XY.
b) Mein Vater heißt XY.
c) Meine Telefonnummer ist 12345678.
d) Ich esse heute XY zum Frühstück.
e) Meine Mutter heißt XY.
f) Meine Eltern wohnen in XY.
g) Ich bin in XY geboren.

7

1

a) Eine CD kostet dreizehn Euro. Fünf CDs kosten fünfundsechzig Euro.
b) Ein Brötchen kostet einen Euro zwanzig (Cent). Sieben Brötchen kosten acht Euro vierzig (Cent).
c) Eine Banane kostet fünfundfünfzig Cent. Neun Bananen kosten vier Euro fünfundneunzig Cent.
d) Ein Tisch kostet zweihundertneunundneunzig Euro. Drei Tische kosten achthundertsiebenundneunzig Euro.
e) Ein Auto kostet zwanzigtausendsiebenhundertachtzig Euro. Zwei Autos kosten einundvierzigtausendfünfhundertsechzig Euro.
f) Eine Jogginghose kostet neunundvierzig Euro. Drei Jogginghosen kosten (ein)hundertsiebenundvierzig Euro.
g) Eine Zeitung kostet einen Euro zehn (Cent). Drei Zeitungen kosten drei Euro dreißig (Cent).
h) Ein Telefon kostet siebenundzwanzig Euro. Zwei Telefone kosten vierundfünfzig Euro.
i) Ein Comic kostet acht Euro. Vier Comics kosten zweiunddreißig Euro.
j) Ein Stuhl kostet siebenundachtzig Euro. Drei Stühle kosten zweihunderteinundsechzig Euro.
k) Eine Tür kostet fünfhundertachtzig Euro. Zwei Türen kosten (ein)tausendeinhundertsechzig Euro.
l) Ein Apfel kostet fünfzig Cent. Zehn Äpfel kosten fünf Euro.

2

a) **mich**   b) **ihn**   c) **uns**   d) **ihn**
e) **sie**   f) **es**   g) **dich**   h) **ihr**

3

Ich **sehe mich** im Spiegel an.
Du **siehst dich** im Spiegel an.
Er **sieht sich** im Spiegel an.
Wir **sehen uns** im Spiegel an.
Ihr **seht euch** im Spiegel an.
Sie **sehen sich** im Spiegel an.

4

Morgen verkauft Daniel ein Auto.
Morgen kaufe ich eine Jeans.
Morgen will der Spatz fliegen üben.
Morgen gehen Elisa und ich in die Schule.
Morgen isst Marianne ein Ei.

5

Es war warm.
Aber Emma war nicht begeistert.
Ich war irgendwie nicht so glücklich.
Für Valentin war die Schule nicht so wichtig.
Zuerst war er stolz, aber dann war er ent-
    täuscht.
Der Tag war anstrengend für Jens, aber er war
    zufrieden.
Sie waren neugierig.
Du warst groß.
Er war in Hamburg.

6

Es ist ...
a) ... acht Uhr.
b) ... zweiundzwanzig Uhr dreißig. / halb elf.
c) ... siebzehn Uhr fünfundzwanzig. / fünf vor
    halb sechs.
d) ... zwölf Uhr.
e) ... einundzwanzig Uhr fünfzehn. / ... Viertel
    nach neun.
f) ... dreizehn Uhr vierzig. / ... zehn nach halb
    zwei.
g) ... sechs Uhr.
h) ... neun Uhr fünfzehn. / Viertel nach neun.
i) ... dreizehn / ein Uhr.
j) ... neunzehn / sieben Uhr.
k) ...drei Uhr zehn. / zehn nach drei.
l) ... sechs Uhr vierzig. / zehn nach halb sieben.
m) ... einundzwanzig / neun Uhr.
n) ... fünfzehn Uhr fünfzig. / zehn vor vier.
o) ... elf Uhr fünfunddreißig. / fünf nach halb
    zwölf.
p) ... vierzehn / zwei Uhr.
q) ... neun Uhr fünfundvierzig. / Viertel vor
    zehn.
r) ... dreiundzwanzig Uhr fünfundzwanzig. /
    fünf vor halb zwölf.
s) ... fünfzehn Uhr dreißig. / halb vier.
t) ... acht Uhr fünfundfünfzig. / fünf vor neun.
u) ... sieben Uhr dreißig. / halb acht.
v) ... sechzehn Uhr fünfzig. / zehn vor fünf.

w) ... zehn Uhr dreißig. / halb elf.
x) ... fünf Uhr fünf. / fünf nach fünf.

7

Du willst Deutsch üben.
Sie kann Martin hören.
Ich muss Martins Marmelade probieren.
Maria soll in Hamburg studieren.
Du kannst mich nicht verstehen.
Ich will über die Straße gehen.
Er muss es wissen.
Du sollst keine Probleme machen.
Sie darf keine Probleme machen.
Wir wollen Müsli essen.
Sie können nicht schlafen.
Jochen muss etwas sagen.
Er soll die Tür öffnen.

2

a) Woher weiß er so viel?
b) Woher kennst du die Menschen?
c) Ich kenne ihn aus der Schule.
d) Er weiß nicht, wann er arbeiten muss.
e) Wir wissen viel über West-Berlin.
f) Er kennt deine Eltern.

3 على سبيل المثال:
Wie alt bist du? / Wie alt sind Sie?
Danke, es geht mir gut.
Hast du Brüder oder Schwestern?
Ich heiße Jens.
Wo wohnst du?
Ich komme aus Deutschland.
Wo arbeitest du?

4

Es gibt viele Menschen in Berlin.
Um 15.00 Uhr **gibt es** Kaffee und Kuchen.
Klaus **ist** in der Schule.
Wo **ist** meine Jogginghose? **Sie ist** hier.

5

على سبيل المثال؛ المعنى ليس دائما 100% مطابق للّغة العربيّة،
ولكن هذا ليس الهدف من هذا التمرين.
Heute Abend will ich mit Jon in einem Café
essen.
Mein Bruder und meine Schwester sind nicht
so jung wie ich.

Die Zeitung ist nicht interessant.
Meine Mutter ist Lehrerin.
Mein Sohn hat eine Tochter.
Mein Bruder ist nicht mehr verheiratet.
Das Paar Jeans kann ich nicht kaufen.
Das Geschäft ist immer offen.

6

a) **frei**
b) **wichtiges**
c) **kurze**
d) **coolen**
e) **junge**
f) **kleine**
g) **kleiner**
h) **schwarze**
i) **schwerer**
j) **groß**
k) **lang**
l) **lange**
m) **großen**
n) **enge**

7

Das verletzte Kind heißt Daniel.
Die Woche war schwierig.
Das ist ein komischer Tipp.
Der lange Zug hier fährt nach Berlin.
2013 und 2014 waren glückliche Jahre.
Die Tür ist offen.
Willst du ein kleines Glas Milch?
Die lustige Antwort ist von Ines.
Sophie hat ein kleines Geschäft.
Berlin ist eine hektische Stadt.
Eine schwarze Tüte liegt auf der Straße.
Jochen liest eine interessante Zeitung.
Dort sind viele große Busse.
Ich mache eine einfache Rechnung.

9

1

Um 06.15 steht Markus auf und geht laufen.
Um 07.00 duscht er und zieht sich an.
Um 07.20 frühstückt Markus.
Um 07.45 fährt Markus mit dem Bus in die
    Schule.
Um 08.00 beginnt die Schule.
Um 14.00 isst er mittag.
Um 17.30 geht Markus Tennis spielen.
Um 20.15 sieht er fern.
Um 22.00 geht Markus ins Bett.

3

a) Du kannst die CD herausholen. Du holst die
    CD heraus.
b) Du sollst heimfahren. Du fährst heim.

c) Sie wollen/will den Spatz ansehen. Sie sehen/sieht den Spatz an.
d) Ich kann in zwei Stunden abendessen. Ich esse in zwei Stunden abend.
e) Du willst nicht allein fernsehen. Du siehst nicht allein fern.
f) Sie müssen aufwachen. Sie wachen auf.
g) Ich will mich umsehen. Ich sehe mich um.
h) Ihr sollt euch anziehen. Ihr zieht euch an.

4
Immer hat Angelika gute Laune.
Um 8.00 Uhr fahre ich ins Büro.
Ins Büro fahre ich um 8.00 Uhr.
Ich arbeite anschließend.
Den ganzen Nachmittag geht er durchs Wohnzimmer.

5
Deine U-Bahn fährt um fünf nach halb eins / zwölf Uhr fünfunddreißig.
Ihr Zug fährt um eins / dreizehn Uhr.
Beates S-Bahn fährt um fünf vor sieben / achtzehn Uhr fünfundfünfzig.
Meine Straßenbahn fährt um zehn vor halb elf / zweiundzwanzig Uhr zwanzig.
Angelikas Zug fährt um fünf vor halb sechs / siebzehn Uhr fünfundzwanzig.
Sein Bus fährt um zehn nach elf / elf Uhr zehn.
Euer Zug fährt um zehn nach halb sieben / achtzehn Uhr vierzig.

6
Jochen ist nicht komisch.
Die Mauer ist nicht offen.
Zwei Stunden sind keine lange Zeit.
Berlin ist keine kleine Stadt.
Der kleine Salat ist nicht gut.
Das ist kein gutes Beispiel!
Martin hat kein altes Haus.
Martins Haus ist nicht alt.

10

1
Nummer sechs ist schwarz.
Nummer elf ist orange.
Nummer achtundzwanzig ist gelb.
Nummer zweiunddreißig ist grau.
Nummer dreiundvierzig ist braun.

Nummer einundfünfzig ist weiß.
Nummer neunundsiebzig ist blau.
Nummer vierundachtzig ist grün.
Nummer fünfundneunzig ist rot.

2
Das Bett ist orange.
Der Schrank / das Regal ist grau.
Der Schrank ist gelb.
Der Fernseher ist grün.
Der Tisch ist gelb.
Das Sofa ist blau.
Der Stuhl ist rot.
Die Lampe ist weiß.
Die Lampe ist grün.
Die Lampe und der Tisch sind grau.
Die Tür ist braun.
Der Tisch ist schwarz.
Der Spiegel ist grau.
Das Fenster ist grau.

5
Jochen **geht** in die Küche.
Er **schneidet** Brot auf.
Angelika und Jochen **essen** Suppe und **trinken** Bier.
Sie **sprechen** über Beate.
Ein Foto von Beate **hängt** an der Wand.

6
Wann liest du/lesen Sie die Zeitung?
Wohin fährst du/fahren Sie?
Was siehst du nicht oft?
Was esst ihr?
Wer besucht Jochen?
Was ziehst du/ziehen Sie aus?
Was nimmst du/nehmen Sie in die Hand?
Wo müsst ihr warten?
Wie alt ist er?
Woher kommst du?
Wer stellt Bier in den Kühlschrank?
Wer versteht dich/Sie nicht?
Wo liegt Ines?
Was gibst du/geben Sie mir?

7
Du kannst einen braunen Schrank sehen.
Hier ist ein alter Stuhl.
In der Küche ist ein kleines Fenster offen.
Jochen hat eine enge Küche.

Er muss einen kleinen Kühlschrank kaufen.
Gibt es hier eine Garderobe?
Mein Frau braucht ein großes Arbeitszimmer.
Maria hat eine rote Tüte.
Jochen sieht in einen kleinen Spiegel.
Angelika will einen guten Kuchen machen.
Peter isst einen grünen Salat.
Du bekommst eine gute Arbeit.
Hier liegt eine gelbe Karte.
Ich sehe ein altes Foto an.

8
a) fünfzehn Töpfe
b) vierunddreißig Kinder
c) zweiundneunzig Tüten
d) siebenundzwanzig Stühle
e) zweiundzwanzig Fernseher
f) dreiundsiebzig Karten
g) siebzehn Häuser
h) dreiundachtzig Tische
i) sechsundsechzig Torten
j) achtzehn Hosen
k) zwölf Äpfel

9
Du sollst oft Deutsch sprechen, obwohl du noch nicht so viel Deutsch kannst.
Ich komme aus Berlin, aber ich wohne in Kiel.
Jens weiß nicht, warum Angelika zu Besuch kommt.
Ich bin enttäuscht, denn der Salat ist nicht gut.
Matthias arbeitet 23 Stunden in der Woche, obwohl er in Rente ist.
Du brauchst eine Hose, denn die alte Hose ist zu eng.
Ich weiß, dass Jochen gerne Schinken isst.
Ich weiß nicht, was ich machen soll.
Beate ist in der Schule und Ines arbeitet.
Ich will, dass meine Kinder studieren.
Wir müssen warten bis der Bus kommt.

11

2
a) Wir lesen die Zeitung.
b) Ihr versucht zu fliegen.
c) Hörst du mich nicht?
d) Ich gehe durch den Park.
e) Sie wachen immer um 5.00 Uhr auf.

f) Er spricht Deutsch.
g) Wir schlafen bis 11.00 Uhr.
h) Versteht ihr mich?
i) Er isst gerne Salat.
j) Du fährst mit der U-Bahn.
k) Ich bekomme einen neuen Personalausweis.
l) Kann er seiner Schwester helfen?
m) Sind Sie schon in Rente?
n) Sie arbeitet als Lehrerin.
o) Zeigt ihr mir Berlin?
p) Er gibt ihr das Geld.
q) Wir haben nichts dagegen.
r) Warum erschrickst du?
s) Das kannst du dir nicht vorstellen.
t) Wann essen wir abend?
u) Um 12.30 fängt er an.
v) Ihr mögt mich.

3

Beate ist **die Tochter** von Jochen.
Ines ist **die Frau** von Jochen.
Ines ist **die Mutter** von Beate.
Jochen ist **der Mann** von Ines.
Jochen ist **der Vater** von Beate.

4

a) ihn   b) sie   c) sie   d) Sie
e) sie   f) euch   g) ihm   h) Es   i) ihn
j) Ihnen   k) Sie   l) Sie   m) sie

5

a) Ich helfe dem alten Mann.
b) Ich helfe meinen kleinen Brüdern.
c) Ich helfe einer jungen Frau.
d) Ich helfe deinem großen Bruder.
e) Ich helfe der Lehrerin.
f) Ich helfe dem Kind.
g) Ich helfe Ihnen.
h) Ich helfe Martin.
i) Ich helfe uns.
j) Ich helfe dir.
k) Ich helfe ihm.
l) Ich helfe euch.
m) Ich helfe ihr.
n) Ich helfe den Kindern.
o) Ich helfe meiner Mutter.
p) Ich helfe einem kleinen Kind.

6

a) man   b) man   c) jemand
d) jemand   e) man   f) jemand

7

a) Wir **mögen** keine Torte.
b) **Mag** Jakob Kirschen?
c) Frau Knauer, **mögen** Sie Kaffee?
d) **Mögt** ihr Tee mit Zitrone?
e) Ich **mag** Salat.   f) **Magst** du Käse?

8

a) Wir **möchten** keine Torte.
b) **Möchte** Jakob Kirschen?
c) Frau Knauer, **möchten** Sie Kaffee?
d) **Möchtet** ihr Tee mit Zitrone?
e) Ich **möchte** Salat.   f) **Möchtest** du Käse?

9

a) Jochen möchte Bier trinken. / Jochen trinkt gerne Bier.
b) Ines mag Kuchen. / Ines möchte Kuchen.
c) Mir gefällt deine Hose.
d) Ihnen gefällt das Haus dort nicht.
e) Du möchtest Tennis spielen. / Du spielst gerne Tennis.
f) Ines möchte ein Stück Kuchen.
g) Wir mögen Musik von Falco. / Uns gefällt Musik von Falco.
h) Sie mag Tee mit Honig. / Sie möchte Tee mit Honig.

12

3

a) Wir antworten unseren Freundinnen.
b) Ich soll meinem Chef eine Antwort geben.
c) Angelika muss ihrem Freund etwas sagen.
d) Jochen kauft seiner Tochter eine Hose.
e) Meinen Kollegen schmeckt ihr Müsli nicht.
f) Du gibst Beate deine Hand.
g) Ihr helft euren Großeltern.
h) Die CD ist von meinem Sohn.
i) Sie glauben ihren Lehrern nicht.

5

a) erster achter neunzehnhundertsiebenundneunzig
b) zwölfter zwölfter achtzehnhundertdreizehn

c) vierzehnter zweiter zweitausendfünfzehn
d) siebzehnter neunter zweitausendelf
e) dritter siebter zweitausendzwanzig
f) fünfter sechster zweitausendzwei
g) neunter vierter siebzehnhundertvierzehn
h) zweiter sechster zweitausendacht
i) sechster siebter zweitausendsiebzehn
j) dreißigster dritter neunzehnhundertsiebzehn
k) neunzehnter fünfter zweitausendsechzehn
l) fünfzehnter zwölfter neunzehnhundertsiebzig
m) zehnter erster neunzehnhundertvierunddreißig
n) vierter elfter zweitausendelf
o) zwölfter dritter zweitausendzwölf
p) achter dritter zweitausendachtzehn
q) siebter zehnter neunzehnhundertfünfundsechzig
r) einunddreißigster zehnter neunzehnhundertsechzehn
s) sechzehnter fünfter zweitausendelf
t) achtzehnter neunter achtzehnhundertacht
u) zwanzigster achter zweitausenddreizehn
v) dreizehnter erster zweitausendzehn
w) elfter vierter zweitausendneun
x) einundzwanzigster dritter dreizehnhundertzweiunddreißig
y) fünfundzwanzigster elfter zweitausendneunzehn

7

a) Der schnelle Bus zum Theater fährt in elf Minuten.
b) Immer wartet er am Morgen auf die anderen.
c) Sie sind heute beim Arzt.
d) Die Suppe ist im Topf.
e) Kommst du morgen zur Theaterprobe?
f) Ich denke ans Frühstück.
g) Wollt ihr am Nachmittag mit mir ins KaDeWe gehen?
h) Das Restaurant liegt an der Straße.
i) Ist sein Brötchen wirklich auf dem Tisch?
j) Der Parkplatz liegt hinter dem Kino.
k) Was steht in der Zeitung?
l) Merkst du nicht, wer neben dir steht?
m) Sie sprechen immer noch nicht über ihre Ängste.
n) Was machst du unter dem Tisch?

o) Vor der Theaterprobe muss Beate ihrer Mutter helfen.
p) Jochen will immer zwischen 7.00 und 7.45 frühstücken.

13

4

Wer redet jetzt mit der anderen Frau?
Wer kennt sich schon lange?

استخدم المفرد إذا كنت تسأل عن شخص ما، على الرغم من أنّ الجواب قد يكون بالجمع، كما هو الوضع في هذه الجملة هنا.

Wohin willst du fliegen?
Wann ist Beate auf den Balkon gegangen?
Was machen die zwei Spatzen auf dem Tisch?

5

werden
ich werde
du wirst
er wird, sie wird, es wird
wir werden
ihr werdet
sie werden
ich bin geworden
du bist geworden
...

6

Robert **möchte / will** nicht Arzt werden, denn er **kann / will** nicht sehen, wie Menschen sterben. Auch Lehrer **möchte / will** er nicht werden, denn dafür **muss** er viel schreiben und laut rufen, wenn die Kinder nicht hören **wollen**. Das **kann / will** er gar nicht. Roberts Vater **will** ihm erklären, als was man noch arbeiten **kann**. Dann **kann** Robert ihn alles fragen und er **kann / muss** ihm alles erklären.

7

a) Die U-Bahn fährt in zwei Minuten.
b) Die Sommergrippe dauert zwei Wochen.
c) Ich verstehe 110 Wörter Deutsch.
d) Wir liegen zwölf Stunden im Bett.
e) Der Arzt schreibt Lena zwei Rezepte auf.
f) Ich erschrecke meine Freundin noch zweimal morgen.
g) Sie sitzen seit vierundzwanzig Minuten im

Café.
h) Ihr bekommt jeden Tag um zehn Uhr Angst.
i) Wer zahlt die sechs Espressi und vier Käsekuchen?
j) Kannst du für meine sechsundzwanzig Kollegen etwas kochen?

8

Heute ist Freitag - **morgen** besuche ich meine Eltern.
Morgens dusche ich.
Nachmittags trinke ich Kaffee.
Heute habe ich keine Zeit, aber **morgen** können wir uns treffen.
Morgens ist meine Frau schon in der Arbeit.
Abends kommt Peter zu Besuch.
Heute **früh** bin ich in die Stadt gefahren.
Gestern **früh** war ich in der Schule.
Heute ist Samstag: da arbeite ich bis **Abends**.
Aber ich kann **morgen vormittags** schlafen, weil ich da nicht arbeite.
Mittags esse ich immer einen Salat.

14

2

Robert 1,89 m / Andreas 1,82 m / Sophie 1,79 m / Jochen und Klaus 1,78 m / Beate 1,65 m / Ines 1,64 m / Jens 15 cm

3

a) mindestens   b) wenigstens
c) mindestens   d) mindestens
e) mindestens   f) wenigstens

4

Wieviel kostet ein Brot? Ein Brot kostet zwei Euro fünfundsiebzig.
Wieviel kostet eine Zeitung? Eine Zeitung kostet einen Euro achtundneunzig.
Wieviel kostet ein Käse? Ein Käse kostet drei Euro zwanzig.
Wieviel kostet eine Banane? Eine Banane kostet sechzig Cent.
Wieviel kostet ein Paar Schuhe? Ein Paar Schuhe kostet fünfunddreißig Euro sechzig.
Wieviel kostet eine Zeitschrift? Eine Zeitschrift kostet neun Euro achtzig.

5

a) Eine Zeitung ist um 7,82 € billiger als eine Zeitschrift.
b) Ein Paar Schuhe ist um 25,80 € teurer als eine Zeitschrift.
c) Eine Banane ist um 2,60 € billiger als ein Käse.
d) Ein Käse ist um 1,22 € teurer als eine Zeitung.
e) Eine Zeitschrift ist um 7,05 € teurer als ein Brot.
f) Ein Brot ist um 45 Cent billiger als ein Käse.
g) Eine Zeitung ist um 77 Cent billiger als ein Brot.
h) Ein Brot ist um 7,05 € billiger als eine Zeitschrift.
i) Eine Banane ist um 35 € billiger als ein Paar Schuhe.
j) Eine Zeitung ist um 1,38 € teurer als eine Banane.

6

Berlin ist größer als Hamburg.
ICE-Züge sind schneller als IC-Züge.
Angela Merkel ist jünger als Joachim Gauck.
Bayern ist größer als Sachsen.
Im November ist es in München kälter als in Hamburg.
Mecklenburg-Vorpommern ist ruhiger als Berlin.
Unter den Linden in Berlin ist weiter als die Friedrichstraße.
München ist sicherer als Frankfurt.
Die Donau ist länger als der Rhein.
Der Flughafen Frankfurt ist größer als der Flughafen Zürich.
Basel ist älter als München.

7

Mein bester Freund heißt ...
Mein lustigster Freund heißt ...
Mein ältester Bruder/meine älteste Schwester ist ... Jahre alt.
Das schwierigste Problem ist .../ war ...
Mein gemeinster Lehrer war ...
Meine verrückteste Idee ist ...
Mein schönster Tag war ...
Meine weiteste Reise war nach ...
Mein größtes Zimmer ist ...
Mein engstes Zimmer ist ...

8

Albert fährt nach Köln um zu studieren.

Jochen geht ins Café um Zeitung zu lesen.

Ich kann nicht arbeiten ohne zu frühstücken.

Ines fährt heim um Abendessen zu kochen.

Du wirst nicht Deutsch lernen ohne zu üben.

9

a) Heute will ich mit Jochen über die Reise nach England sprechen. / Ich will heute mit Jochen über die Reise nach England sprechen.

b) Andreas muss am Samstag bei seiner Schwester sein. / Am Samstag muss Andreas bei seiner Schwester sein.

c) Du kannst deiner Mutter nicht immer helfen.

d) Ich muss noch schnell duschen.

e) Meine Eltern sind seit 1967 verheiratet.

f) Ich kann dir das Kino zeigen.

g) Ich kann es dir zeigen.

h) Wir können nur an der Kasse bezahlen.

i) Ich warte jetzt schon seit einer Stunde auf dich. / Jetzt warte ich schon seit einer Stunde auf dich.

15

3 على سبيل المثال:

a) Die Katze ist größer als der Spatz.

b) Das Zimmer ist kleiner als das Haus.

c) Die Stadt ist kleiner als die Welt.

d) 1945 ist früher als 2016.

e) Mit dem Auto ist man schneller als zu Fuß.

f) Laufen ist gesünder als fernsehen.

g) Sommer ist wärmer als Winter.

h) Eine Woche ist länger als eine Stunde.

i) Deutsch ist schwerer als Englisch.

j) Die Nacht ist dunkler als der Tag.

k) Berlin nach Moskau ist kürzer als Berlin nach New York.

l) Tanzen ist anstrengender als singen.

4

a) durften / sollten

b) durftest

c) konnten

d) wollte

e) wollten

f) musste

g) durften

h) wollte - konnte

i) sollte/durfte - musste

j) konnten

k) sollte - konnte

5

a) Musste

b) konntet

c) konntest - wolltest

d) konnte

e) sollten / mussten

f) konnte / wollte

g) durftest - durfte

h) konntest

6

a) aber   b) sondern

c) aber   d) sondern

e) sondern   f) aber

g) sondern   h) sondern

i) aber   j) sondern

k) aber   l) sondern

7

Du willst nicht in Ost-Berlin, sondern in West-Berlin leben.

Ihr wollt nicht putzen, aber ein sauberes Wohnzimmer.

Er will ihre Reise bezahlen, aber er muss noch Geld dafür verdienen.

Wir fahren nie an die Ostsee, sondern immer an die Nordsee.

Sie investieren nicht in eine neue Touristeninformation, sondern in Hotels.

Morgens lese ich nie die Zeitung, sondern höre Musik.

8

Ich will mit dir ins Kino. Kannst du morgen Abend mitkommen?

Willst du noch Kaffee trinken?

Du musst arbeiten! - Aber ich bin krank, ich kann nicht arbeiten.

Dann musst du zum Arzt gehen.

Maria muss morgen nach Frankfurt fahren.

Darf ich heute in Theater gehen?

9

a) das / es

b) Das

c) Das

d) Jemand

e) Man - man

f) Es - das. ... Jemand

g) Das

h) es

16

Quiz

1b, 2b, 3b, 4b, 5b, 6c, 7c, 8c, 9a, 10a, 11a, 12b, 13c, 14c, 15a, 16b,

2

a) Sind das die drei Kaffees, die du für die Gäste an Tisch 17 gemacht hast?

b) Ist das das kleine Café, das am Fluss liegt?

c) Ist das der Gast, der schon einen Tee bestellt hat?

d) Ist das die Torte, die nach Apfel schmeckt?

e) Ist das die große Kellnerin, die mit den Gästen flirtet?

f) Ist das der große, braune Hund, der nicht ins Restaurant darf?

g) Ist das der Kellner, bei dem Jochen bestellt hat?

h) Ist das der Mann, der gerade mein Telefon geklaut hat?

i) Sind das die drei jungen Frauen, die ich am Bahnhof abholen muss?

j) Ist das das Sofa, das ungefähr 5000 € kostet?

k) Ist das der Mann, mit dem Maria verheiratet ist?

l) Sind das die Arzneimittel, die ich nehmen muss?

m) Ist das das Auge, mit dem du schlecht siehst?

n) Ist das der Kiosk, der auch nachts Schokolade verkauft?

p) Ist das die Rechnung, die du nicht bezahlen kannst?

4

a) Bring heute keine Freunde mit nach Hause!

b) Sei nicht so traurig den ganzen Tag!

c) Hab keine Angst vor der Polizei!

d) Ruf nicht an, wenn du so gemein bist!

e) Mach dir keine Sorgen um Beate!

f) Häng nicht den Mantel an die Garderobe.

g) Sei nicht so streng mit den Kindern!

h) Mach keinen Unsinn!

i) Denk nicht an deinen Kollegen!

j) Überleg nicht zu viel!

k) Pack nicht zu viele Sachen ein!

5

Maria: Lukas wollte um fünfzehn Uhr hier sein, oder? Jetzt warten wir seit einer halben Stunde!

Andreas: Das verstehe ich auch nicht.

Warum ruft er nicht an?

Maria: Vielleicht rufen wir ihn an! Hast du seine Nummer?

Andreas: Ja, er hat sie mir vor zwei Wochen gegeben. Ich rufe jetzt an, sonst sitzen wir am Abend immer noch hier. ... Hallo Lukas! Wo bist du? Wir sind vor einer halben Stunde ins Café gekommen, und jetzt warten wir seit 15.00 auf dich.

Lukas: Was? Ich dachte, wir treffen uns erst um achtzehn Uhr dreißig, also in drei Stunden! Ich bin erst vor fünf Minuten heimgekommen. Jetzt muss ich mit der S-Bahn fahren. In zwanzig Minuten kann ich bei euch sein!

Andreas: Aber wir wollten doch Kaffee trinken! Das macht man am Nachmittag und nicht am Abend. – Naja. Wir warten auf dich. Aber nimm die richtige S-Bahn, ja? Sonst fährt die nächste erst wieder in einer halben Stunde. Bis später!

Maria: Habe ich das richtig verstanden – Lukas kommt erst in einer halben Stunde?

Andreas: Ja. Du kennst ihn – er ist immer so. Gut, dass er wenigstens heute kommt und nicht erst am Mittwoch.

Maria: Weißt du noch damals, im Oktober, als wir ihn am Bahnhof abholen sollten? Wir haben eine Stunde lang gewartet, aber da war er schon seit zwei Stunden wieder in Berlin!

Andreas: Naja. Jetzt trinken wir erst einmal den Kaffee. Den hat die Kellnerin schon vor 20 Minuten gebracht, er wird ja kalt. Und wenn Lukas kommt – vielleicht in einer Stunde, wer weiß – dann trinken wir noch einen Kaffee!

Maria: Genau. Ich kenne Lukas schon seit drei Jahren/drei Jahre lang. Es ist immer das Gleiche mit ihm. Übrigens, hast du ihm eigentlich gesagt, in welchem Café wir uns treffen?

Andreas: Oh...

17

حفل الزفاف والمعرفة

Albert: **Kennst** du meinen Freund Anton?

Barbara: Nein, ich **weiß** nicht, wen du meinst.

Albert: **Weißt** du nicht mehr, dass wir letzte Woche verzweifelt einen DJ für die Hochzeit gesucht haben? Ich **kenne** niemanden, der so gut Musik spielen **kann** wie er.

Barbara: Ich **kann** mich zwar nicht an ihn erinnern, aber wie viel kostet er als DJ? **Weißt** du, ob er das schon einmal gemacht hat?

Albert: Ich **kenne/weiß** seinen normalen Preis nicht, aber wir **können** ihn einfach fragen.

Ich **weiß**, dass Julia und Martin 900 € für ihn bezahlt haben und sehr zufrieden mit ihm waren.

Barbara: Das **kannst** du doch nicht ernst meinen! Das **kann** doch jeder, ein bisschen Musik spielen. Ich **kenne** sicher jemanden, der das billiger macht und gleich gut **kann**. 900 € – darüber **kann** ich mich nur ärgern!

Albert: Du **weißt** doch gar nicht, was man da alles **können** muss. Ich **kenne** dich ja gar nicht so wütend.

Barbara: Ich bin nicht wütend, ich bin frustriert. Ich **wusste** nicht, dass Heiraten so teuer ist.

Albert: Ich **kann** es aber nicht ändern, dass es so teuer ist. Sei nicht böse – du **kennst** mich, ich werde traurig und unsicher, wenn wir streiten.

Barbara: Und ein bisschen eifersüchtig **kann** man auch werden, wenn du so verliebt bist in diesen Anton und seine Arbeit.

Albert: So schlecht gelaunt **kenne** ich dich gar nicht! Du **kannst** gerne einen anderen DJ finden und ihn bezahlen, wenn du einen **kennst**, der lustig und gut ist.

Barbara: Ich **weiß** ja nicht einmal, wo ich suchen soll. Tut mir leid, dass ich so zickig und böse war.

Albert: Schon gut, ich **kenne** das. Manchmal **weiß** man nicht, was man gegen die schlechte Laune tun **kann**.

Barbara: Ich **kenne/weiß** die Antwort... heiraten!

2

a) Worüber habt ihr gesprochen?
b) Worum geht es in deinem neuen Job?
c) Woran hast du gar nicht gedacht?
d) Worauf willst du nicht warten?
e) Wo warst du gerade, als das Telefon geläutet hat?
f) Woraus wird Butter gemacht?
g) Wogegen bist du?
h) Wohin fährt dein Bruder morgen?
i) Wobei habe ich dich überrascht?
j) Wonach hat er schon dreimal gefragt?
k) Woher kommt unser neuer Kollege?
l) Womit arbeitest du viel?

3

a) worüber   b) wofür / wozu
c) wo   d) woher
e) worüber   f) wofür / wozu
g) woher   h) womit / wovon
i) woher

4

Der Arzt fragt mich, was mir fehlt.
Ich zeige dem Doktor meinen linken Arm.
Er weiß nicht, wie lange ich schon Husten, Schnupfen und Halsschmerzen habe.
Wenn du ausatmest, tut dir dann die Brust weh?
Hast du dich an deinem Kopf verletzt?
Nach der Sommergrippe konnte sie kaum gehen und stehen.
Die Ärztin gibt mir ein Rezept für ein Arzneimittel, das ich in der Apotheke hole.
Obwohl wir (die) Tabletten nehmen, abwarten und Tee trinken, dauert es lange, bis wir wieder in die Schule gehen können.
Sie hatten keine Bauchschmerzen, aber ein bisschen Durchfall und Fieber.
Müsst ihr oft husten, wenn ihr euer Auto putzt?
Bei Fieber sollte jeder in seinem Bett bleiben.

5

Jemanden auf den Arm nehmen =
أن تسخر من شخص ما
Sich die Augen aus dem Kopf weinen =
عندما تبكي كثيرًا
Mit beiden Beinen fest am Boden stehen =
أن تكون واقعيًّا
Den Fuß in der Tür haben =
أن يكون لديك تأثير لا يمكن تجاهله
Etwas oder jemanden am Hals haben =
أن تُكوّم (تُقارن) مع شخص / شيء ما
Eine Hand wäscht die andere =
دعنا نساعد بعضنا البعض
Jemandem etwas in den Mund legen =
عندما يُّهم شخص ما بقول شيء لم يقله
Die Nase voll haben = عندما يسأم الشخص من شيء ما
Viel um die Ohren haben = أن تكون تحت ضغط
Sich die Beine in den Bauch stehen =
الوقوف دون أي هدف / الوقوف في طابور الانتظار

7

a) habe zwar, bin
b) hat, ist nämlich
c) hat zwar, hat nämlich
d) haben zwar, haben - habt zwar, haben nämlich.

8

Laura und Martina haben beide Zeit ...
Mittwoch tagsüber (Dann können sie ins
Museum gehen.)
Samstag Abend (Dann können sie in eine Bar
gehen.)
Sonntag Nachmittag (Dann können sie ins
Café gehen.)

18

Ausbildung (التعليم)

1 Ausbildung	2 Arbeit
3 Schulpflicht	4 Rechnen
5 erklärt	6 Grundschule
7 Hauptschule	8 Realschule
9 Gymnasium	10 studieren
11 Universität	12 Universitätsabschluss
13 Lehre	14 Handwerkerin

Bank / Post / Polizei
for example: **a c b d e f g**

3

Tomaten auf den Augen haben
أن يكون لديك رؤية سيّئة / لا تريد أن ترى ما يجري =
grün hinter den Ohren sein
أن تكون عديم الخبرة =
die Schnauze voll haben
لا تستطيع تحمّل أكثر من ذلك =

4

Apotheke	Tankstelle	Café
Arzt	Schuhgeschäft	Supermarkt
Touristeninfo.	Hauptbf.	Kaufhaus
Buchladen	Kiosk	Hotel

5

Warst du **wenigstens** schon einmal am
Strand? Nein, ich war aber dafür **mindestens**
fünfmal in Städten im Sommer. Für mich muss
es **mindestens** 34 Grad haben, dann genieße
ich die Sonne richtig. Letztes Jahr kosteten
alle Reisen, die mir gefielen, **mindestens**
1500 €, also blieb ich zu Hause. Dort war es
wenigstens auch die ganze Zeit schön. Ich
fahre **mindestens** zwanzig Mal im Jahr für
den Beruf mit dem Zug durch Deutschland,
deshalb will ich **wenigstens** einmal im Jahr
privat weit weg fahren.

6

die Grenze Deutschlands - die Grenze von
   Deutschland
das Bild der sauberen Küche - das Bild von der
   sauberen Küche
die Geräusche des Meeres - die Geräusche
   von dem (vom) Meer
der Mut meines jungen Kollegen - der Mut
   von meinem jungen Kollegen
das Eis des kleinen Jungen - das Eis von dem
   kleinen Jungen
der Personalausweis des Großvaters - der Personalausweis von dem (vom) Großvater
die Probleme seines langweiligen Jobs - die
   Probleme von/in seinem langweiligen Job
das Arzneimittel unserer Großmutter - das
   Arzneimittel von unserer Großmutter
der Lärm der gut gelaunten Gruppe - der
   Lärm von der gut gelaunten Gruppe
der Hund eurer Tante - der Hund von eurer
   Tante
die Jugendlichen der großen Stadt - die Jugendlichen von/aus der großen Stadt
das Problem der billigen Wohnung - das Problem von/mit der billigen Wohnung
die Verwandten ihres Schweizer Freundes
   - die Verwandten von ihrem Schweizer
   Freund

7

Thomas geht weiter.
Gibt er zu, dass er Unsinn gemacht hat?
Müssen wir schon aufstehen?
Ich sehe mir die alten Fotos an.
Du sollst den Mantel anziehen, weil es kalt
   sein wird.
Wann ziehst du aus deiner Wohnung aus?
Kannst du dir vorstellen, in Berlin zu leben?
Fährst du um 18 Uhr heim?
Wir sehen nicht gerne fern.
Ich habe schon vor einer Stunde gegessen.
Wann fangen wir an? - Es geht gleich los.
Kannst du die Kinder von der Schule abholen?
Biegen Sie an der dritten Kreuzung ab.
Das Glas ist kaputt, weil es heruntergefallen
   ist.
Keine Angst: Wir passen auf.
Martin holt ein Bier aus dem Kühlschrank.
Das sieht nicht gut aus.
Mir tut das linke Auge weh.
Was macht Theresa? - Sie bereitet den Ausflug
   vor.
Steig ein! Die S-Bahn fährt gleich.
Beate ging vor 5 Minuten ins Kaufhaus hin-
   ein./Beate ist vor fünf Minuten ins Kaufhaus
   hineingegangen.
Wann kommt Beate zurück?
Du bist krank. Du kannst nicht weitermachen.

الأفعال غير المنتظمة

سيتم سرد الأجزاء المنفصلة الشائعة للأفعال المنفصلة بعد الأفعال، العلامة * تشير
على الأفعال الغير قابلة للفصل، سيتم سرد الأفعال التي لم تتعلّم الصيغة الأساسيّة لها لأي
(بدون الجزء القابل للفصل في الفعل).

abbiegen, du biegst ab, bist abgebogen, ich bog ab	ينعطف	11
abendessen, du isst abend, du hast abendgegessen, ich aß abend	يتناول العشاء	9
abheben (Geld), du hebst ab, du hast abgehoben, ich hob ab	يسحب المال	17
abschließen, du schließt ab, du hast abgeschlossen, ich schloss ab	يقفل ، يتمم	18
anbieten, du bietest an, du hast angeboten, ich bat an	يقدّم	10
anfangen, du fängst an, du hast angefangen, ich fing an	يبدأ	11
anrufen, du rufst an, du hast angerufen, ich rief an	يتّصل	9
aufwachsen, du wächst auf, du bist aufgewachsen, ich wuchs auf	يستيقظ	18
ausleihen, du leihst aus, du hast ausgeliehen, ich lieh aus	يستعير	18
beginnen, du beginnst, du hast begonnen, ich begann	يبدأ	3
behalten, du behältst, du hast behalten, ich behielt	يحتفظ	17
bewerben, du bewirbst dich, du hast dich beworben, ich bewarb mich	يتقدّم بالطلب ، يرشّح نفسه	18
bleiben, du bleibst, du bist geblieben, ich blieb	يبقى	12
brechen, du brichst, du hast gebrochen, ich brach	يستفرغ	13
bringen, du bringst, du hast gebracht, ich brachte / ver*-, zurück-	يجلب ، يحضر	8
denken, du denkst, du hast gedacht, ich dachte / nach-	يفكّر	1
dürfen, du darfst, du hast gedurft, ich durfte	يسمح ؛ يُسمح لك أن	2
einladen, du lädst ein, du hast eingeladen, ich lud ein	يدعو ، يعزم	16
einsteigen, du steigst ein, du bist eingestiegen, ich stieg ein	يركب	14
empfehlen, du empfiehlst, du hast empfohlen, ich empfahl	يوصي	16
erfahren, du erfährst, du hast erfahren, ich erfuhr	يُجرّب ؛ التجربة	17
erschrecken, du erschrickst, du bist erschrocken, ich erschrak	يخيف	9
essen, du isst, du hast gegessen, ich aß	يأكل	2
fahren, du fährst, du bist gefahren, ich fuhr	يذهب ؛ مستخدمًا وسيلة تنقّل	4
fernsehen, du siehst fern, du hast ferngesehen, ich sah fern	يشاهد التلفاز	9
finden, du findest, du hast gefunden, ich fand	يجد ، يعثُر	6
fliegen, du fliegst, du bist geflogen, ich flog / hin-, weg-	يطير	4
fressen, du frisst, du hast gefressen, ich fraß	يأكل ؛ تُستخدم للحيوان	5
geben, du gibst, du hast gegeben, ich gab / her-, zu-	يعطي	8
gefallen, du gefällst, du hast gefallen, ich gefiel	يُعجب	14
gehen, du gehst, du bist gegangen, ich ging / herum-, hinein- los-, voran-, weiter-	يذهب ، يمشي	3
genießen, du genießt, du hast genossen, ich genoss	يستمتع	18
geschehen, es geschieht, es ist geschehen, es geschah	يحدث	17
haben, du hast, du hast gehabt, ich hatte	لدي	1
hängen, du hängst, du bist gehangen, ich hing / ab-	يعلّق ؛ يعلّق ملابسه	10

241

heimfahren, du fährst heim, du bist heimgefahren, ich fuhr heim	يقود للمنزل	9
heißen, du heißt, du hast geheißen, ich hieß	يسمّى ؛ بمعنى: أنا اسمي	1
helfen, du hilfst, du hast geholfen, ich half / aus-	يساعد	6
herunterfallen, du fällst herunter, du bist heruntergefallen, ich fiel herunter	يسقط	11
hochheben, du hebst hoch, du hast hochgehoben, ich hob hoch	يرفع لأعلى	17
kennen, du kennst, du hast gekannt, ich kannte / aus-	يعرف	8
kommen, du kommst, du bist gekommen, ich kam / an-, be*-, her-, herein-, zurecht-, zurück-	يأتي	1
können, du kannst, du hast gekonnt, ich konnte	يمكن ، يستطيع	1
lassen, du lässt, du hast gelassen, ich ließ	يترك	13
laufen, du läufst, du bist gelaufen, ich lief / los-	يسير ، يجري	7
lesen, du liest, du hast gelesen, ich las	يقرأ	3
liegen, du liegst, du bist gelegen, ich lag	يضع	1
mögen, du magst, du hast gemocht, ich mochte	يحب	11
müssen, du musst, du hast gemusst, ich musste	يجب ؛ يجب عليك أن	1
nehmen, du nimmst, du hast genommen, ich nahm / weg-, zu-	يأخذ	1
nennen, du nennst, du hast genannt, ich nannte	يُسمّي ؛ مثال: أنا أسمّي قطّتي سوسو	18
riechen, du riechst, du hast gerochen, ich roch	يشم	15
scheinen, du scheinst, du hast geschienen, ich schien	يتألّق ، يشع ، يبدو لي	14
schieben, du schiebst, du hast geschoben, ich schob	يدفع ؛ يدفع الباب	11
schlafen, du schläfst, du hast geschlafen, ich schlief / ein-	ينام	1
schließen, du schließt, du hast geschlossen, ich schloss / zu-	يغلق	11
schneiden, du schneidest, du hast geschnitten, ich schnitt / auf-	يقطّع ، يقص	10
schreiben, du schreibst, du hast geschrieben, ich schrieb / unter*-	يكتب	18
sehen, du siehst, du hast gesehen, ich sah / an-, aus-, um-, wieder-	يرى	1
sein, du bist, du bist gewesen, ich war	يكون	1
singen, du singst, du hast gesungen, ich sang	يغنّي	1
sitzen, du sitzt, du bist gesessen, ich saß	يجلس	3
sollen, du sollst, du hast gesollt	يلزم ؛ يلزم عليه أن	2
spinnen, du spinnst, du hast gesponnen, ich spann	يغزل الصوف ، يكون مجنون	18
sprechen, du sprichst, du hast gesprochen, ich sprach / aus-	يتكلّم	1
stehen, du stehst, du bist gestanden, ich stand / auf-, ver*-	يقف	10
stehlen, du stiehlst, du hast gestohlen, ich stahl	يسرق	18
sterben, du stirbst, du bist gestorben, ich starb	يموت	1
streiten, du streitest, du hast gestritten, ich stritt	يتشاجر	16
tragen, du trägst, du hast getragen, ich trug	يحمل ، يرتدي	16
treffen, du triffst, du hast getroffen, ich traf	يجتمع ، يقابل	9
trinken, du trinkst, du hast getrunken, ich trank	يشرب	5
tun, du tust, du hast getan, ich tat / weh-	يفعل	13
unterhalten, du unterhältst dich, du hast dich unterhalten, ich unterhielt mich	يتحاور ، يتبادل الحديث	16
vergessen, du vergisst, du hast vergessen, ich vergaß	ينسى	15
verlieren, du verlierst, du hast verloren, ich verlor	يخسر	11
verschwinden, du verschwindest, du bist verschwunden, ich verschwand	يختفي	18
waschen, du wäschst, du hast gewaschen, ich wusch	يغسل	15
wissen, du weißt, du hast gewusst, ich wusste	يعلم	2
wollen, du willst, du hast gewollt, ich wollte	يريد	1
ziehen, du ziehst, du hast gezogen, ich zog / an-, um-	يسحب ، يحرّك	7

فهرس المواضيع

تشير الأرقام إلى التمارين في الفصول التي تتناول الموضوع المعني (على سبيل المثال: 18/3 = الفصل 18، التمرين 3)، تشير الأرقام المكتوبة بخط مائل إلى شرح الموضوع في الفصل.

فهرس القواعد

موجز القواعد الإعرابيّة

الأفعال

الأفعال المنتظمة	الأفعال القويّة	الأفعال المساعدة	sein	haben
ich wohne	ich spreche	ich will_	ich bin	ich habe
du wohnst	du sprichst	du willst	du bist	du hast
er / sie / es wohnt	er / sie / es spricht	er / sie / es will_	er / sie / es ist	er / sie / es hat
wir wohnen	wir sprechen	wir wollen	wir sind	wir haben
ihr wohnt	ihr sprecht	ihr wollt	ihr seid	ihr habt
sie wohnen	sie sprechen	sie wollen	sie sind	sie haben

Präteritum

ich wohnte	ich sprach_	ich wollte	ich war_	ich hatte
du wohntest	du sprachst	du wolltest	du warst	du hattest
er / sie / es wohnte	er / sie / es sprach_	er / sie / es wollte	er / sie / es war_	er / sie / es hatte
wir wohnten	wir sprachen	wir wollten	wir waren	wir hatten
ihr wohntet	ihr spracht	ihr wolltet	ihr wart	ihr hattet
sie wohnten	sie sprachen	sie wollten	sie waren	sie hatten

Perfekt

du hast gewohnt	du hast gesprochen	du hast gewollt	du bist gewesen	du hast gehabt

الأفعال المنفصلة

عندما لا يوجد فعل في الموضع الأخير، يمكن أن نضع جزء الفعل المفصول هنا ←

Plötzlich   atmet   er tief   ein.

المكان الأخير يحتلّه الفعل ←

Jochen   muss   tief   einatmen.

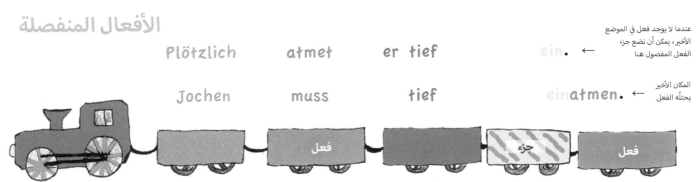

فعل   جزء   فعل

Rese / Nese / Mormon قاعدة تصريف الأسماء:

	المذكّر	المؤنّث	المحايد	الجمع
Nominativ	**R** der gute Vater ein guter Vater guter Käse	**E** die gute Mutter eine gute Mutter gute Milch	**S** das gute Kind ein gutes Kind gutes Wasser	**E** die guten Kinder gute Kinder
Akkusativ für ...	**N** den guten Vater einen guten Vater guten Käse	**E** die gute Mutter eine gute Mutter gute Milch	**S** das gute Kind ein gutes Kind gutes Wasser	**E** die guten Kinder gute Kinder
Dativ mit ...	**M** dem guten Vater einem guten Vater gutem Käse	**R** der guten Mutter einer guten Mutter guter Milch	**M** dem guten Kind einem guten Kind gutem Wasser	**N** den guten Kindern guten Kindern
Genitiv wegen ...	**S** des guten Vaters eines guten Vaters	**R** der guten Mutter einer guten Mutter	**S** des guten Kindes eines guten Kindes	**R** der guten Kinder guter Kinder

المنطقة الرماديّة: الصفة المنتهية بحرف e- للكلمات المعرّفة (ال التعريف) ، راجع شرح النظام على www.skapago.eu/jensjakob/ar/rese

الجُمل
جملة أساسيّة

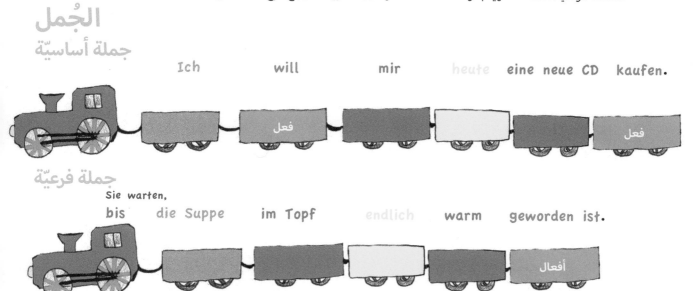

Ich will mir heute eine neue CD kaufen.

فعل   فعل

جملة فرعيّة

Sie warten,
bis die Suppe im Topf endlich warm geworden ist.

أفعال

إذًا ...

ما الذي سيحدث لـ Jens و Jakob؟

لماذا تواجه عائلة Knauers وقتًا عصيبًا؟
هل كان الحديث بين Jens و Klaus مجرّد حوار عابر؟
لماذا Beate حزينة ومتحمّسة في نفس الوقت؟

إذا كنت تريد معرفة المزيد – استمر في تعلّم اللّغة الألمانيّة!

Jens und Jakob – الجزء 2 – سيكون متاحًا اعتبارًا من 2023.

رقم ISBN سيكون 978-3-945174-08-1.

ترقّبوا:

www.skapago.eu/jensjakob/ar/bonus

ييدأ الكتاب من الجهة الأخرى!
لنتعوّد على الجهة الألمانيّة

ملاحظة: إذا كنت تحب تعلّم اللّغات المختلفة، فاكتشف كتبنا التعليميّة الأخرى على www.skapago.eu

Ingram Content Group UK Ltd.
Milton Keynes UK
UKHW052119270323
419219UK00009B/72